厦门大学哲学社会科学繁荣计划特别资助项目

李若晖　著

出土简帛思想文献研究

地不能埋

中国社会科学出版社

图书在版编目（CIP）数据

地不能埋：出土简帛思想文献研究 / 李若晖著 . —北京：中国社会科学
出版社，2019.11
ISBN 978 - 7 - 5203 - 5694 - 7

Ⅰ.①地⋯　Ⅱ.①李⋯　Ⅲ.①思想史—研究—中国—古代
Ⅳ.①B215

中国版本图书馆 CIP 数据核字（2019）第 271615 号

出 版 人	赵剑英	
责任编辑	郝玉明	
责任校对	张爱华	
责任印制	王　超	

出　　版	中国社会科学出版社	
社　　址	北京鼓楼西大街甲 158 号	
邮　　编	100720	
网　　址	http://www.csspw.cn	
发 行 部	010 - 84083685	
门 市 部	010 - 84029450	
经　　销	新华书店及其他书店	

印　　刷	北京明恒达印务有限公司	
装　　订	廊坊市广阳区广增装订厂	
版　　次	2019 年 11 月第 1 版	
印　　次	2019 年 11 月第 1 次印刷	

开　　本	710 × 1000　1/16	
印　　张	17.25	
插　　页	2	
字　　数	251 千字	
定　　价	79.00 元	

目　录

引　言

复旦大学出土文献与古文字研究中心主任刘钊先生曾经问我，在王国维时代居于中国学术中心地位的出土文献与古文字研究，为何在近年日益边缘化？

其实这个进程早在中华民国年间就已开始。清华大学历史系需要讲汉代历史的教师，陈寅恪推荐杨树达，却被蒋廷黻拒绝。不唯如此，蒋廷黻还鼓动朱自清赶走杨树达。在蒋廷黻看来，清华大学有两个人代表两个极端：张奚若是食洋不化，只知道照搬西洋理论而罔顾中国实际；杨树达是食古不化，死抱旧学不能开新。即以古史而言，蒋廷黻要求的是能够讲清楚历史上发生什么事情并能予以解释，而不是只能读《汉书》。所以蒋廷黻最后引进的是讲通史的雷海宗①。在此数年之前，傅斯年以"上穷碧落下黄泉，动手动脚找东西"为号召，标榜"历史学只是史料学"②，蒋廷黻则表现出对理论的强烈偏

---

① 参见刘超《蒋廷黻与杨树达的"过节"——兼及陈寅恪》，《书屋》2014 年第 8 期。

② 傅斯年：《历史语言研究所工作之旨趣》，载《历史语言研究所集刊》第一本第一部分，1928 年 10 月，第 3、9 页。此文还强调指出："我们反对疏通，我们只是要把材料整理好，则事实自然显明了。一分材料出一分货，十分材料出十分货，没有材料便不出货。两件事实之间，隔着一大段，把他们联络起来的一切设想，自然有些也是多多少少可以容许的，但推论是危险的事，以假设可能为当然是不诚信的事。所以我们存而不补，这是我们对于材料的态度；我们证而不疏，这是我们处置材料的手段。材料之内使他发现无遗，材料之外我们一点也不越过去说。果然我们同人中也有些在别处发挥历史哲学或语言泛想，这些都仅可以当作私人的事，不是研究所的工作。"第 8 页。孟真先生在北京大学的讲义《史料论略》开篇即言："史学的对象是史料，不是文词，不是伦理，不是神学，并且不是社会学。"载《傅斯年全集》，台北：联经出版事业股份有限公司 1980 年版，第 2 册，第 337 页。尤需注意者，史学甚至"不是社会学"！

好。中国学术美国化，也正是值得关注的大题目。在中国学术美国化的大潮中，一门学问如果只能研究材料，而不能提供理论，就必然会被边缘化。

王国维固然是研究新材料的大师，但是就其本人表述来看，其所拳拳致意者，是高于新材料的新方法。1916 年 8 月 27 日王国维致罗振玉函有云："今日自写《毛公鼎考释》毕，共一十五纸，虽新识之字无多，而研究方法则颇开一生面，尚不失为一小种著述也。"① 毛公鼎本为新材料，但是王氏所自许者却是新方法。这一方法正是现今被许多出土文献研究者视为不二法门的"二重证据法"。"二重证据法"所指向的，乃是复原史实，因此在其学术实践中，并不能从文献与史实中建构理论。假如王国维活到 20 世纪 30 年代，恐怕也要遭蒋廷黻白眼。

套用冯友兰的话说，张奚若和杨树达都是照着说，只不过张是照着西方说，杨是照着中国古代说。作为中国当代学者所真正当为者，是接着说，既要将古代带到现代，又要将西方带到中国，最终要将中国带向世界。

出土文献与传世文献相结合，文献研究与语言文字相结合，历史研究与思想研究相结合。在此，出土文献重要的意义即是有助于发现既有框架裂痕，使我们有可能基于新材料，以新方法从文献与史实自身推演出中国文化自身的逻辑脉络，从而使中国学术能独立于世界学术之林。

---

① 王国维：《致罗振玉》，载谢维扬、房鑫亮主编《王国维全集》第 15 卷，浙江教育出版社 2009 年版，第 189 页。

第一章 道论探微

第一节 郭店简 "衍" 字略考

郭店简中有奇字作 "**衍**"，略见于以下文本：

> 《老子》甲篇 6—7："以**衍**佐人主者，不欲以兵强于天下。"①
>
> 《老子》甲篇 10："保此**衍**者不欲尚盈。"②
>
> 《老子》甲篇 13："**衍**恒亡为也，侯王能守之，而万物将自化。"③
>
> 《忠信之道》6—7："忠之为**衍**也，百工不古，而人养皆足；信之为**衍**也，群物皆成，而百善皆立。"④
>
> 《性自命出》3："**衍**始于情，情生于性。"⑤
>
> 《性自命出》12："长性者，**衍**也。"⑥

---

① 荆门市博物馆编：《郭店楚墓竹简》，文物出版社 1998 年版，图版：第 3 页，释文：第 111 页。

② 荆门市博物馆编：《郭店楚墓竹简》，文物出版社 1998 年版，图版：第 3 页，释文：第 111 页。

③ 荆门市博物馆编：《郭店楚墓竹简》，文物出版社 1998 年版，图版：第 4 页，释文：第 112 页。

④ 荆门市博物馆编：《郭店楚墓竹简》，文物出版社 1998 年版，图版：第 45 页，释文：第 163 页。

⑤ 荆门市博物馆编：《郭店楚墓竹简》，文物出版社 1998 年版，图版：第 61 页，释文：第 179 页。

⑥ 荆门市博物馆编：《郭店楚墓竹简》，文物出版社 1998 年版，图版：第 61 页，释文：第 179 页。

《性自命出》14—15："**衍**者，群物之**衍**。凡**衍**，心术为主。**衍**四术，唯人**衍**为可**衍**也，其三术者，**衍**之而已。"①

《性自命出》19："其先后之舍则义**衍**也。"②

《六德》5："君子不卞如**衍**＝，人之（下缺）。"③

《六德》6："君子如欲求人**衍**（下缺）。"④

《六德》7："（上缺）由其**衍**，虽尧求之弗得也。"⑤

《六德》26："**衍**案止。"⑥

《六德》43："**衍**不可**僵**也，能守一曲焉。"⑦

《六德》47—48："为**衍**者必由此。"⑧

《语丛》一36—37："《易》所以会天**衍**人**衍**也。"⑨

《语丛》一75："者诠**授**不逮从一**衍**。"⑩

《语丛》三6："友，君臣之**衍**也。"⑪

---

① 荆门市博物馆编：《郭店楚墓竹简》，文物出版社1998年版，图版：第62页，释文：第179页。

② 荆门市博物馆编：《郭店楚墓竹简》，文物出版社1998年版，图版：第62页，释文：第179页。此处"**衍**"字，《郭店楚墓竹简》整理者未依惯例在释文中照原字形隶定后再括注"道"字，而是直接出以"道"字，今据原简图片补录。

③ 荆门市博物馆编：《郭店楚墓竹简》，文物出版社1998年版，图版：第69页，释文：第187页。

④ 荆门市博物馆编：《郭店楚墓竹简》，文物出版社1998年版，图版：第69页，释文：第187页。

⑤ 荆门市博物馆编：《郭店楚墓竹简》，文物出版社1998年版，图版：第69页，释文：第187页。

⑥ 荆门市博物馆编：《郭店楚墓竹简》，文物出版社1998年版，图版：第71页，释文：第188页。

⑦ 荆门市博物馆编：《郭店楚墓竹简》，文物出版社1998年版，图版：第72页，释文：第189页。

⑧ 荆门市博物馆编：《郭店楚墓竹简》，文物出版社1998年版，图版：第72页，释文：第189页。

⑨ 荆门市博物馆编：《郭店楚墓竹简》，文物出版社1998年版，图版：第79页，释文：第194页。此处"**衍**"字，《郭店楚墓竹简》整理者未依惯例在释文中照原字形隶定后再括注"道"字，而是直接出以"道"字，今据原简图片补录。

⑩ 荆门市博物馆编：《郭店楚墓竹简》，文物出版社1998年版，图版：第83页，释文：第197页。

⑪ 荆门市博物馆编：《郭店楚墓竹简》，文物出版社1998年版，图版：第97页，释文：第209页。

《语丛》三50："志于**衍**。"①

郭店简整理者于《老子》甲篇6—7"以**衍**佐人主者，不欲以兵强于天下"句下注曰："**衍**，'道'字。《汗简》'道'字与简文同。"② 将简本与今本文字对勘，其说可从。然而读通简文仅仅是一个开始，更进一步的问题是："道"何以作"**衍**"？

"道"何以作**衍**？这一问题所追问的，实即"**衍**"之字形与"道"之意义有无联系。对此，黄锡全先生《汗简注释》认为："《尔雅·释宫》：'行，道也'。**衍**殆行之异文，假为道。薛本道有作**衍**，郑珍以为：'人行为道，会意。'"③ 但正如黄季刚先生所指出的，古文字字形有笔意与笔势之分④，王宁先生进而认为："因为本字与笔意是形义统一的必要条件，所以在借助字形来探求词义时，如果遇到借字，必须求出本字，如果遇到笔势，必须追寻笔意。由借字探求本字叫溯本，由笔势推寻笔意叫复形。"⑤ 因此，我们首先应当追寻"**衍**"这一字形的来龙去脉，弄清它究竟为笔意抑或笔势。

"**衍**"这一字形，已有学者指出又见于石鼓文⑥，研碻旧说如薛尚功⑦、杨慎⑧释"道"，钱大昕⑨、郭沫若⑩、罗君惕⑪、李铁华⑫等

---

① 荆门市博物馆编：《郭店楚墓竹简》，文物出版社1998年版，图版：第101页，释文：第211页。

② 荆门市博物馆编：《郭店楚墓竹简》，文物出版社1998年版，第114页。

③ 黄锡全：《汗简注释》，武汉大学出版社1990年版，第124页。

④ 参见黄侃述、黄焯编《文字声韵训诂笔记》，上海古籍出版社1983年版；陆宗达《说文解字通论》，北京出版社1981年版。

⑤ 王宁：《训诂原理概说》，《训诂学原理》，中国国际广播出版社1997年版，第41页。

⑥ 参见李学勤《郭店楚简与儒家经籍》，《人民政协报》1998年8月3日第3版；丁原植《郭店竹简老子释析与研究》，台北：万卷楼图书股份有限公司1998年版。

⑦ 参见（南宋）薛尚功《历代钟鼎彝器款识法帖》，中华书局1986年版。

⑧ 参见（明）杨慎《石鼓文音释》，载《丛书集成新编》，台北：新文丰出版公司1985年版，第49册。

⑨ 参见（清）钱大昕《潜研堂文集》卷二一《石鼓亭记》，载陈文和主编《嘉定钱大昕全集》，江苏古籍出版社1997年版，第9册。

⑩ 参见郭沫若《石鼓文研究》，《郭沫若全集·考古编》，科学出版社1982年版，第9册。

⑪ 参见罗君惕《秦刻十碣考释》，齐鲁书社1983年版。

⑫ 参见李铁华《石鼓新响》，三秦出版社1994年版。

释"行"，何琳仪①释"永"。有学者复指出石鼓文此字源于甲骨文②，考契诸家若李孝定③、刘钊④、于省吾⑤等释"永"，罗振玉⑥、王襄⑦、李学勤⑧等释"行"，严一萍⑨释"道"。

细绎诸说，以释"永"为长。刘钊先生文对"永"之字形演变作了详尽考察，此不赘述。由刘说可知"衍"之形当为笔势，甲骨文作"仈"⑩者方为笔意，即"永"之初文。且甲骨文"衍"与"行"同见于一辞，如《殷契萃编》511："辛未卜，行贞，其呼行有菁。"⑪ 然则"衍"非"行"，当可定案。考石鼓文之《霝雨》石以"衍"与"汤""阳""方"韵，若释为"道"，显然不妥。再检金文之"衍"，如《吕王壶》："其仈宝享用。"⑫《叔宾父盨》："子＝孙＝仈用。"⑬ 与他器辞

① 参见何琳仪《战国文字通论》，中华书局 1989 年版。
② 参见罗振玉《石鼓文考释》，《罗雪堂先生全集》三编，台北：文华出版公司 1970 年版，第 3 册；高明《古文字类编》，中华书局 1980 年版。
③ 参见李孝定《甲骨文字集释》，台北："中央研究院历史语言研究所" 1970 年版。
④ 参见刘钊《释"仈""爷"诸字兼谈甲骨文"降永"一辞》，载殷墟博物院、中国殷商文化学会编《殷墟博物苑苑刊》创刊号，中国社会科学出版社 1989 年版。
⑤ 参见于省吾《甲骨文字释林》，中华书局 1979 年版。
⑥ 参见罗振玉《增订殷虚书契考释》，《罗雪堂先生全集》三编，台北：文华出版公司 1970 年版，第 2 册。
⑦ 参见王襄《簠室殷契类纂》，河北第一博物院 1929 年增订版。
⑧ 参见李学勤《说郭店简"道"字》，载中国社会科学院简帛研究中心编辑《简帛研究》第 3 辑，广西教育出版社 1998 年版。
⑨ 参见严一萍《释衍》，载《中国文字》第 2 卷，台湾大学文学院古文字学研究室编印 1962 年版，第 7 册。
⑩ 《小屯南地甲骨》309。
⑪ 参见于省吾主编、姚孝遂按语编撰《甲骨文字诂林》，中华书局 1996 年版，第 3 册。严一萍先生亦认为："卜辞行衍二字，形义显别，决非一字。"严一萍著《释衍》，载《中国文字》第 2 卷，台湾大学文学院古文字学研究室编印 1962 年版，第 7 册，第 718 页。李学勤先生则提出，"衍"是由从行从页的"道"字省去"首"而形成的，李学勤著《说郭店简"道"字》，载中国社会科学院简帛研究中心编辑《简帛研究》，第 3 辑，广西教育出版社 1998 年版，第 41—42 页。
⑫ 《吕王壶》，载罗振玉编《三代吉金文存》12·13·2，中华书局 1983 年版，中册，第 1224 页。罗福颐先生释"永"，载其所著《三代吉金文存释文》卷十二，问学社 1983 年版，页六 b。
⑬ 《叔宾父盨》，载罗振玉《三代吉金文存》10·30·4（著录为簠），中华书局 1983 年版，中册，第 1059 页。罗福颐先生释"永"，载其所著《三代吉金文存释文》卷十，问学社 1983 年版，页十 b。

例对勘，"衍"必为"永"。

但是，古人释"衍"为"道"也并非全无由来。除上述郭店简可谓铁案如山外，严一萍先生还指出《封泥考略》卷五第 37 页"衍人令印"封泥，当依吴式芬、陈介祺之说释为"道人令印"。"道人"即《汉书·地理志》代郡道人县，"其地距殷都安阳亦不甚远，则卜辞地名方国之衍，或即道人县名之所自也"①。

由是观之，释"衍"为"道"或"永"，均有充足理由。虽矛盾，却是事实。由于文献不足征，本书只能尝试提出一个可能性假设。在已知的所有线索中，最为可靠的当推使用"衍"字的文献之间的联系。

由上引诸家之说可知，石鼓文实为联系各文献的中介，学界已公认石鼓文为春秋中晚期秦国遗物。② 众所周知，周室东迁后，丰镐为秦所有，因而秦文化深受周文化影响。③ 在文字上，当六国文字日益讹变时，秦国文字仍然基本保持着西周文字的风貌。④ 所以，石鼓文、西周金文⑤、甲骨文中的"衍"字，应是一脉相承。

由此，我们可推测"衍"字及其所表达的思想，乃来源于周文化。

其中一个有力的证据就是据《汗简》著录，"衍"字见于古《尚书》。所谓"古《尚书》"，即汉代发现的六国写本《尚书》，汉人曾将其隶定。从敦煌残卷《古文尚书》的情况来看，隋唐以来至宋代刊本出现之前，"古字《尚书》当时可能还占主要地位，即使是天宝三年（744）卫包改从今文以后，民间传抄的还是古字的《尚书》"⑥。再检《宋史》卷二〇二《艺文志》一著录："《古文尚书》二卷，孔

---

① 严一萍：《释衍》，载《中国文字》第 2 卷，台湾大学文学院古文字学研究室编印 1962 年版，第 7 册，第 712—713 页。

② 参见李学勤《东周与秦代文明》，文物出版社 1991 年增订版。

③ 参见刘军社《秦人吸收周文化问题的探讨》，《文博》1999 年第 1 期。

④ 参见王国维《观堂集林》卷五《〈史籀篇［疏］证〉序》，载赵万里编《王国维遗书》，上海书店出版社 1983 年版，第 1 册；王国维《观堂集林》卷七《战国时秦用籀文六国用古文说》，载赵万里编《王国维遗书》，上海书店出版社 1983 年版，第 2 册；何琳仪《战国文字通论》，中华书局 1989 年版。

⑤ 《吕王壶》所处时代是西周晚期或春秋早期，《叔宾父盨》为西周晚期郑国器。

⑥ 吴福熙：《敦煌残卷古文尚书校注》，甘肃人民出版社 1992 年版，第 232 页。

安国隶。"可知这个本子宋代尚存，《汗简》的作者郭忠恕即曾整理过《古文尚书》①。

今本《尚书》固然已无"衜"字，但我们仍可将其视为孔子删削之前的原始《尚书》的抽样调查。在今本《尚书》中，"道"字共 36 见，其中《大禹谟》4 次、《禹贡》4 次、《五子之歌》1 次、《仲虺之诰》1 次、《汤诰》1 次、《太甲》3 次、《说命》3 次、《泰誓》1 次、《武成》2 次、《洪范》4 次、《旅獒》3 次、《康诰》1 次、《君奭》1 次、《周官》1 次、《顾命》2 次、《毕命》4 次。除去其中公认的所谓"伪《古文尚书》"《大禹谟》4 次、《五子之歌》1 次、《仲虺之诰》1 次、《汤诰》1 次、《太甲》3 次、《说命》3 次、《泰誓》1 次、《武成》2 次、《旅獒》3 次、《周官》1 次、《毕命》4 次，作于战国的《大禹谟》4 次、《禹贡》4 次，所余《洪范》4 次、《康诰》1 次、《君奭》1 次、《顾命》2 次，均属《周书》。在《周书》这 8 次中，《洪范》4 次为"遵王之道""王道荡荡""王道平平""王道正直"，《康诰》1 次为"既道极厥辜"，《君奭》1 次为"我道惟宁王德延"，《顾命》2 次为"道扬末命""皇天有训厥道"。虽然《周书》之"道"仍重在治国之法，"但涵义已比较丰富，含有抽象的理论思维的萌芽"②。

孔子及儒家与《尚书》的关系自不待言。即便是道家，尽管学界历来认为其属于楚文化，但也并非没有反对意见，如张松辉先生就明确提出"先秦道家文化应属中原文化"③。从最低限度来说，道家思想在一定程度上受到周文化的影响，应是必然的事实。老子曾为周之柱下史，即执掌搜集保管文献资料的官吏④，孔子删削之前的原始

---

① 参见（南宋）王称《东都事略》卷一一三《儒学传》一《郭忠恕传》，载赵铁寒主编《宋史资料萃编》第 1 辑，台北：文海出版社 1979 年版，第 4 册；（南宋）王应麟《困学纪闻》卷二《书》"《尚书》隶古本"条，商务印书馆 1935 年版，上册；（南宋）王应麟《玉海》卷三七《艺文》三《书》"开宝《尚书》释文 咸平古文音义"条，京都：株式会社中文出版社 1977 年版，第 2 册。

② 张立文主编：《道》，中国人民大学出版社 1989 年版，第 22 页。

③ 张松辉：《庄子考辨》，岳麓书社 1997 年版，第 29—51 页。

④ 参见高亨《〈史记·老子传〉笺证》，《老子正诂》，中国书店 1988 年版。

《尚书》当为老子所保管①。因此，郭店本《老子》与儒简中的"衍"字，便极有可能袭用了原始《尚书》。可见，老子和孔子应当都是受到《尚书》等古代典籍启发而提出自己的哲学观点的。

至此，释字矛盾便再次凸显：在"甲骨文—西周金文—石鼓文"与"《尚书》—郭店简—汉印"之间形成了断裂与对立。并且这一对立还被叠加在同一文本之中：《老子》，甲篇用"衍"字，乙、丙篇用"道"字；《性自命出》22"币帛，所以为信与证也，其词义道也"，用"道"字；《语丛》一22"仁生于人，义生于道"，30"知天所为，知人所为，然后知道，知道然后知命"，68"讲天道以化民气"，用"道"字。尤可注意者，《性自命出》19"其先后之舍则义衍也"②，用"衍"字，22"币帛，所以为信与证也，其词义道也"③，用"道"字；《语丛》一36—37"《易》所以会天衍人衍也"④，用"衍"字，68"讲天道以化民气"⑤，用"道"字⑥。这就可以证明"衍""道"二字在此

---

① 孔子极有可能是通过老子才看到原始《尚书》的。《庄子·天道》："孔子西藏书于周室。子路谋曰：'由闻周之征藏史有老聃者，免而归居，夫子欲藏书，则试往因焉。'孔子曰：'善。'往见老聃，而老聃不许。"（南宋）林希逸《庄子鬳斋口义》："西藏书于周室者，言西至周，而欲观其藏书也。"周启成《庄子鬳斋口义校注》，中华书局1997年版，第219—220页。

② 荆门市博物馆编：《郭店楚墓竹简》，文物出版社1998年版，图版：第62页，释文：第179页。此处"衍"字，《郭店楚墓竹简》整理者未依惯例在释文中照原字形隶定后再括注"道"字，而是直接出以"道"字，今据原简图片补录。

③ 荆门市博物馆编：《郭店楚墓竹简》，文物出版社1998年版，图版：第62页，释文：第180页。

④ 荆门市博物馆编：《郭店楚墓竹简》，文物出版社1998年版，图版：第79页，释文：第194页。此处"衍"字，《郭店楚墓竹简》整理者未依惯例在释文中照原字形隶定后再括注"道"字，而是直接出以"道"字，今据原简图片补录。

⑤ 荆门市博物馆编：《郭店楚墓竹简》，文物出版社1998年版，图版：第82页，释文：第196页。

⑥ 春秋时期，"天道"一词极为常见。以《左传》为例，宣公十五年："川泽纳污，山薮藏疾，瑾瑜匿瑕，国君含垢，天之道也。"襄公九年："宋灾，于是乎知有天道。"襄公十八年："天道多在西北，南师不时，必无功。"昭公九年："岁五及鹑火而后陈卒亡。楚克有之，天之道也。"昭公十一年："岁及大梁，蔡复楚凶，天之道也。"昭公十八年："天道远，人道迩，非所及也，何以知之?"昭公二十六年："天道不谄，不贰其命。"昭公二十七年："叔孙氏惧祸之滥，而自同于季氏，天之道也。"哀公十一年："盈必毁，天之道也。"（西晋）杜预注、（唐）孔颖达疏：《春秋左氏传注疏》，载（清）阮元校刻《十三经注疏》，台北：艺文印书馆2007年版，第6册，第407、524、579、780、785、841、905、909、1018页。

并不具有语义上的对立，而仅仅是字形不同。若再细察，在《忠信之道》《语丛》三等篇中，只用"**衍**"字，不用"道"字；而其余篇章则只用"道"字，不用"**衍**"字。由此看来，"**衍**"与"道"仍存在互补关系。值得一提的是，《老子》甲篇与乙、丙篇中"**衍**"与"道"的互补关系。丁四新曾论证，《老子》甲、乙、丙三篇存在着历时性差异，而以甲篇抄写时代最早。① 这就提醒我们，"**衍**"与"道"在最初是两个截然不同的字，由于种种原因发生混用，最后合二为一。

于是我们便回到了开始时的论证："**衍**"当为"永"之异体。然而，这只是论证的基点，问题并未彻底解决。我们首先必须回答的问题就是："永"与"道"因何混用？

从哲学史的角度来看，《老子》不过是思想界长期思考的一个必然结果，因而其思想与概念均可在其前找到源头。但"我们根本上乃是系缚于语言和对语言之本质的经验"②。思想在语言之域进入作品。然而思想之本质乃为诗性，因为思想之言说必然表现为暴力性，亦即思想对语言的强暴与语言对思想之扭曲。于是每一思想之创造便显现为语言之破坏：思想无言以对。思想在一系列语词中痛苦地穿行。春秋之时，"道"虽有其重要性，但仍仅在思想之边缘言说。与之表达相似内容的，尚有"则"③ 等一批词语。"永"亦当为其中之一。《老子》之所以提出"道"这一核心概念，是为了"在这莫测、复杂、无常的大环境中，寻求一种原理，作为人类可以共同安身立命的凭借，使人我之间与乎天人之际，都能获得圆满的和谐"④。正如《韩非子·解老》所言："夫物之一存一亡，乍死乍生，初盛而后衰者，不可谓常。唯夫与天地之剖判也俱生，至天地之消散也不死不衰者谓

---

① 参见丁四新《略论郭店简本〈老子〉甲乙丙三组的历时性差异》，《湖北大学学报》（哲学社会科学版）1999 年第 2 期。

② ［德］海德格尔：《阿那克西曼德之箴言》，《林中路》，孙周兴译，上海译文出版社 1997 年版，第 335 页。

③ 参见封思毅《老子述义》，台北：台湾商务印书馆 1980 年版。

④ 封思毅：《老子述义》，台北：台湾商务印书馆 1980 年版，第 4 页。

常。"永"正有"恒常"义。又,《说文》:"永,水长也。象水坙理之长。"是指"永"亦有坙理义,后起区别字即"脉"。而道路通达天下,又似于经脉,因此"永"与"道"在某种程度上有近义关系。《韩非子·解老》:"道者,万物之所然也,万理之所稽也。理者成物之文也,道者万物之所以成也。……万物各异理。万物各异理,而道尽稽万物之理。"这即是以"理"释"道"。因此,"永"与"道"具有混用的意义基础。

接下来的问题是,这一混用如何发生?从现有材料来看,与"道"混用的"永"字,均作"𰁿"形。因此,在"永"字内部应发生过一次字形分化。即由于"永"字字形承载意义过多,不利于正常表义,因此作"𰁿"形者从"永"字中分化出来。① 当"𰁿"字获得独立后,它就被用来专指"道"的意义。而在读音上便也径直训读为"道"。②

至此,"𰁿"便被视为"道"之异体字,而与"永"无关了。随着汉字的规整化,"𰁿"形逐渐为"道"所取代,终成历史遗迹。

---

① 唐兰先生称这种现象为"别异":"一个特殊的写法,夤缘机会,往往可以变成别一个文字。"唐兰《中国文字学》,上海古籍出版社 2001 年版,第 116 页。

② 裘锡圭先生称这种现象为"同义换读":"有时候,人们不管某个字原来的读音,把这个字用来表示意义跟它原来所代表的词相同或相近的另一个词(一般是已有文字表示的词)。这两个词的音可以截然不同。"裘锡圭《文字学概要》,商务印书馆 1988 年版,第 219—222 页。相同观点参见沈兼士《吴著经籍旧音辨证发墨》,载葛信益、启功整理《沈兼士学术论文集》,中华书局 1986 年版;沈兼士《汉字义读法之一例——〈说文〉重文之新定义》,载《沈兼士学术论文集》,中华书局 1986 年版;沈兼士《汉魏注音中义同换读例发凡》,载《沈兼士学术论文集》,中华书局 1986 年版;黄侃《经籍旧音辨证笺识》,载黄焯编次《量守庐群书笺识》,武汉大学出版社 1985 年版;徐震《经籍旧音辨证笺识序》,载吴承仕《经籍旧音辨证》,中华书局 1986 年版,附录一;黄侃述、黄焯编《文字声韵训诂笔记》,上海古籍出版社 1983 年版;黄焯《关于〈经典释文〉》,载丁忱编《黄焯文集》,湖北教育出版社 1989 年版;黄焯《〈经典释文汇校〉前言》,《经典释文汇校》,中华书局 1980 年版;李荣《语音演变规律的例外》,《中国语文》1965 年第 2 期;李荣《汉字演变的几个趋势》,《中国语文》1980 年第 1 期;吕叔湘《语文常谈》,生活·读书·新知三联书店 1980 年版;严学宭《汉语中的训读现象》,载唐作藩等编《语言文字学术论文集——庆祝王力先生学术活动五十周年》,知识出版社 1989 年版。

第二节　由上海博物馆藏郭店简重论"衡"字

在新近出版的《上海博物馆藏战国楚书》（一）中，共发表了三篇战国竹书。其中除《孔子诗论》属于首见外，《缁衣》有传世本与郭店简本可资对照，《性情论》也有郭店简本出土在先。取诸本对校，颇可解决一些以前有争议的问题，因此草为小书，以就教于方家。

在郭店简书中，"衡"共出现了 35 次①，分别见于《老子》甲篇、《忠信之道》、《性自命出》、《六德》、《语丛》一、《语丛》三等篇。竹简整理者根据文本对勘及《汗简》字形，将"衡"释为"道"②，得到大多数学者的首肯，但也有少数学者有不同看法。于是关于"衡"字的争议就集中表现在两个方面：第一，"衡"是否必为"道"字异体；第二，"衡"若果为"道"字异体，在字形上怎样解释。下面先说第一个问题。

黄钊先生认为郭店本《老子》中的"衡"字为"术"字形误：

> 愚以为"衡"字在简本中 3 次出现，是值得研究的，它很可能是"术"字的形误。在竹简《老子》中，因形近而误的字时有所见，如"见素抱朴"的"素"，误为"索"；"不可得而亲"的"亲"误为"新"；"成事遂功"的"遂"误作"述"等，都属此类。我们之所以说"衡"为"术"之误字，是因为，其一，全书有 22 处用"道"字，且都写作"道"，唯独以上 3 处将"道"写作"衡"，这不能不引起人们的关注；其二，以上三处将"衡"读为"术"（即方法、方术之意）字，最为合理，如"以术佐人主"，指的是以统治术辅佐君主，"保此术者不欲盈"，表明此术是处柔守弱之术，至于"术恒无为"则更明显地是把

---

① 参见张守中、张小沧、郝建文《郭店楚简文字编》，文物出版社 2000 年版。
② 参见荆门市博物馆编《郭店楚墓竹简》，文物出版社 1998 年版。

"无为"视为一种"南面术";其三,竹简《老子》所用的"道"字,乃往往用来指化生世界万物的本体或指带根本性的规律。这些地方都是"术"所无法代替的。……如若此猜测不错的话,则此"术"字的出现实在太重要了。说明竹简本表现了鲜明的黄老术治思想特色。……《老子》中有"术"字似乎合乎黄老重术特色。今竹简本隐约显示了这一点,是值得引以重视的。它从侧面说明了简本应为稷下道家传本。①

首先,郭店简的确存在一些抄写错误,在 1998 年 5 月的达慕思会议上,裴锡圭先生就曾指出,郭店简"抄手的水平不高,简中错字较多"②。但黄先生所举的三个例证,却并非抄手水平低所造成的形误,如黄先生所认为的"术"误为"术"。其实,黄先生所举的"素"与"索"、"亲"与"新"、"遂"与"述"等都是音近假借,而非形误。③

再看黄先生的论证。黄先生否认《老子》文本内在差异,认为《老子》"三组简不可能是三种不同的《老子》本"④。但问题是在此前提下,如何处理竹书《老子》三本之间的内在歧异。于是,黄先生把篇章歧异置换为文字歧异,试图以误字来解释。反之,丁四新先生则将竹书三篇的歧义解释为历史差异。⑤ 我们赞同丁说,因为丁说在文本的内证中构成了一个自足系统。而黄说本身作为假设,尚需另一个假设来支撑,但作为该假设支撑点的"竹简《老子》可能出自稷下道家传本"⑥,自身仍是假设,并且这一假设的重要支柱就是

① 黄钊:《竹简〈老子〉的版本归属及其文献价值探微》,载武汉大学中国文化研究院编《郭店楚简国际学术研讨会论文集》,湖北人民出版社 2000 年版,第 489—490 页。
② 邢文、李缙云:《郭店〈老子〉国际研讨会综述》,《文物》1998 年第 9 期。
③ 分别参见高亨《古字通假会典》,齐鲁书社 1989 年版。
④ 黄钊:《竹简〈老子〉的版本归属及其文献价值探微》,载武汉大学中国文化研究院编《郭店楚简国际学术研讨会论文集》,湖北人民出版社 2000 年版,第 485 页。
⑤ 参见丁四新《郭店楚墓竹简思想研究》,东方出版社 2000 年版。
⑥ 黄钊:《竹简〈老子〉的版本归属及其文献价值探微》,载武汉大学中国文化研究院编《郭店楚简国际学术研讨会论文集》,湖北人民出版社 2000 年版,第 487 页。

"術"为"术"形近而误，于是，尚待证明的观点被用来证明自身的论据，这就是循环论证。

此后，又有学者暗袭黄说予以发挥，例如蒋重跃先生就认为郭店简中"道"字有三种写法，认为"道"的写法"往往用为道、天道、君子道、人道、小道、大道、民之道、水之道、马之道、地之道等，含义较宽泛，有哲学意味"，"術"的"写法则多与政治有关，如……'凡（道），心述（术）为宝（主）'，'昏（闻）（道）反下，下交者也……下交得众近从正（政）'（《性自命出》）。特别是其中的'心术为主'一句，按《管子·心术上》的论述就是关于内以治身，外以为国即人君南面之术的，这是不是暗示着，在君主政治的领域里，道有一个向术发展的必然趋势呢？"[①] 但蒋先生是以简单枚举的方法来论证的，如果全面地排比、考察每一个辞例，就会发现这种区分实际上站不住脚。我们在上节中已经说过：

> 尤可注意者，《性自命出》19"其先后之舍则义術也"用"術"字，22"币帛，所以为信与证也，其词义道也"，用"道"字；《语丛》一36—37"《易》所以会天術人術"，用"術"字，68"辨天道以化民气"，用"道"字。这就可以证明"術""道"二字在此并不具有语义上的对立，而仅仅是字形不同。

现在，在已发表的上海博物馆藏郭店简（下文简称上海简）中，也有与《性自命出》相同的一篇，整理者命名为《性情论》，此篇中郭店简本的"術"字均作"道"。只是"凡術（道），心述（术）为宝（主）"一句上海简"凡術（道），心述（术）"残缺，但此句上文的"亓（其）眚（生）也道也"和下文的"道四述（术）"均作"道"；"昏（闻）（道）反下，下交者也"一句上海简亦残，但其下

---

① 蒋重跃：《韩非子的政治思想》，北京师范大学出版社 2000 年版，第 66—67 页。

文"昏（闻）道反己"作"道"。① 这就证明了我们以前的看法是正确的，即"衍"必为"道"字异体。

下面，我们来探讨第二个问题："衍"既为"道"字异体，在字形上怎样解释。在上节中，我们曾经认为甲骨文中的"衍"字与郭店简"衍"字有着一脉相承的联系，甲骨文、西周金文、石鼓文中的"衍"字当释为"永"，与古文《尚书》、郭店简、汉印中用为"道"的"衍"构成同义换读关系。但现在看来，这一观点是错误的。早在1993年，裘锡圭先生就曾撰文指出，释"衍""为'永'不但从文义上看不合适，就是从字形上看也并不是毫无问题的"。"衍"应释为"衍"，"在殷墟甲骨文里，'永'和'衍'这两个词本来是用相同的字形来表示的，后来出现了分化倾向"，一般以"𠱾"表示"永"，"衍"表示"衍"，"这一分化在殷末应已完成"。"石鼓文中从'行'从'人'之字，很可能是'行'字异体"。②

由于笔者的上举论文是在没有充分收集资料的情况下率尔操觚，因而遗漏了裘先生的重要论文，致使笔者的文章出现了严重的错误。现在以裘先生的观点为基础，再来看"衍"的形义问题，甲骨文中的"衍"与郭店简中的"衍"没有任何继承关系，应是完全独立的两个同形字。古文字中这种情况很多，例如李家浩先生即曾指出："战国文字往往把'口'旁写作'山'字形。"③

至于"衍"字构形的含义，黄锡全先生认为："《尔雅·释宫》：'行，道也。'殆行之异文，假为道。薛本道有作衍，郑珍以为：'人行为道，会意。'"④ 在笔者的上举论文发表后，曾请教于黄先生，当时黄先生仍坚持自己的观点。现在想来，黄先生的看法无疑是最为平实的了。

---

① 参见马承源主编《上海博物馆藏战国楚竹书》（一），上海古籍出版社 2001 年版。

② 裘锡圭：《释"衍""仉"》，载《裘锡圭学术文集》第 1 卷，复旦大学出版社 2012 年版，第 378—386 页。

③ 李家浩：《燕国"洀谷山金鼎瑞"补释》，载《著名中年语言学家字选集·李家浩卷》，安徽教育出版社 2002 年版，第 148—154 页。

④ 黄锡全：《汗简注释》，武汉大学出版社 1990 年版，第 124 页。

第三节　马王堆帛书《老子》"道可道
也非恒道也" 琐议

传世本《老子》第一章"道可道，非常道；名可名，非常名"一语，历来歧解甚多。

尹志华《北宋〈老子〉注研究》认为在宋代以前，主要有三种不同的诠释：

（1）道若可以言说，就不是永恒常在之道。持此观点的人为《老子》注家的主流。

（2）道可以言说，但不是人间常俗之道。唐代道士李荣把"常道"解释为"常俗之道"，认为老子之道不是常俗之道。

（3）道可以言说，但道非恒常不变之道。唐玄宗把"非常道"解释为"不是常而不变之道"，认为老子之道是变化无常的。①

第一解可以河上公注为代表："道可道，谓经术政教之道也。非常道，非自然长生之道也。常道当以无为养神，无事安民，含光藏晖，灭迹匿端，不可称道。"其又于"名可名，非常名"下注曰："名可名，谓富贵尊荣，高世之名也。非常名，非自然常在之名也。"② 王弼〈注〉

---

① 尹志华：《北宋〈老子〉注研究》，巴蜀书社 2004 年版，第 36 页。此前詹剑峰《老子其人其书及其道论》曾于后代注家选择三个有代表性的加以辨析，即王弼、司马光、唐玄宗，华中师范大学出版社 2006 年版，第 115 页。王弼即传统主流观点的代表，又以李荣早于司马光，则尹氏实本于詹书。

② 《老子道德经河上公章句》，中华书局 1993 年版，第 1 页。明陈元赟《老子经通考》云："上之道字，天理流行之道；下之道字，经术政教之道也。"载衷尔巨辑注《陈元赟集》，辽宁人民出版社 1994 年版，第 220 页。吴怡《新译老子解义》袭之，曰："本句第二个道是动词。河上公《老子注》：'谓经术政教之道也。'"台北：三民书局 2008 年版，第 3 页。郑成海《增订老子河上公注疏证》则谓："河上此注释上'道'字。"华正书局 2008 年版，第 3 页。当以郑说为是。

亦云："可道之道，可名之名，指事造形，非其常也。故不可道，不可名也。"①

至于第二、三解的"道可以言说"，是本书要讨论的关键。尹氏所引为李荣《道德真经注》与《唐玄宗御制道德真经疏》，兹录其原文于下：

道者，虚极之理也。夫论虚极之理，不可以有无分其象，不可以上下格其真。是则玄玄非前识之所识，至至岂俗知而得知，所谓妙矣难思，深不可识也。圣人欲坦兹玄路，开以教门，借圆通之名，目虚极之理。以理可名，称之可道，故曰吾不知其名，字之曰道。非常道者，非是人间常俗之道也。人间常俗之道，贵之以礼义，尚之以浮华，丧身以成名，忘己而徇利，失道后德，此教方行。今既去仁义之华，取道德之实，息浇薄之行，归淳厚之源，反彼恒情，故曰非常道也。名者，大道之称号也。吾强为之名曰大哉。名非孤立，必因体来。字不独生，皆由德立。理体运之不壅，包之乃无极，遂以大道之名，诏于大道之体，令物晓之，故曰名可名也。非常名者，非常俗荣华之虚名也。所以斥之于非常者，欲令去无常以归真常也。名有因起，缘有渐顿。开之以方便，舍无常以契真常。陈之于究竟，本无非常之可舍，亦无

---

① （三国·魏）王弼：《老子道德经注》，载楼宇烈《老子道德经注校释》，中华书局2008年版，第1页。牟宗三《才性与玄理》释王注曰："盖'可道之道，可名之名'，皆'指事造形'之道与名，乃属于'有'之范围者。凡'事'皆有分限，凡'形'皆有定体。而性有分限与定体者，始可得而道，始可得而名也。恒常不变之大道，既非指事，亦非造形，故不可道，不可名矣。"载《牟宗三先生全集》第2卷，台北：联经出版事业股份有限公司2003年版，第149页。显然以王弼之意，乃是以第一"道"字为非道，同于河上。郭永秉《关于〈老子〉第一章"道可道""名可名"两句的解释》认为，"从王弼的注可以引出与河上公注不同的较深层次的解释。某些学者起初将第一"道"字理解成"人们习称之道"，后又改为第一和第三个"道"字，都是"老子哲学上的专有名词"。这应该是受了王弼注的影响。不过我们现在已经无法肯定王弼是否已经明确具有跟后说意见完全相同的看法。载刘钊主编《出土文献与古文字研究》第5辑，上海古籍出版社2013年版，第596—597页。今按严遵《老子指归》云："故可道之道，道德彰而非自然也。可名之名，功名显而非素真也。"樊波成：《老子指归校笺》，上海古籍出版社2013年版，第232页。释义同于河上，而行文近于王弼，可知牟说为长。

真常之可取。何但非常，亦非无常。既非无常，常亦无常，亦非非常，非无常也。①

道者，虚极妙本之强名，训通，训径。首一字标宗也。可道者，言此妙本通生万物，是万物之由径，可称为道，故云可道。非常道者，妙本生化，用无定方，强为之名，不可遍举，故或大或逝，或远或近，是不常于一道也。故云非常道。名者，称谓，即物得道用之名。首一字亦标宗也。可名者，言名生于用，可与立名也。非常名者，在天则曰清，在地则曰宁，得一虽不殊，约用则名异，是不常于一名也，故云非常名。②

尹志华先生之外，如董恩林先生、郭永秉先生等也都认为这表明李荣等认为"道"是可以言说的。③ 但是有学者却早已考证，李荣认为"道"是不可言的。李刚先生在《李荣重玄思想管窥》中说：

在李荣看来，"道"是不可认知，不可言说的。这也与成玄英完全一致。他讲，"不可以言言，言之者非道；不可以识识，识之者乖真"④；"天道者，自然之理也，不假筌蹄得鱼兔，无劳言教悟至理"⑤；"多言则丧道，执教则失真"，"得意忘言，悟理遗教，言者不知"⑥。因此，道"绝于称谓，故曰无名"⑦。"道"

---

① （唐）李荣：《道德真经注》，载《道藏》，文物出版社、上海书店、天津古籍出版社 1988 年版，第 14 册，第 38 页。

② （唐）李隆基：《唐玄宗御制道德真经疏》，载《道藏》，文物出版社、上海书店、天津古籍出版社 1988 年版，第 11 册，第 750 页。

③ 参见董恩林《唐代老学：重玄思辨中的理身理国之道》，中国社会科学出版社 2002 年版；董恩林《唐代〈老子〉诠释文献研究》，齐鲁书社 2003 年版；郭永秉《关于〈老子〉第一章"道可道""名可名"两句的解释》，载刘钊主编《出土文献与古文字研究》第 5 辑，上海古籍出版社 2013 年版。

④ 原注：李荣《老子注》卷上第 21 页。

⑤ 原注：李荣《老子注》卷上第 16 页。

⑥ 原注：李荣《老子注》卷上第 28 页。

⑦ 原注：李荣《老子注》卷上第 8 页。

是否可以言象诠是魏晋玄学"言意之辩"的主要论题之一。玄学家常讲得鱼忘筌，得兔忘蹄，得意忘象，得象忘言。李荣的"道"不可以言象诠的思想即承此而来，即认为"道"不能用语言和形象来表征，以此进一步证明"道"是抽象的虚寂本体。这一点，李荣与沙门灵辩对论时曾再三强调，"道玄，不可以言象诠"，"玄道实绝言，假言以诠玄。玄道或有说，玄道或无说，微妙至道中，无说无不说"。① 这又体现了中道精神，或有说，或无说，"无说无不说"，不着两边。由此，认识"道"的真髓在于"绝言""体道忘言"。这与佛教所谓"若有所说，皆是可破，可破故空。所见既空，见主亦空，是名毕竟空"② 一样都是要破人类思维活动赖以实现的语言，以体悟"道"的虚寂。既然虚极之道不能用知觉验证，也无法用语言表称，那么对"道"的语言诠释将会陷入越说得多离之越远的泥潭，因之对"道"的体认在于"得意""悟理"，即神秘的直觉。③

细审尹氏等所据李荣原文，可以视为"道"是可言说的，有二句。"圣人欲坦兹玄路，开以教门，借圆通之名，目虚极之理。以理可名，称之可道，故曰吾不知其名，字之曰道。""遂以大道之名，诏于大道之体，令物晓之，故曰名可名也。"需要注意的是，李荣在此并未使用"言"或"说"之类表示语言叙述的词语，而是使用了"名""称"。"名"显然出自《老子》原文，"称"初看似来自河上公注的"不可称道"。但"称之可道"无疑与"不可称道"相反，所以其义当别有所本。检王弼《老子指略》有云：

---

① 原注：《集古今佛道论衡》卷丁《大慈恩寺沙门灵辩与道士对论》，《大正藏》卷五二，第394页。

② 原注：《大智度论》卷三一，《大正藏》卷二五，第290页。

③ 李刚：《李荣重玄思想管窥》，《重玄之道开启众妙之门——道教哲学论稿》，巴蜀书社2005年版，第319—320页；参见卿希泰主编《中国道教思想史》第2卷，人民出版社2009年版。此节亦李刚先生撰稿，文字内容基本相同。

名也者，定彼者也；称也者，从谓者也。名生乎彼，称出乎我。故涉之乎无物而不由，则称之曰道；求之乎无妙而不出，则谓之曰玄。妙出乎玄，众由乎道。故“生之畜之”，不壅不塞，通物之性，道之谓也。“生而不有，为而不恃，长而不宰”，有德而无主，玄之德也。“玄”谓之深者也；“道”称之大者也。名号生乎形状，称谓出乎涉求。名号不虚生，称谓不虚出。故名号则大失其旨，称谓则未尽其极。是以谓玄则“玄之又玄”，称道则“域中有四大”也。①

所以，李荣之注首云“道者，虚极之理也”，又云“以理可名”，是以“理”为“大道之名”，而以“道”为“称”。《韩非子·解老》曰：“万物各异理，而道尽稽万物之理。”②“虚极”为“道”之理，故可“名”。而此“名”实为“理”之“名”，非“道”之“名”，故只能“称之可道”。斯即“借圆通之名，目虚极之理”。下文“遂以大道之名，诏于大道之体”，“大道之名”也并非“道”，而是“理”。对“道”而言，实有“称”而无“名”，所以下即言“绝于称谓，故曰无名”。可见此处并无“道”可言说之意，只是在交代“名”“称”。而交代“名”“称”，正是为了避免读者误以“道”可“名”可言。再看唐玄宗《疏》，其言“可道者，言此妙本通生万物，是万物之由径，可称为道，故云可道”，“名者，称谓，即物得道用之名”，毫无疑义，也是在交代“名”“称”。因此，在《老子》注中，最早提出“道”是可言说的，应该还是司马光。郭永秉先生批评詹剑峰先生“相关论述不够全面（比如他没有注意到更早的李荣

---

① （三国·魏）王弼：《老子指略》，载楼宇烈《老子道德经注校释》，中华书局 2008 年版，第 197—198 页。

② 《韩非子》，载（清）王先慎《集解》本，钟哲点校，中华书局 1998 年版，第 147 页。标点有改动。

的见解)"①，实则詹书参考书目赫然列有"《唐玄宗御制道德真经疏》
(十卷)、《唐玄宗御制道德真经疏》(四卷)"、"李荣《道德真经注》
(四卷)"，其书目并有说明道："这个书目，只就我个人所曾阅读者
为限。"② 是则詹氏曾读过李注玄疏，其所以仍将"道"可言说的发
明权归于司马光，最合理的解释就是，这正说明詹氏不认为李注玄疏
表达了"道"可言说之意。

就现存《老子》注释而言，最早认为"道"可言说的虽然是司
马光，但是在《老子》注释之外，道教徒亦早已提出过这一观点。
据信是隋代道士刘进喜著前五卷，李仲卿续后五卷的《太玄真一本际
经》卷二《付嘱品》云：

> 天尊告曰：法本无言，亦无文字，但为世间无明众生愚痴触
> 壁，悬心冥导无由悟解，故立世典，渐启瞳矇，乃寄语言，宣示
> 正道，假借文字，著述经图，语字乃同，非复凡俗。③

《太玄真一本际经》虽非依傍《老子》之文立论，却对后世解释《老
子》文义产生了影响：启司马光释"道可道"为"道亦可言道耳"④，
"非复凡俗"则当为李荣"非是人间常俗之道也"所本⑤。

实则《本际经》之前，《刘子·崇学》已谓：

———————————

① 郭永秉：《关于〈老子〉第一章"道可道""名可名"两句的解释》，载刘钊主编
《出土文献与古文字研究》第5辑，上海古籍出版社2013年版，第606页。
② 詹剑峰：《老子其人其书及其道论》，华中师范大学出版社2006年版，第325、
327、325页。
③ (隋)刘进喜著、李仲卿续：《太玄真一本际经》，载叶贵良《敦煌本〈太玄真一
本际经〉辑校》，巴蜀书社2010年版，第51页。当然，《太玄真一本际经》所言乃"法本
无言"，而非"道"。不过，敦煌写卷BD14677佚名《道德真经义疏》于"道可道章"曰：
"道者，法也。"录文载朱大星《敦煌本〈老子〉研究》，中华书局2007年版，第354页。
④ (北宋)司马光：《道德真经论》，《道藏》，文物出版社、上海书店、天津古籍出
版社1988年版，第12册，第262页。
⑤ 但《太玄真一本际经》本身对"常道"的理解仍是传统的。其卷九《秘密藏品》：
"生死之法，有因果故，故是无常，不名道果。常道之体，非因果故，是故为常，体是果故，
故名道果。"载叶贵良《敦煌本〈太玄真一本际经〉辑校》，巴蜀书社2010年版，第217页。

> 至道无言，非立言无以明其理；大象无形，非立形无以测其
> 奥。道象之妙，非言不传；传言之妙，非学不精。①

原其始则出于佛门。僧肇《肇论》三《般若有无论》：

> 《经》云：般若义者，无名无说，非有非无，非实非虚。虚
> 不失照，照不失虚。斯则无名之法，故非言所能言也。言虽不能
> 言，然非言无以传。是以圣人终日言，而未尝言也。②

肇公则系连缀释典，并非自出新意。③ 若然，可知肇公之先，中土仅
有"道"之强名，而无"道"之强言。

事情还不这么简单，因为《本际经》所谓"乃寄语言"，是在重
玄学框架中立意。④

> 太极真人曰：正观之人前空诸有，于有无着；次遣于空，空心
> 亦净，乃曰兼忘。而有既遣，遣空有故，心未纯净，有对治故。所
> 言玄者，四方无着，乃尽玄义。如是行者，于空于有，无所滞者，
> 名之为玄。又遣此玄，都无所得，故名重玄，众妙之门。⑤

卢国龙先生释曰："根据《本际经》的看法，世俗之人执滞于物质
幻相，认为世间万物万象都是有，所以虽或勤苦地积功累德，但终归还
是滞溺于物质幻相，不能体合玄道，于是需要修空观，即勘破物质幻相

---

① 傅亚庶：《刘子校释》，中华书局 1998 年版，第 36 页。
② （后秦）僧肇：《肇论》，载张春波《肇论校释》，中华书局 2010 年版，第 84 页。
③ 参见张春波《肇论校释》，中华书局 2010 年版。
④ 参见傅亚庶《刘子校释》，中华书局 1998 年版。
⑤ 《太玄真一本际经》卷八《最胜品》，载叶贵良《敦煌本〈太玄真一本际经〉辑校》，
巴蜀书社 2010 年版，第 208—209 页。

为无。但这种空观是与有相对待的，还没有达到真正的清净，所以空观也须遣除。这样心中既不存着有物的想法，也不存着空无的念头，就达到了兼忘的修养境界，兼忘即'玄'，再将兼忘的意图遣除开，使心中彻底无所执滞，便是重玄之境了。"① 李荣于《老子》第一章"玄之又玄"下之注语就是对《本际经》以重玄的最好诠释②：

> 道德杳冥，理超于言象；真宗虚湛，事绝于有无。寄言象之外，托有无之表，以通幽路，故曰玄之。犹恐迷方者胶柱，失理者守株，即滞此玄以为真道，故极言之非有非无之表，定名曰玄。借玄以遣有无，有无既遣，玄亦自丧，故曰又玄。③

至宋，中观重玄之学俱衰，温公复以儒者不谙二氏道论，如其释"始制有名"曰："圣人得道，必制而用之，不能无言。"而"道"之内涵则为："道者，涵仁义以为体，行之以诚，不形于外。"④ 由是遂开"道"可言说之先河，可堪一叹！

马王堆汉墓帛书《老子》甲本《道篇》首句作：

> 道，可道也，非恒道也；名，可名也，非恒名也。⑤

---

① 卢国龙：《中国重玄学》，人民中国出版社 1993 年版，第 232 页。

② 李荣深于重玄之学，参见卢国龙《中国重玄学》，人民中国出版社 1993 年版；董恩林《唐代〈老子〉诠释文献研究》，齐鲁书社 2003 年版；李刚《李荣重玄思想管窥》，《重玄之道开启众妙之门——道教哲学论稿》，巴蜀书社 2005 年版；刘固盛《道教老学史》，华中师范大学出版社 2008 年版。

③ （唐）李荣：《道德真经注》，载蒙文通《道书辑校十种》，巴蜀书社 2001 年版，第 566 页。

④ （北宋）司马光：《道德真经论》，《道藏》，文物出版社、上海书店、天津古籍出版社 1988 年版，第 12 册，第 266、264 页。参见刘固盛《宋元时期的老学与理学》，陕西人民出版社 2002 年版。

⑤ 马王堆汉墓帛书整理小组编：《马王堆汉墓帛书》［壹］，文物出版社 1980 年版，图版第 93 行，释文第 10 页。乙本残"非恒道也名可名也非"9 字，余同甲本，图版第 218 行上，释文第 95 页。裘锡圭主编：《长沙马王堆汉墓简帛集成》，中华书局 2014 年版，甲本图版、第 1 册、第 99 页，释文：第 4 册、第 40 页；乙本：图版、第 1 册、第 146 页，释文、第 4 册、第 204 页。

较传世本多出 4 个"也"字。近年有学者据此重论"道"可言说义。周生春先生在《帛书老子道论试探》中有言：

> 此二"也"字（引者按：指"可道也""非恒道也"之二"也"字）是位于句末的语气词，"非"字则是否定副词。在古代汉语中，判断句不用系词，而是在句末及谓语后用"也"字来表示判断和肯定，否定判断句则是在谓语前用副词"非"字表示否定。"道，可道也，非恒道也"，是由一句肯定判断句和一句否定判断句所组成的复合句。这种由句末的"也"字和"非"字构成的复句，是帛书《老子》常用的一种句式。如"名，可名也，非恒名也"（通行本第一章）；"夫天下，神器也，非可为者也"（通行本第二十九章）；以及"非其鬼不神也，其神不伤人也；非其神不伤人也，圣人亦弗伤也"（通行本第六十章）之类即是。而按通行本的文字和《韩非子》的解释，"道，可道，非常道"只是一条件复句。上述文字上的差异和对句子性质的不同理解，势必导致对原文含义的不同诠释。又，在先秦和秦汉时，"恒"字除有长久、固定不变之义外，还可作平常、一般、普通解释。……据此，上述"道，可道也，非恒道也"可以译作：道是可以道的，它不是一般的道。再就帛书《老子》的内容而言，综观《老子》上下五千言，我们找不到一条可以确凿无疑地说明道不可道的证据。相反，我们却能找到许多例证，表明道是可以言说的。例如除"道，可道也"外，《老子》书中又有"道之出言也，曰：淡呵！其无味也"（通行本第三十五章），以及"吾言甚易知也，甚易行也……言有君，事有宗"之语（通行本第七十章）。这明确指出道是可以言说和表述的。……《老子》不仅认为道可言说，而且对道进行了多次反复的描述。例如它详细而又具体地描述说："道之物，唯望唯物。……中有象呵！……中有物呵！幽呵！冥呵！中有请呵！其请甚真，其中有信。自今及

古，其名不去，以顺众父。"（通行本第二十一章）……《老子》
一书通篇说的就是道。在该书的作者看来，道虽因其玄妙而存在
难以描述的困难，但并非不可道。如若不可言传，那么他也就不
会撰作此书，反复向人阐述他的道了。[1]

周氏所论皆不可信。

其一，关于判断句问题，周氏所举三例，第一例的句式与释义方
式必须同于被释句，所以先自行判定其句式与释义，再用以论证被释
句的句式与释义，属于循环论证。第二例恰恰是条件句式，亦即"神
器也"是"非可为者也"的条件。第三例则是陈述句，而非判断句。

其二，近日为训诂者的常见弊病，即是仅言某词有某义，却并不
就所释文献词语必为某义做进一步论证。周氏此处亦然。即便"恒"
有一般义，我们还是可以问，为什么这里必须释为一般，而不能是恒
久呢？

其三，如果将此点视为第二点的补充论证，亦即为什么"恒"
必须取一般义，那么周氏的论证也是失败的。"道之出言"的
"淡"与"无味"仍是以"无"来描述"道"的。"道之物，唯望
唯物"，其意同于《老子》第二十五章之"有物混成"，其逻辑推
论当为"道"无形，因此无名。至于"吾言甚易知"，除非我们同
意《老子想尔注》以"吾"为"道"自称[2]，或者赞同《老子变化
经》以老子与"道"等同[3]，否则何以知其所言乃"道"？当然，
我们也需补充论证，设若《老子》所言非"道"，则五千言竟欲何
为？我理解"道不可言"包含两层含义：一是"道"是不可说的；
二是"道"之外的其他东西是可说的。在五千言内，基于道不可言

---

①　周生春：《帛书〈老子〉道论试探》，《哲学研究》1992 年第 6 期。

②　如"吾不知谁子"下想尔注："吾，道也。"饶宗颐《老子想尔注校证》，上海古
籍出版社 1991 年版，第 7 页。

③　参见刘屹《敬天与崇道——中古经教道教形成的思想史背景》中篇第三章第三节"敦
煌本《老子变化经》研究"，中华书局 2005 年版，尤其第三小节"老子与'道'之等同"。

的《老子》主要的言说是什么呢？这个问题可以从另一个视角来考虑——《老子》所言之核心，应该就是《老子》所欲人知者。《老子》所欲人知者为何？曰"和"、曰"常"。由此可以推知，《老子》五千言的核心内容，即是"和""常"之言①。

最近持论为郭永秉先生《关于〈老子〉第一章"道可道""名可名"两句的解释》：

> 帛书本比今本多出了四个"也"字，"道可道""名可名"下多出的两个"也"字，对文义理解有关键影响，是最重要的差别②。裘［锡圭］先生认为，帛书本对传统的理解显然是不利的。按照传统解释（尤其是取河上公注的那一种理解），如要把《老子》这两句的意思表达得比较清楚一些，应该说"道可道者，非恒道也；名可名者，非恒名也"才是，决不会像帛书本那样在"道可道""名可名"之后都用"也"字。从帛书本看，根本无法做出河上公注那类理解。不管按照河上公注的理解，还是按照陈［鼓应］氏《［老子哲学系统的形成和］开展》一文的理解，《老子·道经》第一章开头两句都变成强调作为本体的道的本身是不可讲的，这跟《老子》全书通过各种方法解释、描述"道"，让人接受、遵循"道"是矛盾的③。④

---

① 参见李若晖《老子的"言"与"知"》，载赵保佑主编《老子与华夏文明传承创新——2012·中国鹿邑国际老子文化论坛文集》，社会科学文献出版社 2013 年版，上册。

② 原注：北大西汉简《老子》这两句作"道可道，非恒道殴；名可命，非恒名也"（北京大学出土文献研究所编：《北京大学藏西汉竹书》［二］，上海古籍出版社 2012 年版，图版第 74 页，释文注释第 144 页），"道可道""名可名"下已无"也"字。

③ 原注：关于这一点，可参看周生春《帛书老子道论试探》，《哲学研究》1992 年第 6 期。

④ 郭永秉：《关于〈老子〉一章"道可道""名可名"两句的解释》，载《出土文献与古文字研究》第 5 辑，上海古籍出版社 2013 年版，第 598 页。

　　吾辈生千载之后，于旧注古义当尽力求其可通。观郭文所言"道可道者，非恒道也"，是将此句理解为判断句。但是上引周生春先生文则以此句依传统理解为条件句。王安石《老子注》言："道本不可道，若其可道，则是其迹也。有其迹，则非吾之常道也。"① 实以为假设句。条件句与假设句有相通之处，可以不必计较。何乐士女士指出在《左传》中，"也"可以表假设。② 如：

　　　　秦获穿也，获一卿矣。（文公十二年）③
　　　　君若早自图也，可以无辱。（昭公十三年）④

何氏曰："'秦获穿也'，表假设：秦如果获穿。"⑤ 秦俘获赵穿正是其"获一卿"的条件。第二例有"若"字，假设句式更明显。若然，则"道，可道也，非恒道也"，上"也"字表假设，义自可通，且此义与河上公以来古注及《庄子》"道不可言"⑥ 之古义相合，则不必攀附释子新语，致湮中夏旧义。于是，"道可道也，非常道也"可以理解为："如果道可以言说，那么就不是恒久之道了。"

　　郭永秉先生在引用上文的同时还引用了朱谦之、陈鼓应等先生强调《道》之永恒变化的观点，他认为：

---

　　① 蒙文通：《王介甫〈老子注〉佚文》，《道书辑校十种》，巴蜀书社 2001 年版，第675 页。
　　② 杨树达《词诠》已谓"也"为"语末助词，表假定"。中华书局 1978 年版，第 2版，第 373 页。
　　③ （西晋）杜预注、（唐）孔颖达疏：《春秋左氏传注疏》，载（清）阮元校刻《十三经注疏》，台北：艺文印书馆 2007 年版，第 6 册，第 331 页。
　　④ （西晋）杜预注、（唐）孔颖达疏：《春秋左氏传注疏》，载（清）阮元校刻《十三经注疏》，台北：艺文印书馆 2007 年版，第 6 册，第 807 页。
　　⑤ 何乐士：《〈左传〉的语气词"也"》，《古汉语语法研究论文集》，商务印书馆 2000年版，第 280 页。
　　⑥ 《庄子·外篇·知北游》，载（清）郭庆藩《庄子集释》，王孝鱼点校，中华书局1961 年版，第 3 册，第 757 页。

　　"恒（常）"在语义上却显然无法表达出永恒变化的意思。对于一般传统解释而言，"恒道""恒名"之"恒"比较合理的解释似乎是"永恒存在"①，但是古汉语中"恒""常"二字单独连接名词时通常并没有"恒久存在""永恒存在"的意思，而是表示"恒久如此""恒久不变"之义，比如"恒星"（见《左传》等古书）即固定不动的星，"恒"字引申又有"恒心"（即持久不改之心）之义。这都来自"恒"字"不变"之义，而且"恒"字用来表示"永恒如此"的意思也绝不会指"永恒变动不居"②。因此，传统的解释对于"恒道""恒名"的理解都是有问题的，陈氏等人的传统理解从古汉语角度是无法成立的。按照陈氏等人描述的这种永恒存在、永恒变动的特征，从古汉语里其实是根本找不出一个恰当的字来修饰"道"的。裘先生指出，根据帛书的"道可道也"句看，"道可道"的前一个"道"，只能是指老子的"道"，"恒道"与之有别。"恒"字在古代修饰名词，往往是表示"平常""普通"③的意思，如说"恒物"（《庄子·大宗师》）、"恒士"（《战国策·秦策二》）、"恒民"（《庄子·盗跖》）、"恒言"（《孟子·离娄上》）、"恒医"（《论衡·恢国》）等，因此"恒道"应该解释为"平常的道""普通的道"为好；"恒名"之"恒"亦当作同样理解。从帛书本《老子》看，这两句话应理解为"道（即老子主张的道）是可以说的，但并非一般所说的道；（'道'之）名是可以命名的，但并非一般所用的名（即其名表示的不是一般用这个字来表示的意义，如'大''一'）"。④

***

① 原注：陈氏《开展》一文即以"永恒存在"释"恒"字。
② 原注：有学者将"常道""常名"解释为"浑然一体、永恒存在、动变不息的大道"，"浑然一体、永恒存在、动变不息的道之名"。（陆玉林：《中华经典精粹解读：老子》，中华书局2011年版，第1页）这是要调和恒久跟变动两个意思，给"恒"字在本来并无确据的"永恒存在"义之外又增加了额外的"变动"的意义，更是没有任何语言学根据。
③ 引者按："普通"原作"普遍"，据文义改。
④ 郭永秉：《关于〈老子〉第一章"道可道""名可名"两句的解释》，载刘钊主编《出土文献与古文字研究》第5辑，上海古籍出版社2013年版，第599页。

　　"道"是否变化，其实是个伪问题。因为"道"是超出认识之外的，其不可言正是因为不可知。既不可知，就不能用表述认知范畴的变化或对变化的否定来描述"道"。这些都是机械套用所谓辩证法带来的恶果。如果一定要用变化来描述"道"，我们也只能说，万物生存的基本状态就是变化，而"道"是万物生存的总根据，于是相对于"万物时刻变化"来说，"道"必须是不变的。说得直白一点，就是"万物时刻在变化"这一点恰恰是不变的。如果"万物时刻在变化"这一点也变化了，就意味着万物不再变化了。那就是"道"的寂灭与宇宙的终结。《庄子·内篇·大宗师》："杀生者不死，生生者不生。"① 《列子·天瑞篇》："生物者不生，化物者不化。"张湛〈注〉引向秀《庄子注》："若使生物者亦生，化物者亦化，则与物俱化，亦奚异于物？明夫不生不化者，然后能为生化之本也。"② 因此，"恒道""恒名"之"恒"的语义，正是同于"恒星""恒心"之"恒"的恒久不变。

　　我们还是秉持一贯观念，如无确据确证旧说必误，则仍然应当尽力求旧说之可通。③ 由本书所论，《老子》之义，仍当为"道"不可言说。

　　① 《庄子》，载（清）郭庆藩：《庄子集释》，王孝鱼点校，中华书局1961年版，第1册，第252—253页。

　　② 《列子》，载（东晋）张湛注，杨伯峻《列子集释》，中华书局1979年版，第4页。

　　③ 杨树达《积微翁回忆录》1933年3月24日条："王生谷辞归蜀。自言北来年余，喜与余接，颇得读书门径。又言，他人校书，动喜改字；先生校书，则务求不改字而说通，非他人所可及云云。此自是余校勘方法，习久已不自觉。王生道破，遂觉恍然。"北京大学出版社2007年版，第48页。

第二章 思想钩沉

第一节 何种行动：老子"功遂身退"辨正

《老子》第九章"功遂身退"①一语，历来被理解为一种功业成就后即当急流勇退的人生智慧。河上公此文作"功成、名遂、身退"，其注云："言人所为，功成事立，名迹称遂，不退身避位，则遇于害，此乃天之常道也。"②显然视其为避害的政治智慧。想尔本作"名成、功遂、身退"，下更直接注明："范蠡乘舟去，道意谦信，不隐身形剥，是其效也。"③《老子道德经河上公章句》与《老子想尔注》俱是较早的《老子》注本，可知此语被视为明哲保身的政治箴言已经很久了。然而后人对《老子》此文句的这一理解是否合于老子本义，尚需斟酌。

这种理解方式的产生，可以从《老子》不同版本中找到线索。不难注意到，河上公本与想尔本中均有"名""成"二字④，而帛书

---

① 《老子道德经》，载浙江书局编《二十二子》，上海古籍出版社1986年版，第1页。

② 《老子道德经河上公章句》，王卡点校，中华书局1993年版，第32页。

③ （东汉）张道陵：《老子想尔注》，饶宗颐校证，上海古籍出版社1991年版，第12页。

④ 另傅奕（《道藏》本、经训堂本）作"成名功遂身退"，亦有此二字（参见《道藏》，文物出版社、上海书店、天津古籍出版社1988年版，第11册；（清）毕沅《老子道德经考异》，载王云五编《丛书集成》，中华书局1985年版，初编第541册）。据蒋锡昌《老子校诂》，商务印书馆1937年版，第53页，其所见各版本中，除李约本作"功成事遂"，龙兴碑本作"名成功遂"外，历代注本此句多与河上公本同，列有：碑、御、景、楼、道、明、唐、玄、徽、上、陈、寇、陆、卿、邓、邵、司、苏、赵、金、张、纯、无、林、杜、吴、董、雱、彭、顾、强、危、真、纂、正、霖、志、李、荣、惟、焦、周、葛、释、大、河、范、白、治要诸本。

乙本①、王本②、北大汉简本③均作"功遂身退",郭店简本作"攻(功)述(遂)身退"④、帛书甲本作"功述(遂)身芮(退)"⑤,均无"名""成"二字,可知此二字当为后增。"名""成"二字的衍入经文,或者说"名"这一概念的介入,实际是对文意的重大转化,它将原本泛指事情进展的"功遂"标定为现实功业的成就与名声荣耀的取得,固定为功成名就之义。将"功遂身退"视作功成名就后急流勇退、保身避害之政治智慧的常见看法也由此而来,沿袭至今。下文将对此进行探讨。

我们将先考察前述常见看法的思路,由于该说法所据各本文字相近,不妨以河上公本"功成、名遂、身退"为例。先考虑"功成、名遂"与"身退"之间,也即功成名就与急流勇退之间的关系。"功成、名遂"意味着"功"与"名"的达致,也即个人对功业名位的获得,而"身退"意味着对已获取的功业名位的主动放弃,两者之间隐含着一个转折,有时间上的先后关系。那么为何要先得后弃呢?论者的答案基本可用河上公注"不退身避位,则遇于害"一语概括,即从否定的角度论述放弃功业名位的必要性。而这一否定判断的建立,按其论据的差异可分为两个层面。

---

① 裘锡圭主编:《长沙马王堆汉墓简帛集成》,中华书局2014年版,图版:第1册,第147页;释文:第4册,第205页。

② 通行王本及《道藏》王本均作"功遂身退",从之。马叙伦曾据王注"四时更运,功成则移"及陆德明《释文》"功遂"注"本又作成",疑王本应作"功成"(马叙伦:《老子校诂》,中华书局1974年版,第138页;陆德明:《经典释文》卷二五《老子音义》,上海古籍出版社1985年版,下册,第1395页),然不免据注改经之嫌。高明、瓦格纳等均认为王弼注中"功成"二字是对"功遂"的翻译,并不能说明《老子》原文作"功成"。(高明:《帛书老子校注》,中华书局1996年版,第262页;[德]瓦格纳:《王弼〈老子注〉研究》,杨立华译,江苏人民出版社2009年版,上册,第437页)

③ 北京大学出土文献研究所:《北京大学藏西汉竹书》[二],上海古籍出版社2012年版,第144简,图版:第81页,释文:第147页。

④ 荆门市博物馆编:《郭店楚墓竹简》,文物出版社1998年版,第39简,图版:第6页,释文:第113页。

⑤ 裘锡圭主编:《长沙马王堆汉墓简帛集成》,中华书局2014年版,图版:第1册,第99页;释文:第4册,第40页。

一者，大量的经验性事实昭示，当功名利禄积聚到一定程度，就会招致祸患；特别是在政治领域，功高盖主、名重当世而不自逊退，必定招致大祸临身。鸟尽弓藏，兔死狗烹，文种、范蠡的迥异结局，被频繁引用以强化这个观点。例如《战国策·秦策》三《蔡泽见逐于赵》中，蔡泽劝诚范雎的一席话，就紧密围绕着这个主题展开，他对比了商鞅、白起、吴起、文种的功成身死与范蠡的避居保身这两种截然不同的结局，总结道："此四子者，成功而不去，祸至于此……范蠡知之，超然避世，长为陶朱。"① "成功而不去"意即功成名遂而身不退。再加上《老子》第九章另一句"金玉满堂，莫之能守；富贵而骄，自遗其咎"②，同样是从否定角度描述现实生活中类似的现象，论者很自然地将"功遂"而"身不退"所招致的祸患模拟于富贵难保的现象。③ 从这一意义来说，"功成、名遂、身退"是基于人趋利避害的本能，而做出的功利性判断。

二者，持前论者一般认为，上述大量经验事实可以总结提炼为：事物总是向对立面转化的发展趋势具有必然性，故而符合天道。河上公注于"不退身避位，则遇于害"后紧接着写道："此乃天之常道也。譬如日中则移，月满则亏，物盛则衰，乐极则哀。"④ 似能与《老子》第五十八章"祸兮福之所倚，福兮祸之所伏"⑤，第七十六章

---

① （西汉）刘向编纂：《战国策》，上海古籍出版社1985年版，上册，第211—220页。
② 《老子道德经》，载浙江书局编《二十二子》，上海古籍出版社1986年版，第1页。
③ 值得注意的是，老子谈"功遂身退"时所指未必与谈"金玉"句时所指相同。一般看法是将"功遂"句作为由"金玉"两句例子所引出的结论，认为"功遂"句与"金玉""富贵"等相关，如武内义雄即以"功成名遂身退天之道二句乃以上诸条之结论"（［日］武内义雄：《老子研究》，《武内义雄全集》第5卷《老子篇》，东京都：角川书店1978年版，第276页）。瓦格纳认为此句是"两个论辩串系的一般结论"（［德］瓦格纳：《王弼〈老子注〉研究》，杨立华译，江苏人民出版社2009年版，上册，第439页）。成玄英："所以佐世之功成，富贵之名遂者。"（成玄英：《道德经义疏》，载高明编《四部要籍注疏丛刊·老子》，中华书局1998年版，上册，第155页）更是将"功成名遂"直接与"富贵"关联起来。
④ 《老子道德经河上公章句》，王卡点校，中华书局1993年版，第32页。
⑤ 《老子道德经》，载浙江书局编《二十二子》，上海古籍出版社1986年版，第7页。

"故坚强者死之徒，柔弱者生之徒。是以兵强则不胜，木强则兵"①相互参照，论者据此认为，"功成、名遂"会招致祸患。如此句王雱注云："曾不知造化之密移，吉凶之倚伏，故终至于坐蒙忧患，无以自存。"② 然而需要注意的一点是，老子思想中，或许包含着盛极必衰、强极则辱的思想，但并不能认为老子有那种等到烈火烹油的极盛后再来教人避免随之而来的祸患灾害的意思。纵观《老子》全文，并不能发现有何依据表明他会赞成这种半截子的、弥补式的做法——老子更倾向于从根本上解决这个问题，他会认为，如果不希望得到诸如衰、辱这样的结果，一开始就应当以柔弱而非刚强的态度处事。事实上，因为"物盛则衰，乐极则哀"而预见到"功成、名遂"即将带来的灾患，从而做出"身退"的选择以免遭害，这种逻辑是与上一条理由并无二致的，虽然做出这相同判断的依据一是人生经验和历史教训，一是由这些经验事实提炼出来的规律。

综上可知，关于"功成、名遂"后为何要"身退"这个问题，历代注家往往是从如若不能"身退"就会招致祸患的角度来论说的。或从历史经验教训总结，或依天道演化的规律，他们都得到了对"功成、名遂"将带来的灾患的预计和警惕。如想尔本注："名与功，身之仇，功名就，身即灭，故道诫之"③，就彰显出一种强烈的危机意识。

接下来我们考虑论述者们是如何处理功名与放弃功名这一转向的前半部分（即"功遂"或"功成、名遂"）的，论述者们除了戒惧"功成、名遂"所将带来的灾患外，对于功成名就这一状态是否有价

---

① 《老子道德经》，载浙江书局编《二十二子》，上海古籍出版社1986年版，第8页。

② （北宋）张氏辑：《道德真经集注》，《道藏》，文物出版社、上海书店、天津古籍出版社1988年版，第13册，第13页。严灵峰、尹志华已辑，参见严灵峰辑校《老子崇宁五注》，台北：成文出版社有限公司1979年版；尹志华《辑校王雱〈老子注〉》，为尹志华《北宋〈老子〉注研究》附录，巴蜀书社2004年版。

③ （东汉）张道陵：《老子想尔注》，载饶宗颐《老子想尔注校证》，上海古籍出版社1991年版，第12页。

值判断和感情倾向？他们对功名的获取，是持肯定、否定，还是中性的态度呢？这也意味着在到达功成名就状态的过程中，功名之成就者本人是否原本有意于建功立业、四海扬名。

虽然很少有人明说，但有相当一部分视"功成、名遂、身退"表明人生智慧者对建功立业有一种隐含的期待。他们所推崇的不是孤立的"身退"行为或者说单纯的保全自身状态，而是在"功成、名遂"的前提下"身退"，也即在功成名就之后保全自身，换句话说，他们往往希望达到范蠡、张良这样全功且全身的状态，远胜于希望通过自始至终隐遁无名这一更简易的方式来保全自身；他们不是不希望能够建立事业，只是不愿被随之而来的名声利禄拖累，因而总是试图在成就功名与保身两个方向中寻求平衡。元人杜道坚的说法相当有意思："乃知功不在大，知止者成。名不在高，知足者遂。"① 既然盛极必衰，则不如在极盛之前离开；他们往往期许能够有"欲回天地入扁舟"的超然高远，即使推崇着"事了拂衣去，深藏身与名"这样看起来寂然无名生活方式的人，也会以其所建立的不世之功名而感到荣耀、赞叹不已。而论述者在评述功成身退时常援引的例子范蠡，在《史记》中也被评说为："故范蠡三徙，成名于天下，非苟去而已，所止必成名。"② 尤其在《史记》"范蠡辞齐相"一节中，突出表现了这一点："范蠡浮海出齐，变姓名，自谓鸱夷子皮，耕于海畔，苦身戮力，父子治产。居无几何，致产数十万。齐人闻其贤，以为相。范蠡喟然叹曰：'居家则致千金，居官则至卿相，此布衣之极也。久受尊名，不祥。'乃归相印，尽散其财，以分与知友乡党，而怀其重宝，间行以去。"③《汉书》卷七一《疏广传》载疏广言："吾闻'知足不

---

① （元）杜道坚：《道德玄经原旨》，载《道藏》，文物出版社、上海书店、天津古籍出版社 1998 年版，第 12 册，第 730 页。

② （西汉）司马迁：《史记》卷四一《越王勾践世家》，中华书局 2013 年修订版，第 5 册，第 2105 页。

③ （西汉）司马迁：《史记》卷四一《越王勾践世家》，中华书局 2013 年修订版，第 2102 页。

辱，知止不殆'，'功遂身退，天之道'也。今仕至二千石，宦成名立，如此不去，惧有后悔，岂如父子相随出关，归老故乡，以寿命终，不亦善乎！"① 疏氏父子明显模仿范蠡，而明确称引《老子》。可见士人将"功遂身退"理解为：在"宦成名立"的情况，如何避免其所将引致的灾祸，而得以保全自身，"以寿命终"。功成名就后应退避保身这一看法，与其说是老子本旨，不如说是世俗之中，士人们既渴望成就"功名"又不愿其身遭受"功名"所引致的伤害，这样一种希冀兼保"身""名"之心理的体现。

总而言之，论者心中功成身退的说法，既隐含着对功成名就状态的向往，又昭示着对功成名就所带来祸患的戒惧，是一种在趋利避害心理影响下的功利性判断——需把握功名之利益与其招致之祸患间的平衡点，在功名达到一个合适的程度时退避。虽然或有关于盛极必衰、吉凶倚伏这样的天道的描述，但在论者心中，相对天道而言，不如说他们更关注自身的利害问题。

根据前文的分析，论者在谈到"功遂身退"时，所期待的是在功名的利与害之间寻找平衡，以达到既成就功名又保全身体的结果。然而，这种权衡之术似乎并不合于我们对老子的一般了解，反而与黄老道家一贯的立场一致。正如《经法·论约》中所言："功洫（溢）于天，故有死刑；功不及天，退而无名；功合于天，名乃大成。"② 为了规避死刑并保有名誉，他们认为必须按照功的合理限度行事，使"功合于天"，以达到身与名的平衡。《经法·论约》中这一观点，恰恰与前文所分析的论述者们的看法完全相符，非常清晰地体现了黄老学者和前文论述者们思路的一致性。本书认为，"功遂身退"之所以会出现前文所述的理解方式，正是黄老学者们对老子思想进行改造的

---

① （东汉）班固：《汉书》，中华书局 1962 年版，第 10 册，第 3039—3040 页。此则杨树达《老子古义》已引，上海古籍出版社 2006 年版，第 12 页。
② 裘锡圭主编：《长沙马王堆汉墓简帛集成》，中华书局 2014 年版，图版：第 3 册，第 128—129 页；释文：第 4 册，第 146 页。此引文的思维模式恰与前文对通常解法的分析完全相合。

结果。

黄老道家的思想，虽大体承袭了老子思想，但在承袭过程中也吸收了其他一些学派的特点，对老子思想多有改造，其"因阴阳之大顺，采儒墨之善，撮名法之要"①，兼取儒墨名法中的成分，学说旨趣与老子颇有出入。在本书所讨论的"功遂身退"这一具体问题中，不难发现，之所以"功遂身退"会被理解为成功之后即当引退，其原因正在于"功遂"在文本上转变为"功成、名遂"后，被理解为功业已经建立、名声已经奠定，与"功成名就"同义。"名"这一衍文的加入对文意有着重大影响。周次吉言："或于'功'上多加'成名'二字，甚无谓也，盖'老子以自隐无名为务'，安得复许人以'成名'乎？老氏不云'名与身孰亲'乎？即第十七章'成功遂事，百姓皆谓我自然'亦不言'名'，并可为证也。"②古棣、周英亦云："'名遂'与老子精神不合，不当有。"③"名"之介入，当为老子经文意义转向负起重要责任，而"名"之概念本身与老子思想间的不契合，更说明了原本"以自隐无名为务"的老子思想是如何被背离为趋利避害之术的。

《说文》有言："名，自命也。从口，从夕，夕者，冥也，冥不相见，故以口自名。"④ "名"本指命名活动和名称，后又被引申为人名和名声、名誉。"功成、名遂"之中的"名"显然指名誉而言。当我们思考名誉这一词义的意蕴时，不难发现，其与人名、命名活动都有着很深的联系。名誉是他人对某一特定个体的评价（也即名声）的一部分，而名声是此个体与他人交往中显现出并被描述的社会属性的总和，它为此个体之"我"所私有，并标识出社会化之"我"区别于社会中其余任何人的独特性。名誉这一概

---

① （西汉）司马迁：《史记》卷一三〇《太史公自序》，中华书局2013年修订版，第10册，第3966页。

② 周次吉：《老子考述》，台北：文津出版社1986年版，第69页。

③ 古棣、周英：《老子通》，吉林人民出版社1991年版，上册，第193页。

④ （东汉）许慎：《说文解字》，中华书局1963年版，第31页。

念的成立，其前提是社会人的存在，必然要求人与人、人与我之区分的建立。而这一区分的建立，事实上是由为人的每一个体赋予一特定人名的命名活动来完成的。"就如初生之婴儿，其父母一定要为这个孩子'命名'，如此他才具有社会性之存在一样。"①人之社会性存在的起始点，正是命名活动所赋予的人名。名誉从属于名声，而名声羁系于人名，人名则是由命名活动创制的种种名称的一部分。

"名"被用于述说人的社会存在，几乎等同于人在社会之中的存在方式与状态。人之"名"是人之个体性在名言世界中的投影体，描述出此一特定之人的社会身份和情状表征，而个体则以"名"之存在方式与"名"言世界发生关联。可以说，"名"是对某一特定个体存在的描述与模拟。然而人之"名"是否能完全地描述人之"实"呢？与"名"这一人之社会存在相对应的，是人在自然界中的存在方式，也即"身"。"名"与"身"虽关联密切，均可指代一特定个体，但由于名之未能尽实，两者间始终存在隔阂，在一定条件下会发生冲突。历史上人们曾对此做出不同的选择，主父偃"丈夫生不五鼎食，死即五鼎烹耳"②，求名而不惜其身，宁可身灭也定要留名于世。《庄子·外篇·天运》云"以显为是者，不能让名"③，正此之谓。而彭越则全然相反，司马迁评说其"怀畔逆之意，及败，不死而虏囚，身被刑戮，何哉？中材已上且羞其行，况王者乎！彼无异故，智略绝人，独患无身耳"④，为全身而甘忍耻辱。《史记》卷八四《屈原贾生列传》贾谊《鹏鸟赋》："贪夫徇财兮，烈士殉名；夸者死权兮，品

---

① 伍至学：《老子反名言论》，台北：唐山出版社 2002 年版，第 11 页。

② （西汉）司马迁：《史记》卷一一二《平津侯主父列传》，中华书局 2013 年修订版，第 9 册，第 3561 页。

③ 《庄子》，载（清）郭庆藩《庄子集释》，王孝鱼点校，中华书局 1961 年版，第 2 册，第 521 页。

④ （西汉）司马迁：《史记》卷九十《魏豹彭越列传》，中华书局 2013 年修订版，第 8 册，第 3129 页。

庶冯生。"① 道出了两极："烈士徇名"，为了名甚至不惜抛弃生命；"品庶冯生"，认为一切都必须基于拥有生命，如丧失生命则一切都是没有意义的。或"爱身而后名"，或"杀身以成名"，面对身、名悖立以至于发生冲突的局面，人必有所取舍。那么如何解决这一冲突，以及是否有可能避免这一冲突的发生呢？对此，老子和黄老道家给出了迥异的回答。

在老子看来，"名"与"实"之间存在难以逾越的隔阂，世间纷繁复杂的名相，是人为、后天建立起来的，如《老子》第三十二章"始制有名"②，"始"意味着后天，而"制"意味着人为。王弼在《老子指略》中区分了名号和称谓，认为"名也者，定彼者也；称也者，从谓者也。名生乎彼，称出乎我……名号生乎形状，称谓出乎涉求"③。然而，无论名号还是称谓均有局限性，在述说时，无法兼尽"道"之全意："名必有所分，称必有所由。有分则有不兼，有由则有不尽。不兼则大殊其真，不尽则不可以名，此可演而明也。""故名号则大失其旨，称谓则未尽其极。"④ 因此，老子对"名"之运用一直是有严格限制的，故下文即言："名亦既有，夫亦将知止。"⑤ 既然老子已将知识活动严格限制到仅为方便称述之目的而给物赋名的地步，那么名声、名誉这一系列由"名"之膨胀而产生的情况，显然更不可能是老子所期许的了。老子对普遍的"名"均加以限制，对于人之"名"，更是绝不容其扩张。《老子》第四十四章："名与身孰亲？"⑥"身"，在老子看来，相对于"名"更接近于人本原的存在方

---

① （西汉）司马迁：《史记》，中华书局 2013 年修订版，第 8 册，第 3014 页。
② 《老子道德经》，载浙江书局编《二十二子》，上海古籍出版社 1986 年版，第 4 页。
③ （三国·魏）王弼：《老子指略》，载楼宇烈《老子道德经注校释》，中华书局 2008 年版，第 197—198 页。
④ （三国·魏）王弼：《老子指略》，载楼宇烈《老子道德经注校释》，中华书局 2008 年版，第 197—198 页。参见牟宗三《才性与玄理》第 2 卷，《牟宗三先生全集》，台北：联经出版事业股份有限公司 2003 年版。
⑤ 《老子道德经》，载浙江书局编《二十二子》，上海古籍出版社 1986 年版，第 4 页。
⑥ 《老子道德经》，载浙江书局编《二十二子》，上海古籍出版社 1986 年版，第 5 页。

式。"名"之设立虽原本意在述说人的属性，但它毕竟不是人的本原，相反，在述说过程之中，人的本原受到了一定的掩盖和疏略，人逐渐脱离了本然的生活状态，而为"名"所牵绊。如反认"名"为人的等价物，甚或认之为人之真实、本然的存在方式，这就本末倒置了。老子一向认为要回归人本然的生存状态，而不应崇尚名声这种外在于人的东西，如《老子》第三章："不尚贤，使民不争。"① 第七十二章："是以圣人自知不自见，自爱不自贵。"② 第五十九章："是谓深根固柢，长生久视之道。"③ 而"功成、名遂"这一方向与老子回归人之根本的指向相悖，与老子全身养生之目的相悖，断然不会为老子所尊尚。

在老子看来，"名""身"之矛盾不可调和，若要全身只能对"名"进行严格限制。究其原因，是由于老子认为"名"不足以以言说"实"。然而黄老学者对此的看法却与老子截然不同。陈鼓应言："老子认为事物有了各种名称，定名分、设官职，从此就纷扰多事，可见春秋末的老子并不主刑名说，此说到战国之后，才成为黄老学派和法家的重要概念。"④ 黄老道家吸收了名家、法家的成分，喜言"刑名"。《经法·道法》言："秋毫成之，必有刑（形）名。刑（形）名立，则黑白之分已。……是故天下有事，无不自为刑（形）名声号矣。刑（形）名已立，声号已建，则无所逃迹匿正矣。"⑤ 又言："逆顺死生，物自为名。名刑（形）已定，物自为正。"⑥ 再细微的事物都有其特定的形名，对这所有事物形名建立和把握，事物的标

---

①　《老子道德经》，载浙江书局编《二十二子》，上海古籍出版社1986年版，第1页。

②　《老子道德经》，载浙江书局编《二十二子》，上海古籍出版社1986年版，第8页。

③　《老子道德经》，载浙江书局编《二十二子》，上海古籍出版社1986年版，第7页。

④　陈鼓应：《黄帝四经今注今译——马王堆汉墓出土帛书》，商务印书馆2007年版，第12页。

⑤　裘锡圭主编：《长沙马王堆汉墓简帛集成》，中华书局2014年版，图版：第1册，第120、121、120页；释文：第4册，第127页。

⑥　裘锡圭主编：《长沙马王堆汉墓简帛集成》，中华书局2014年版，图版：第1册，第120页，第八行上；释文：第4册，第127页。

准才得以建立，当"名"之系统得以精准地确立之后，这一系统即可自行发挥其作用，一切事物均应循其而行，此后"天下有事，必审其名。名□□循名廐（究）理之所之，是必为福，非必为灾"①。老子认为"名"之建立是人为制作，而黄老学者则认为"名"是由物自身规定的，名实之间本不应存在矛盾。唯一要注意的，就是名声超过"实"的情况，这也同时意味着名声不合于此"实"相应之"名"。《经法·四度》云："声华［实寡］者，用（庸）也［……］声（洫）溢于实，是胃（谓）灭名。"②

既然黄老学者认为"名""实"之间本无老子眼中的鸿沟，那么不难推论，只要一个人的名声符合他之实际情形，此名声就是合理的。于是"身""名"之冲突并非不可解，"身""名"俱全亦非不可能。在黄老道家的思想中，对合理之名誉不加贬抑，且是相当期许的；相反，无名则被视作行事失理的不良结果。《经法·论约》："顺则生，理则成，逆则死，失则无名。"③《名理·第九》："伐其本而离其亲，伐其与而败其根。后必乱而卒于无名。"④ 在处理"身""名"关系的问题上，黄老学者最重视的是保证名声之"名"与"实"相符。《经法·四度》云："名功相抱，是故长久。名功不相抱，名进实退，是谓失道，其卒必有身咎。黄金珠玉藏积，怨之本也。女乐玩好燔材，乱之基也。守怨之本，养乱之基，虽有圣人，不能为谋。"⑤ "身咎"之缘由是"名进实退"，身受过盛之名戕害。在黄老学者眼中，兼保"身""名"之方法，是避免

---

① 裘锡圭主编：《长沙马王堆汉墓简帛集成》，中华书局 2014 年版，图版：第 1 册，第 128—129 页，第七十四行上—七十四行下；释文：第 4 册，第 147 页。

② 裘锡圭主编：《长沙马王堆汉墓简帛集成》，中华书局 2014 年版，图版：第 1 册，第 124—125—124 页，第三十九行上—三十九行下—第四十行下；释文：第 4 册，第 138 页。

③ 裘锡圭主编：《长沙马王堆汉墓简帛集成》，中华书局 2014 年版，图版：第 1 册，第 128—129 页，第六十七行上—六十七行下；释文：第 4 册，第 146 页。

④ 裘锡圭主编：《长沙马王堆汉墓简帛集成》，中华书局 2014 年版，图版：第 1 册，第 128—129 页，第七十二行上—七十二行下；释文：第 4 册，第 147 页。

⑤ 裘锡圭主编：《长沙马王堆汉墓简帛集成》，中华书局 2014 年版，图版：第 3 册，第 124—125 页，第四十五行下—四十六行上—四十六行下；释文：第 4 册，第 138 页。

"名"之过度发展以致浮溢于"实"。黄老学者和老子,虽均认为"名"当限制于一合理限度之内,不当过度发展,但他们对"名"之合理限度的设立是有很大区别的,老子虽为言说方便容许"名"之存在,却不称许名誉,而黄老学者则允许合理追求名誉,只需警惕"名"之过盛。

此外,值得注意的是,"帛书《黄帝四经》引用范蠡的言论达十七八条之多,从其中思想线索来看,便可见范蠡可能是由老学发展到黄老之学的关键人物",并且,从《国语》中范蠡的言论看,也"都显示出范蠡上承老子思想而下开黄老学之先河"①。例如《越语下》中范蠡所言:"天道盈而不溢,盛而不骄,劳而不矜其功。"②《老子》第二章"为而不恃,功成而弗居"③,第九章"金玉满堂,莫之能守;富贵而骄,自遗其咎"④,第二十二章"不自见故明,不自是故彰,不自伐故有功,不自矜故长"⑤ 等均有相通之处。⑥ 由此,范蠡之生平行事为黄老学者所称许引述亦是十分自然的了。如《史记》卷四一《越王勾践世家》载范蠡自齐遗大夫种书曰:"飞鸟尽,良弓藏;狡兔死,走狗烹。"⑦ 此语见用于《文子·上德篇》:"狡兔得而猎犬烹,高鸟尽而良弓藏。名成功遂身退,天道然也。"⑧《淮南子·说林篇》:"狡兔得而猎犬烹,高鸟尽而强弩藏。"⑨

当我们彻底将"名"对"功遂身退"的影响剥离开来,"功"之

---

① 陈鼓应:《先秦道家研究的新方向》,《黄帝四经今注今译——马王堆汉墓出土帛书》卷首,商务印书馆2007年版,卷首第7页。

② 《国语》,上海古籍出版社1988年版,下册,第241页。

③ 《老子道德经》,载浙江书局编《二十二子》,上海古籍出版社1986年版,第1页。

④ 《老子道德经》,载浙江书局编《二十二子》,上海古籍出版社1986年版,第1页。

⑤ 《老子道德经》,载浙江书局编《二十二子》,上海古籍出版社1986年版,第3页。

⑥ 参见涂又光《楚国哲学史》,湖北教育出版社1995年版。

⑦ (西汉)司马迁:《史记》,中华书局2013年修订版,第5册,第2095页。

⑧ 《文子》,载王利器《文子疏义》,中华书局2000年版,第263页。史传范蠡师事文子一说,钱穆驳之已详,参见钱穆《先秦诸子系年》,中华书局1985年版,上册,载《钱宾四先生全集》,台北:联经出版事业股份有限公司1998年版。

⑨ 《淮南子》,载张双棣《淮南子校释》,北京大学出版社2013年增订本,下册,第1773页。

意义也随之需要重新检视。是否还能够按通常观点将"功"解释为功业、功劳？似乎不应如此。因为功业、功劳仍羁系于人名，更与名誉挂钩，彰显其拥有者的社会地位。笔者以为，老子此处所用之"功"与"事"意义相近，当解作工作、事役而非成绩、成就，第十七章"功成事遂，百姓皆谓我自然"①，"功""事"对举，足可为证。

事实上，"功"最早的用法，泛指包括文事、武事、劳役在内的各种工作，与"事"意义相近。《尚书·虞书·皋陶谟》："启呱呱而泣，予弗子，惟荒度土功"②，"土功"即指禹治水之事。《诗经·豳风·七月》"上入执宫功"，郑玄《笺》"治宫中之事矣"③，朱熹《集传》"功，葺治之事也。或曰，公室官府之役也"④。"宫功"即指修缮宫室的劳役。《诗经·大雅·崧高》"登是南邦，世执其功"，《毛传》"功，事也"，郑玄以为指政事而言⑤。后引申为成绩、成就，如《孟子·公孙丑》上："故事半古之人，功必倍之，惟此时为然。"⑥相当于事情之完成情况。由此可知，"功"最初的含义与"名"并没有太大联系，而只是着眼于工作之义。虽有解作功业的，如《周礼·夏官·司勋》："王功曰勋，国功曰功，民功曰庸，事功曰劳，治功曰力，战功曰多。"⑦ 其中"国功曰功"之"功"即是功业之义，但

---

① 《老子道德经》，载浙江书局编《二十二子》，上海古籍出版社1986年版，第2页。
② 旧题（西汉）孔安国传、（唐）孔颖达疏：《尚书注疏》，载（清）阮元校刻《十三经注疏》，台北：艺文印书馆2007年版，第1册，第71页。原为伪古文《益稷》，今改《皋陶谟》。
③ （西汉）毛公传、（东汉）郑玄笺、（唐）孔颖达疏：《毛诗注疏》，载（清）阮元校刻《十三经注疏》，台北：艺文印书馆2007年版，第2册，第285页。
④ （南宋）朱熹：《诗集传》，载朱杰人、严佐之、刘永翔主编《朱子全书》，上海古籍出版社、安徽教育出版社2002年版，第1册，第533页。
⑤ （西汉）毛公传、（东汉）郑玄笺、（唐）孔颖达疏：《毛诗注疏》，载（清）阮元校刻《十三经注疏》，台北：艺文印书馆2007年版，第2册，第671页。
⑥ 《孟子》，载（清）焦循《孟子正义》，沈文倬点校，中华书局1987年版，上册，第186页。
⑦ （东汉）郑玄注、（唐）贾公彦疏：《周礼注疏》，载（清）阮元校刻《十三经注疏》，台北：艺文印书馆2007年版，第3册，第454页。

这种功勋事业远非常人所能达致，一般谈"功"，仍是就比较普遍的事业之义而言，尤其对于民众而言，"功"即指庸、劳之事，而这些日常工作与名誉并不相关。

"功"与"名"二者间紧密相连的情况，是伴随着"功"之功劳义逐渐深入人心的，这与战国中后期的变法息息相关。一方面，新的户籍编制使得国家对人身的直接控制加强，人从各种形态的共同体组织下独立出来而直接受制于国家，成为编户齐民；而这种被称为"名籍""名数"的户籍除登录人名籍贯外，还会记录较为复杂的人事注记，明确了一个人的社会身份、自然体状及人事的基本情况。① "户籍"使每一个人的"名"都得以落实在人身之上。② 此即《商君书·境内篇》所言："四境之内，丈夫女子皆有名于上，［生］者著，死者削。"③ 而且，由于户役合籍，户籍同时起到兵役册的作用，人之事功均系于人名。事功与名籍的联系由法律确立，成为一种较为普遍的联系。对于普通民众而言，"功"与"名"的联系开始密切起来了。

而另一方面，战国变法以后，法家赏功罚罪的观念深入人心，军功爵制在各国的确立使军功受到重视，功劳与爵位紧密地联系起来。"劳大者其禄厚，功多者其爵尊，能治众者其官大。"④ 军功爵制打破了旧有的五等爵制，使政治权力和经济利益不再被贵族世袭垄断，而为布衣卿相的产生提供了可能。具体地讲，庶人凭借功劳可以获取爵位，并以此获取利益，"有军功者，各以率受上爵"⑤，又如荀子所

---

① 参见张金光《秦制研究》，上海古籍出版社 2004 年版。

② 春秋晚期以前，只有登录户主之名的"名籍"，此后才逐渐出现登录全家人口的"户籍"。参见杜正胜《编户齐民：传统政治社会结构之形成》，台北：联经出版事业股份有限公司 2014 年版。

③ 《商君书》，载蒋礼鸿《商君书锥指》，中华书局 1986 年版，第 114 页。"生"字据俞樾说补，参见（清）俞樾《诸子平议》，台北：台湾世界书局 1991 年版。

④ （西汉）刘向编纂：《战国策》卷五《秦策》三《范子因王稽入秦》，上海古籍出版社 1985 年版，上册，第 181 页。

⑤ （西汉）司马迁：《史记》卷六八《商君列传》，中华书局 2013 年修订版，第 7 册，第 2696 页。

述："秦人……陋而用之，得而后功之，功赏相长也，五甲首而隶五家。"① 而旧贵族则无法仅仅凭恃其血统而占据禄位，如在秦国，"宗室非有军功，论不得为属籍"。司马贞《索隐》曰："谓宗室若无军功，则不得入属籍。谓除其籍，则虽无功不及爵秩也。"② 再如在楚国："使封君之子孙三世而收爵禄，绝减百吏之禄秩，损不急之枝官，以奉选练之士。"③ 爵禄之高低，不再因袭旧制由血脉决定，而与人所建立的功劳紧密挂钩。这种功劳和爵禄，不再是常人所难以冀望的，而成了人们所竞相追逐的对象。

战国士人多尚物利，政策中对功劳的偏重也使得功利观念深入人心，建功立业以获取禄位也因而成了人们的追求，功利之风盛行一时。在这样的社会背景下，言及功成、功遂，就很容易使人联想到功勋之建立与禄位之获得，从而指向世俗意义上的成功。这种世俗意义上的成功不仅意味着获取更多的经济利益，更意味着能获得政治上的优待，并获取生活上的优待。④ 这种优待，说明了国家政策对功劳的崇尚，且这种尚功思想不仅体现在具体的举措之中，更体现在人们对有功者的赞誉上："有功者显荣，无功者虽富无所芬华。"⑤ "显荣""芬华"并非仅指禄位，而兼指名誉。建立功劳，即意味着名誉地位可随之得以提升，功劳也成为一个人获取世俗成功的晋身之阶。功劳与名誉，实在是密切相关的。《墨子·修身》："名不徒生，而誉不自长，功成名遂，名誉不可虚假，反之身者也。"⑥ 定州汉简《文子》

---

① 《荀子·议兵》，载（清）王先谦《荀子集解》，沈啸寰点校，中华书局 1988 年版，上册，第 273—274 页。

② （西汉）司马迁：《史记》卷六八《商君列传》，中华书局 2013 年修订版，第 7 册，第 2696、2697 页。

③ 《韩非子·和氏篇》，载（清）王先慎《韩非子集解》，钟哲点校，中华书局 1998 年版，第 96—97 页。

④ 参见朱绍侯《军功爵制研究》，上海人民出版社 1990 年版。

⑤ （西汉）司马迁：《史记》卷六八《商君列传》，中华书局 2013 年修订版，第 7 册，第 2696 页。

⑥ 《墨子》，载（清）孙诒让《墨子间诂》，孙启治点校，中华书局 2001 年版，上册，第 10 页。

2438："（上残）以养其神，故功成名遂。"① 名誉必随功劳而生，言"名"必及"功"。而"功""名""利"三者，在当时的时代背景下是一致的，《战国策·秦策》三《范雎至秦》云："功成、名立、利附，则天下莫能害。"② 即三者并举。故而"功遂"一语，一旦增入了"名""成"，就只能在战国功利主义风潮之背景下，解作功成名就了。至此，黄老道家的"功名论"，已将《老子》的"身退论"彻底抛至九霄云外了。

而按《老子》所显示出的文意来看，老子对名誉、地位、物利，并无追求之心，他所在意的绝非建立功勋以邀名爵禄位。而且，在春秋时期，也不太可能产生这样的想法。老子所关注的仅仅是必要事情的完成，第六十三章所谓"为无为，事无事"③，以无为的态度做成事情，而不妄作，就是这个意思：人做成事情之行为即在前的"为""事"二字，而对功劳、名誉的追求，应属老子眼中的妄作了。

前面分析了将"功遂身退"解作功成名就后急流勇退，并非老子思想的本来面目，而是黄老学者的重新解读。而若仍将"功遂"和"身退"断为时间上存在先后关系的两节，视其为转折关系，那么无论如何都会再次陷入前文所叙述的黄老学者所面临的问题，即无法从行为本身找到转折之依据，而只能归纳否定性的外在经验事实用以旁证转折之必要，从而引发对功成的态度之矛盾。于是，"功遂"和"身退"不当被理解为一个过程的两个阶段，而应被理解为同时存续的统一进程。在这种情况下，"功遂"和"身退"又当如何解读呢？不妨先回归《老子》文本，寻找线索。

"功遂身退"之语义，由"功遂"与"身退"两部分构成，若以"功遂"之义来检核老子原文，则很容易联想到各章中的类似表述：

---

① 河北省文物研究所定州汉简整理小组：《定州西汉中山怀王墓竹简〈文子〉释文》，《文物》1995 年第 12 期。

② （西汉）刘向编纂：《战国策》，上海古籍出版社 1985 年版，上册，第 190 页。

③ 《老子道德经》，载浙江书局编《二十二子》，上海古籍出版社 1986 年版，第 7 页。

是以圣人处无为之事，行不言之教；万物作焉而不辞，生而不有，为而不恃，功成而弗居。夫唯弗居，是以不去。（第二章）①

水善利万物而不争，处众人之所恶，故几于道。（第八章）②

生之畜之。生而不有，为而不恃，长而不宰，是谓玄德。（第十章）③

功成事遂，百姓皆谓我自然。（第十七章）④

万物恃之而生，而不辞，功成不名有。衣养万物而不为主，常无欲，可名于小；万物归焉而不为主，可名为大。（第三十四章）⑤

故道生之，德畜之。长之育之，亭之毒之，养之覆之。生而不有，为而不恃，长而不宰。是谓玄德。（第五十一章）⑥

是以圣人为而不恃，功成而不处，其不欲见贤。（第七十七章）⑦

以上各种表述可约略地分为三组：一是第九章原文"功遂身退"；二是"功成而弗居"及其类似表述（"生而不有""为而不恃""长而不宰"等）；三是第十七章"功成事遂，百姓皆谓我自然"。三组同言"功成"，而表述略有差异。"百姓皆谓我自然"是就现象言，而"身退"与"弗居"则更侧重行为进程和心理状态，两者间的关系还需进一步考虑。从"身退"这部分考虑，《老子》书中亦有类似说法：

① 《老子道德经》，载浙江书局编《二十二子》，上海古籍出版社1986年版，第1页。
② 《老子道德经》，载浙江书局编《二十二子》，上海古籍出版社1986年版，第1页。
③ 《老子道德经》，载浙江书局编《二十二子》，上海古籍出版社1986年版，第1页。"玄"原避清圣祖讳作"元"，今改。
④ 《老子道德经》，载浙江书局编《二十二子》，上海古籍出版社1986年版，第2页。
⑤ 《老子道德经》，载浙江书局编《二十二子》，上海古籍出版社1986年版，第4页。
⑥ 《老子道德经》，载浙江书局编《二十二子》，上海古籍出版社1986年版，第6页。"玄"原避清圣祖讳作"元"，今改。
⑦ 《老子道德经》，载浙江书局编《二十二子》，上海古籍出版社1986年版，第8页。

天长地久。天地所以能长且久者，以其不自生，故能长生。是以圣人后其身而身先，外其身而身存。非以其无私邪，故能成其私。（第七章）①

江海所以能为百谷王者，以其善下之，故能为百谷王。是以欲上民，必以言下之；欲先民，必以身后之……以其不争，故天下莫能与之争。（第六十六章）②

其中"身退"之意，被换言为"后其身""外其身""以身后之"，而由这些表述不难发现，"身退"绝非功事做成之后的退避动作，恰恰相反，正是由于"身退"才可能成遂此自然之功（"身存""先民"之类，又如天地之"以其不自生故能长生"），"身退"是"功遂"的必要条件（"欲先民，必以身后之"）。这里的"退"并非退位之退，而更近于谦退之退，它不应被理解为一种针对功事完成的结果状态而采取的应对措施，而应体现于整个"功遂"的进程之中。在这个意义上讲，"身退"与"弗居"的意义一致，均含有无私、无我，收敛人之占有欲的意思。"身退"指谦退柔弱，不彰显"我"之为"我"，而"弗居"则指不凭恃己之能为而占有甚至宰制万物（"不有""不恃""不宰""不为主"）。玩绎《老子》经文，"身退"更侧重"功遂"进程中的无私状态，而"弗居"则所包更广，它既像"身退"一样作为行事中的无私无我之状态而成为"功遂"之前提，又似乎是应对"功成"之现有形势的心理状态（"功成而不处"）。

既然"功遂"和"身退"被理解为同时存续的统一进程，"身退"作为一种无私状态体现在"功遂"的整个过程之中，那么我们应当注意到，这里的"功遂"被理解为一种持续性的进程，而非终止性的行为或状态。但若言"功成"，似乎更偏重描述功之完成状

---

① 《老子道德经》，载浙江书局编《二十二子》，上海古籍出版社1986年版，第1页。
② 《老子道德经》，载浙江书局编《二十二子》，上海古籍出版社1986年版，第7—8页。

态，而非描述功之做成过程。于此，我们不妨认为"遂"当为"进"之意，与"身退"之"退"意义正相反对。① 《周易·大壮》上六："羝羊触藩，不能退，不能遂。"虞翻注："遂，进也。"② 《诗经·小雅·雨无正》："戎成不退，饥成不遂。""遂"一解为"进"，朱熹《集传》："遂，进也。"③ "遂""退"相对确有其例。那么，"功遂"和"身退"就是一个统一进程之中反向进行的两个方面，在整个进程之中，功事在不断进展，而自身在退后。这种状态又当如何理解呢？

"功遂"即行事，其中必然要求人的意志和能力，而"身退"则致力于消解行事者个人的意欲，两者间的关系相当微妙。无行事者之活动能力则事无以成，而若此活动能力按私意扩张，则必将走向人为之伪。功进身退，意味着行事之初，必须发挥行事者的活动能力，以使事物向期望的方向转变，然而随着事物上了轨道，逐渐具有自行发展的能力，人的力量就越来越不重要了，此时，若仍然坚持按自己的想法行事，就难免会用自己的能力破坏事物之自行发展的状态。正如儿女幼时，父母悉心爱养教育，既长，则不能处处管束，而需放手让子女自立自主。人在行事过程之中的作用，就应当仅仅是辅助万物发展，正如第六十四章所言：

---

① 或认为本书将"成"与"遂"区分为终止性状态和持续性进程，似与第十七章的"功成事遂"存在矛盾（可注意的一点是，此"功"尤为"事"之意），因在"功成事遂"这一结构之中，"成""遂"应当是同义的。然而，需要注意的是，《老子》的文本在传世过程中经历了多次修改，本书所叙述的《老子》文本从"功遂身退"到"功成、名遂、身退"及"功成身退"的变动正体现出这一情况。而目前所见的比较确定的《老子》版本，最早也已是战国中后期的，很有可能已经过黄老学者或其他人的改动，"功成事遂"一语很可能已是改动后的结果。另外，从"功遂"到"功成"这一变动，与第十七章"功成事遂"相印证，也体现出刘笑敢所提出的"文本趋同"的倾向（"文本趋同"相关论述参见刘笑敢《老子古今》，中国社会科学出版社2009年修订版，上册），这也说明了为什么人们习惯以用"成"来解释"功遂身退"之"遂"。

② （唐）李鼎祚：《周易集解》，载（清）李道平《周易集解纂疏》，潘雨廷点校，中华书局1994年版，第336页。

③ （南宋）朱熹：《诗集传》，载朱杰人、严佐之、刘永翔主编《朱子全书》，上海古籍出版社、安徽教育出版社2002年版，第1册，第595页。

"以辅万物之自然，而不敢为。"①"身退"之无私无我，并非完全取消了人的意志与能力在"功遂"中的作用，主张无所作为，而只是要限制这一意志与能力，使之不向意欲与威权发展，不干涉事物良好的发展状态。

既是"万物之自然"，何以尚需"辅"？万物自然发展，是万物本然如此，还是人辅自然的结果？相应的，我们可以参照这样一个问题：是所谓"道生万物"还是万物自生？"功遂身退"作为人的行为指南，模拟了"道"的"功成不有"②，道对万物有生长作育之功，却不以其能为自恃，看似万物自生。《老子》第五十一章："故道生之，德畜之。长之育之，亭之毒之，养之覆之。"③ 第二十五章："有物混成，先天地生。寂兮寥兮，独立不改，周行而不殆，可以为天下母。"④ 第四十二章："道生一，一生二，二生三，三生万物。"⑤ 均表明"道"为万物创生之源，为万物之母。如陈鼓应言："'道'是自然界中最初的发动者（the primordial natural force），它具有无穷的潜在力和创造力，万物蓬勃的生长，都是'道'的潜在力之不断创发的一种表现。"⑥ 然而，虽然说"道生之，德畜之"（第五十一章）⑦，仿佛有一个叫作"道"的东西在作用于万物的生长，是万物之创生者，但其实道法自然，"道"对万物的"生而不有，为而不恃，长而不宰"⑧，只是使万物在自然状态下发展。第五十一章在叙述"道"对于万物的生长作育之功的同时，也不忘"道之尊，德之贵，夫莫之

---

① 《老子道德经》，载浙江书局编《二十二子》，上海古籍出版社1986年版，第7页。

② 《老子》第三十四章经文诸本多作"功成不名有"，"名"为衍字，详参见蒋锡昌《老子校诂》，商务印书馆1937年版。

③ 《老子道德经》，载浙江书局编《二十二子》，上海古籍出版社1986年版，第6页。

④ 《老子道德经》，载浙江书局编《二十二子》，上海古籍出版社1986年版，第4页。

⑤ 《老子道德经》，载浙江书局编《二十二子》，上海古籍出版社1986年版，第5页。

⑥ 陈鼓应：《老子哲学系统的形成和开展》，《老子注译及评介》，中华书局1984年版，第5页。

⑦ 《老子道德经》，载浙江书局编《二十二子》，上海古籍出版社1986年版，第6页。

⑧ 《老子道德经》，载浙江书局编《二十二子》，上海古籍出版社1986年版，第6页。

命而常自然"①，"命"即"令"之义，蒋锡昌译之为："道之所以
尊，德之所以贵，即在于不命令或干涉万物，而任其自化自成也。"②
张岱年云："万物皆由道生成，而道之生万物，亦是无为而自然的。
万物之遵循于道，亦是自然的。在老子的宇宙论中，帝神都无位
置。"③ "道"生万物和万物自生看似说法不同，其实只是角度不同，
其所描述的情状是一致的，它们所描述的就是万物自然生长的状况，
也即万物依合于"道"，在具体的万物自生的情状之中，隐含着
"道"生万物之意。万物生之初始，源于"道"，万物之生发过程，
同于"道"，"道"对万物的作用泯于万物自然生发的过程之中，
"道"生、自生浑然一体，并无分异。需要注意的是，"道生万物"
这一表述只是出于方便的说法，当我们运用这一表述时，很容易走上
将"道"实体化的径路。而那样，就会使"道"与万物截然两分，
而显现出"道"对万物施加的作用，从自然无为中突显出"道"之
有为来。相应的，也就容易将圣人"辅万物之自然而不敢为"的
"辅"字落实，而突出行事中的有为特点，从而使行事过程本身合乎
无为的情况被忽视。

　　按人事模拟天道的原则，我们能够得到"功遂身退"的具体意
指。"功成不有"是就"道"而言的，"功遂身退"则是对圣人的要
求。圣人，作为一种理想人格，在老子思想中有着极其重要的地位，
他既是天道与人事的联结者，能够体道、顺道，抱道而为天下典范：
"是以圣人抱一为天下式。"（《老子》第二十二章）④ 同时也是老子
认为最合适的治国者。《老子》书中每言"圣人"多指有道之君，如
第三章"是以圣人之治"⑤，第五章"圣人不仁，以百姓为刍狗"⑥ 等

---

① 《老子道德经》，载浙江书局编《二十二子》，上海古籍出版社 1986 年版，第 6 页。
② 蒋锡昌：《老子校诂》，商务印书馆 1937 年版，第 317 页。
③ 张岱年：《中国哲学大纲》，中国社会科学出版社 1982 年版，第 128 页。
④ 《老子道德经》，载浙江书局编《二十二子》，上海古籍出版社 1986 年版，第 3 页。
⑤ 《老子道德经》，载浙江书局编《二十二子》，上海古籍出版社 1986 年版，第 3 页。
⑥ 《老子道德经》，载浙江书局编《二十二子》，上海古籍出版社 1986 年版，第 3 页。

皆此意。"功遂身退"就广义言，正如前文所述，是"以辅万物之自然而不敢为"，顺自然之道、辅助万物之自行发展；就狭义言，则是圣人如何"为无为，事无事"，也即圣人如何实现无为之治，使政事正常发展，使百姓自得其乐。圣人在治国之时，虽有所作为，却不彰显自身之意欲与权威，"圣人处无为之事，行不言之教"（《老子》第二章）①，处事而无有为，行教而不以言。

　　《老子》第四十九章"圣人在天下，歙歙为天下浑其心"②，"歙歙"为收敛之意，即收敛自我。王弼〈注〉："是以圣人之于天下歙歙焉，心无所主也。"③徐复观云："歙歙，正形容在治天下时，极力消去自己的意志，不使自己的意志伸长出来做主，有如纳气入内（歙）。"④指圣人治理天下，收敛自我之意志，削减自我的欲望。对待百姓，则"圣人无常心，以百姓心为心"（第四十九章）⑤，以百姓之所思所求为行事的指南。林希逸注："无常心者，心无所主也。以百姓之心为心，则在我者无心矣。"⑥圣人本着无私的态度响应百姓的需求，成为全体百姓心意的代言者、代行者。就如"道"之方向同于万物自生的方向，"道"之作用泯于万物自然生发之中，圣人之意志同于百姓之意志，圣人之作为也同样泯于百姓自然发展的状态之中。其结果自然是"功成事遂，百姓皆谓我自然"。故而老子有云："太上，下知有之，其次，亲而誉之"（第十七章）⑦，若百姓亲誉君王，恰恰说明君王之私德彰显，就与"身退"所要求的收敛意志能力不符了，因此"下知有之"这种由于君王对百姓无所偏私而施以

---

①《老子道德经》，载浙江书局编《二十二子》，上海古籍出版社1986年版，第1页。

②《老子道德经》，载浙江书局编《二十二子》，上海古籍出版社1986年版，第6页。

③（三国·魏）王弼：《老子道德经注》，载楼宇烈《老子道德经注校释》，中华书局2008年版，第130页。

④徐复观：《中国人性论史·先秦篇》，上海三联书店2001年版，第313页。

⑤《老子道德经》，载浙江书局编《二十二子》，上海古籍出版社1986年版，第6页。

⑥（南宋）林希逸：《道德真经口义》，载《道藏》，文物出版社、上海书店、天津古籍出版社1988年版，第12册，第714页。

⑦《老子道德经》，载浙江书局编《二十二子》，上海古籍出版社1986年版，第2页。

普遍的爱养，百姓仅知其存在而不知其恩泽何在。

总而言之，"功遂身退"指在整个做成功事的过程中，保持无私无我之状态，随着功事之进展，逐渐消减行事者的意志与能力对事物的作用。在这样一个进程中，行事者的意志统一于事物应有的、自然的发展方向之中，行事者的能力仅为辅助事物自然发展，且随着功事进展，事物逐渐走向完成，行事者能做的也就越来越少。如此，不仅行事者的占有、支配的私欲被消减了，行事者本人的私德与权威也无由彰显，其智巧亦无以用。"以辅万物之自然，而不敢为。"（《老子》第六十四章）① 辅道而行，行为合于自然，就能做到既使用了人为的力量，又不陷于人为之伪，有所作为又实无妄为，正是第六十三章所谓："为无为，事无事。"② 对老子所言之"功遂身退"的思考，亦将有助于我们理解老子的"无为"理论。

综上所述，《老子》第九章"功遂身退"一语，诸本多作"功成、名遂、身退"，历来被解作一种功成名就后即当引退的人生智慧。这种观点是将《老子》原文理解为一种权衡功名之利弊的趋利避害之术，并非老子原意，而是黄老道家对老子思想改造的结果。之所以会产生这种观点，是因为"名"衍入经文后，对文意产生了重大影响，使"功遂"被理解为功劳已经建立、名声已经奠定。然而老子并不期许功名之成就，对"名"严格限制，"功遂身退"之含义也就需要重新考察了。其中，"功"当解作"工作"，而非与"名"紧密联系之"功劳、功业"，因为"功"与"名"被普遍紧密地联系起来，是受战国变法的影响。"功遂身退"的原意是在事情进展中不彰显人之意志与能力，而辅助事物自然地完成。

《淮南子·道应训》有言：

> 魏武侯问于李克曰："吴之所以亡者，何也？"李克对曰：

---

① 《老子道德经》，载浙江书局编《二十二子》，上海古籍出版社1986年版，第7页。
② 《老子道德经》，载浙江书局编《二十二子》，上海古籍出版社1986年版，第7页。

"数战而数胜。"武侯曰:"数战数胜,国之福。其独以亡,何故也?"对曰:"数战则民疲,数胜则主骄。以骄主使疲民,而国不亡者,天下鲜矣!骄则恣,恣则极物;疲则怨,怨则极虑。上下俱极,吴之亡犹晚!此夫差之所以自到于干遂也。"故老子曰:"功成名遂身退,天之道也。"①

《文子·道德》有相近文字:

> 老子曰:"夫亟战而数胜者即国亡。亟战即民罢,数胜即主骄,以骄主使罢民,而国不亡者即寡矣。主骄即恣,恣即极物,民罢即怨,怨即极虑。上下俱极而不亡者,未之有也。故'功遂身退,天之道也。'"②

或以为《文子》"功"下夺"成名"二字③,或认为这段文字"《文子》显然直取《淮南》"④。然由其意论之,"数胜即主骄",正是悖于"功遂身退"之道,此处引"老子曰"之义,无疑当为"功进身退",而非范蠡式的在"功成名遂"之后"身退"。因此传世本《文子》的时代与来历虽有待于进一步探讨,但是此处所引"老子曰",却既合于《老

---

① 《淮南子》,载张双棣《淮南子校释》,北京大学出版社 2013 年增订版,下册,第 1262 页。

② 《文子》,载王利器《文子疏义》,中华书局 2000 年版,第 254 页。

③ (清)顾观光:《文子校勘记》,载(清)钱熙祚辑《守山阁丛书》,金山钱氏道光二十四年(1844)重编增刊本,第 59 册,《文子》附录,页九 a。此《校勘记》旧多题钱熙祚撰,考孙诒让《录顾尚之校吴越春秋烈女传文子题识》曰:"守山阁本所刊《校勘记》,即此本也。盖顾君为钱雪枝校刻时所作,故彼刻即题钱名……光绪庚辰,诒让从张先生文虎假顾氏手稿本钞存此册,共三种,记之。"载(清)孙诒让:《籀庼遗文》,中华书局 2013 年版,上册,第 232—233 页。钱熙祚、张文虎、顾观光等人皆同校编《守山阁丛书》,故张有顾之手稿。参见(清)张文虎《舒艺室杂著》乙编卷下《孤麓校书图记》,台北:文海出版社 1973 年版。于大成说同,于大成:《文子集证》,硕士学位论文,台湾大学中文研究所,1962 年,页一四六 b。

④ 何志华:《〈吕氏春秋〉与竹简本、传世本〈文子〉相合书证疑义》,《〈文子〉著作年代新证》,香港:汉达古文献研究计划 2004 年版,第 153 页。

子》古本，更合于老学古义，当有较古的来源。而《淮南子》改用黄老改本之《老子》文字，正可窥见此新本与新义扩散之速。

"名"使他者的论说模糊了老子的思考，"名"使他者的评价干扰了"道士"的行动。他者的论说使《老子》与老子分离，他者的评价使"道士"与"道事"分离。只有从"名"之中抽身而出，才能复归于原初的老子的思想；只有从"名"之中抽身而出，才能复归于原初的"道"的行动。

第二节 由《要》与《诸子略》
对读论儒之超越巫史

对于先秦思想整体性理解最主要的文本是承袭了已佚《别录》《七略》基本内容的《汉书·艺文志》。《艺文志》中《诸子略》最主要的学说就是"诸子出于王官"。汉代学者认为，诸子不仅沿袭了世官的组织，更重要的是传承了世官的知识，亦即"诸子出于王官论"。《汉书·艺文志》二《诸子略》各家小序：

> 儒家者流，盖出于司徒之官。[1]
> 道家者流，盖出于史官。[2]
> 阴阳家者流，盖出于羲和之官。[3]
> 法家者流，盖出于理官。[4]
> 名家者流，盖出于礼官。[5]
> 墨家者流，盖出于清庙之守。[6]

---

[1] （东汉）班固：《汉书》，中华书局 1962 年版，第 6 册，第 1728 页。
[2] （东汉）班固：《汉书》，中华书局 1962 年版，第 6 册，第 1732 页。
[3] （东汉）班固：《汉书》，中华书局 1962 年版，第 6 册，第 1734 页。
[4] （东汉）班固：《汉书》，中华书局 1962 年版，第 6 册，第 1736 页。
[5] （东汉）班固：《汉书》，中华书局 1962 年版，第 6 册，第 1737 页。
[6] （东汉）班固：《汉书》，中华书局 1962 年版，第 6 册，第 1738 页。

从横家者流，盖出于行人之官。①
杂家者流，盖出于议官。②
农家者流，盖出于农稷之官。③
小说家者流，盖出于稗官。④

又《兵书略》大序："兵家者，盖出古司马之职，王官之武备
也。"⑤《数术略》大序："数术者，皆明堂羲和史卜之职也。"⑥《方
技略》大序："方技者，皆生生之具，王官之一守也。"⑦ 此说两千年
来被奉为圭臬，如《广弘明集》卷八释道安《二教论》一《归宗显
本》："若派而别之，则应有九教；若总而合之，则同属儒宗。论其
官也，各王朝之一职；谈其籍也，并皇家之一书。"⑧《隋书》卷三四
《经籍志》三《子部》于各家小序逐一引用《汉志》并加阐发。⑨ 清
代中华民国学者论者尤多。章学诚《文史通义·易教下》："诸子百
家，不衷大道，其所以持之有故而言之成理者，则以本原所出，皆不
外于周官之典守。"⑩ 刘毓崧亦撰多篇专文予以申论。⑪ 针对"诸子出
于王官"说，清代以来学者争论不已。如章太炎先生引述《汉志》，

---

① （东汉）班固：《汉书》，中华书局 1962 年版，第 6 册，第 1740 页。
② （东汉）班固：《汉书》，中华书局 1962 年版，第 6 册，第 1742 页。
③ （东汉）班固：《汉书》，中华书局 1962 年版，第 6 册，第 1743 页。
④ （东汉）班固：《汉书》，中华书局 1962 年版，第 6 册，第 1745 页。
⑤ （东汉）班固：《汉书》，中华书局 1962 年版，第 6 册，第 1762 页。
⑥ （东汉）班固：《汉书》，中华书局 1962 年版，第 6 册，第 1775 页。
⑦ （东汉）班固：《汉书》，中华书局 1962 年版，第 6 册，第 1780 页。
⑧ （唐）释道宣：《广弘明集》，《大正新修大藏经》，东京：《大正新修大藏经》刊行
会 1960 年版，第 52 册，第 137 页。标点有改动。
⑨ （唐）魏征：《隋书》，中华书局 1973 年版，第 4 册，第 999（儒）、1003（道）、
1004（法、名）、1005（墨、从横）、1010（杂、农）、1012（小说）、1017（兵）、1021
（天文）、1026（历数）、1039（五行）、1050（医方）页。
⑩ （清）章学诚：《文史通义》，载叶瑛《文史通义校注》，中华书局 1985 年版，上
册，第 19 页；参见（清）章学诚《校雠通义·原道》，载王重民《校雠通义通解》，上海
古籍出版社 1987 年版。
⑪ 刘毓崧《通义堂集》卷十有《法家出于理官说》上下篇，卷十一有《墨家出于清
庙之官说》上中下篇、《从横家出于行人之官说》上中下篇，载《续修四库全书·集部》，
上海古籍出版社 1996 年版，第 1546 册，第 497—501、514—519、519—524 页。

谓"此诸子出于王官之证"，并具为申论。① 刘师培《周末学术史序·总序》以之与西方比较："昔欧西各邦学校操于教会，及十五世纪以降，教会寝衰，学术之权始移于民庶。"② 吕思勉强调"抑诸子之学，所以必出于王官者，尚有其一因焉"，因为"平民胼手胝足，以给公上，谋口实之不暇，安有余闲，从事学问？""贵族则四体不勤，行有余力。身居当路，经验饶多。父祖相传，守之以世。"③ 其余如张采田《史微·内篇·百家》："官各有史以掌其政教，而上辅人主之治，此政学所由合一也。王道既微，官失其守，流而为百家，而后诸子之言始纷然淆乱矣。"④ 刘咸炘《子疏定本·老徒裔》言："大道散而后有子术，未散而止有官学。"⑤ 江瑔《读子卮言》谓："大抵班氏所言，尽本刘氏《七略》。刘氏去古未远，且亲校秘书，其所云云，必有所本。后之学者，亦得藉是而知百家之流别焉。"⑥ 孙德谦《诸子通考》卷三："三代以上政教不分，学统于官。故《周官》一书，千古之学案也。志于法家则证之司寇司刑……是可见百家道术其始皆原于周官也。"⑦ 四库馆臣以名家、纵横家、墨家入杂家，论曰："古者庠序之教，胥天下而从事六德六行六艺，无异学也。周衰而后，百氏兴。名家称出于礼官，然坚石白马之辨，无所谓礼；纵横家称出于行人，然倾危变诈，古行人无是词命；墨家称出于清庙之守，并不解

---

① 章太炎：《诸子学略说》，载汤志钧编《章太炎政论选集》，中华书局1977年版，第287—306页。
② 刘师培：《周末学术史序》，载钱玄同编《刘申叔遗书》，广陵书社1997年版，上册，第504页。刘氏又有《左庵外集》卷八《古学出于史官论》（下册，第1477—1479页）、《补古学出于史官论》（1480—1483页）、《古学出于官守论》（1483—1492页）等，并可参。
③ 吕思勉：《先秦学术概论》，中国大百科全书出版社1985年版，第16—17页。
④ 张采田：《史微》，载《民国丛书》第5辑，上海书店1996年版，第60册。
⑤ 刘咸炘：《子疏定本》，载黄曙辉编校《刘咸炘学术论集·子学编》，广西师范大学出版社2007年版，上册，第42页。
⑥ 江瑔：《读子卮言》，台北：文海出版社1967年版，第29—30页。按，尹桐阳《诸子论略》一书篇目及内容多与江书雷同，此语见第6—7页（台北：台湾广文书局1975年版）。考江书由上海商务印书馆首刊于1926年，尹书由北京大学初印于1927年，或尹袭江书耶？
⑦ 孙德谦：《诸子通考》，台北：台湾广文书局1975年版，第242—243页。

其为何语。（以上某家出某，皆班固之说。）实皆儒之失其本原者各以私智变为杂学而已。其传者寥寥无几，不足自名一家，今均以杂学目之。"（《四库全书总目》卷一一七《子部》二七《杂家类》一①）是以此数家不应出于王官，而为儒学失本，成无学之术。清末曹耀湘则推及于诸子："刘歆之叙诸子，必推本于古之官守，则迂疏而鲜通。其曰道家出于史官，不过因老子为柱下史，及太史公自叙之文而傅会为此说耳。若云历记成败兴亡，然后知秉要知本，未免以蠡测海之见。至其谓墨家出于清庙之守，则尤为无稽之臆说，无可采取。"②胡适亦痛加驳斥，曰《七略》"所说诸家所自出，皆属汉儒附会揣测之辞，其言全无凭据"。"今试论此说之谬。分四端言之。""第一，刘歆以前之论周末诸子学派者，皆无此说也。""第二，九流无出于王官之理也。""第三，《艺文志》所分九流，乃汉儒陋说，未得诸家派别之实也。""第四，章太炎先生之说，亦不能成立。"③

　　从历史事实的角度来说，"诸子出于王官说"确有疑窦，"判定诸子各家跟古之官守有如此明晰的、一一对应的源流关系，尚缺乏确凿的证据"④。太炎亦谓"固然有些想象"⑤。关于诸子是否出于王官，不是本书想讨论的问题⑥，本书讨论的是汉人为何提出"诸子出于王官说"。

　　罗焌尝缕数诸子所由废者，其四为君主专制："秦始皇时，丞

---

① （清）永瑢等：《四库全书总目》，中华书局1965年版，上册，第1012—1013页。
② （清）曹耀湘：《墨子笺》，载北京图书馆编《墨子大全》第1辑，北京图书馆出版社2002年版，第19册，第684页。张舜徽《汉书艺文志通释》以为曹氏"要言不烦，其说是也"，华中师范大学出版社2004年版，第346页。
③ 胡适：《胡适文存》卷二《诸子不出于王官论》，载欧阳哲生编《胡适文集》第2卷，北京大学出版社1998年版，第180—186页。
④ 常森：《先秦诸子研究》，人民教育出版社2008年版，第20页。
⑤ 章太炎：《论诸子的大概》，载沈镕纂集《国语文选》第1集，上海大东书局1931年版，第24页。
⑥ 柳诒征于胡适有系统驳斥，参见柳诒征《论近人讲诸子之学者之失》，载柳曾符、柳定生选编《柳诒征史学论文续集》，上海古籍出版社1991年版。参见李若晖《诸子出于王官说平议》，载《传统中国研究集刊》第3辑，上海人民出版社2007年版。

相李斯上言，私学非议造谤，请诸有文学《诗》《书》百家语者，蠲除之。汉武帝时，丞相卫绾奏所举贤良或治申商韩非苏张之言，乱国政，请皆罢。秦除百家，专任法律；汉黜百家，推明孔氏。事虽不同，其为逢迎君主以成其专制之私则一也。"① 其实无论是"焚《诗》《书》"还是禁百家语，其论皆作俑于诸子。问题就出在诸子从一开始就热衷于治国术，热衷于做帝王师，思以其术干王侯公卿，冀以获用，从而丧失了独立之精神，自由之思想，成为权势阶层的依附者。② "罢黜百家，独尊儒术"固然出于董仲舒，但这一模式却并非董氏的首创。"罢黜百家，独尊某术"的观念早在先秦就已甚嚣尘上，商鞅、韩非、李斯是"罢黜百家，独尊法术"，吕不韦是"罢黜百家，独尊阴阳"③，司马谈则"罢黜百家，独尊道德"。吕不韦在理论上未能很好地整合百家语，随着他在政治上失势，"独尊阴阳"之路被打断。法家在秦一统天下后占据主导地位，但以暴力手段强行消灭异说，致使统治失去弹性，无法灵活处理问题，将暴力进行到底的结果是自身被暴力推翻。汉初惩秦之弊，吕不韦以某一家思想为主体，融汇百家语的路径重受重视。淮南王刘安召集宾客编撰《淮南鸿烈》，即模仿《吕氏春秋》，而改以道家思想整合百家语，获得成功。但淮南王的诸侯王身份使得《淮南鸿烈》难以成为汉廷的施政纲领，随着淮南王集团被武帝铲灭，这一路径也就灰飞烟灭了。

值得重视的是司马谈整合百家语的方式。《史记》卷一三〇《太史公自序列传》载其《论六家要旨》开篇即言：

---

① 罗焌：《诸子学述》，华东师范大学出版社 2008 年版，第 78 页。
② 参见刘中建《专制王权的依附型合作者》，上海人民出版社 2007 年版。
③ 牟钟鉴先生认为："阴阳家的思想在《吕氏春秋》中建构了一种形式完备的世界图式，然而未能成为贯穿全书的主线。"参见牟钟鉴《〈吕氏春秋〉与〈淮南子〉思想研究》，齐鲁书社 1987 年版。《吕氏春秋》十二纪全以阴阳家思想撰成，居全书之中，虽未能贯穿全书，是其融合诸家构造完整体系的能力不足所致，不足以否定其以阴阳思想统一诸家的基本意图。

《易大传》:"天下一致而百虑,同归而殊途。"夫阴阳、儒、墨、名、法、道德,此务为治者也,直所从言之异路,有省不省耳。①

司马谈所引《易大传》之语,见于今本《周易·系辞传》下引子曰②,不过"一致而百虑"与"同归而殊途"次序颠倒③。其后《汉书·艺文志》二《诸子略》大序④、《隋书》卷三四《经籍志》三《子部》大序⑤皆引《易传》此文,可见其影响之大。此语中"一致""同归"与"百虑""殊途",乃是目的与手段的关系,司马谈也正是将六家描述为皆系"务为治者也",从而在目的上将六家统一,于是其差异便仅仅是具体手段而已——"直所从言之异路",司马贞《索隐》即以"殊途"释"异路"⑥。质言之,无论是六家还是百家,其目的是一致的,无区分的,也就是混朴的,构成区分的是手段。这非常类似于《周易·系辞传上》对于道器的区分:"形而上者谓之道,形而下者谓之器。"⑦《系辞传》又曰:"形乃谓之器。"⑧李鼎祚在《周易集解》中引荀爽曰:"万物生长,在地成形,可以为器用者也。"⑨更为明确的阐述则见

① (西汉)司马迁:《史记》,中华书局2013年版,第10册,第3965页。
② (三国·魏)王弼注经、(东晋)韩康伯注传、(唐)孔颖达疏:《周易注疏》,载(清)阮元校刻《十三经注疏》,台北:艺文印书馆2007年版,第1册,第169页。
③ 王蘧常:《诸子学派要诠》,中华书局1936年版,第162页。何泽恒云:"今不知司马氏所见究竟是否与今本《系辞》有异文,若谓基本上是同一本,则为何不称《系辞》,而改称《易大传》?"参见何泽恒《孔子与易传相关问题复议》,《先秦儒道旧义新知录》,台北:大安出版社2004年版。
④ (东汉)班固:《汉书》,中华书局1962年版,第6册,第1746页。
⑤ (唐)魏征:《隋书》,中华书局1973年版,第4册,第1051页。
⑥ (西汉)司马迁:《史记》,中华书局2013年版,第10册,第3966页。
⑦ (三国·魏)王弼注经、(东晋)韩康伯注传、(唐)孔颖达疏:《周易注疏》,载(清)阮元校刻《十三经注疏》,台北:艺文印书馆2007年版,第1册,第158页。
⑧ (三国·魏)王弼注经、(东晋)韩康伯注传、(唐)孔颖达疏:《周易注疏》,载(清)阮元校刻《十三经注疏》,台北:艺文印书馆2007年版,第1册,第156页。
⑨ (唐)李鼎祚:《周易集解》,载(清)李道平《周易集解纂疏》,中华书局1994年版,第600页。

于《老子》。① 其第三十二章曰："道常无名，朴。"② 第二十八章又曰："朴散则为器，圣人用之，则为官长。"③ 王弼〈注〉："朴，真也。真散则百行出，殊类生，若器也。"④《论语·为政》："子曰：'君子不器。'"何晏《集解》引包咸曰："器者，各周其用。至于君子，无所不施。"⑤ 朱熹《集注》："器者各适其用而不能相通。成德之士体无不具，故用无不周，非特为一才一艺而已。"⑥

《系辞传上》又曰："备物致用，立成器以为天下利，莫大乎圣人。"⑦ 这也正可对应于《老子》的"圣人用之，则为官长"。只是老子为史官，其"官长"之语更合于周礼世官制的史实。沈文倬尝道："西周鼎彝铭文中，授官时常有'更乃祖（或考）司某事'，更读为赓，训'续也'。据此而知，宗周存在过世官制度。学者是子或孙，教者是父或祖，这使教、学更为方便……世官制度在西周曾实行过——不仅显要的冢司徒，还有一般属吏的左右走马。而且，某些学术或技能较强的职位，将被某氏所独擅，史某、师某这种世官将非他姓所能问津，世官也有可能成为世学呢！"⑧ 钱宗范也认为："贵族世世代代继承上一代的职位，固定做某一种官，也就是说一种官职永远由某一族的族长来承担，这一族的成员也世代从

---

① 池田知久据《老子》第五十一章"势成之"，马王堆帛书本作"器成之"，认为"《老子》的这一部分中，毫无疑问显然存在着和马王堆帛书《易传·系辞》（包括今本《系辞上传》）相同类型的'道器论'"。参见［日］池田知久《道家思想的新研究——以〈庄子〉为中心》，王启发、曹峰译，中州古籍出版社 2009 年版，第 245 页。参见［日］池田知久《〈老子〉的"道器论"》，《池田知久简帛研究论集》，曹峰译，中华书局 2006 年版。

② 《老子道德经》，载浙江书局编《二十二子》，上海古籍出版社 1986 年版，第 4 页。

③ 《老子道德经》，载浙江书局编《二十二子》，上海古籍出版社 1986 年版，第 3 页。

④ 楼宇烈已指出《老子》此处之"器"与《系辞传》的联系。楼宇烈：《老子道德经注校释》，中华书局 2008 年版，第 76 页。

⑤ 《论语》，载（清）刘宝楠《论语正义》，中华书局 1990 年版，上册，第 56 页。

⑥ （南宋）朱熹：《四书章句集注》，中华书局 1983 年版，第 57 页。

⑦ （三国·魏）王弼注经、（东晋）韩康伯注传、（唐）孔颖达疏：《周易注疏》，载（清）阮元校刻《十三经注疏》，台北：艺文印书馆 2007 年版，第 1 册，第 157 页。

⑧ 沈文倬：《略论宗周王官之学》，《菿闇文存》，商务印书馆 2006 年版，上册，第436 页。

事族长所管理的某一种职业。以谓'学在王官'，'官有世功，则有官族'，即指此类的世官。"① 检《左传·哀公三年》："夏五月辛卯，司铎火（杜《注》：司铎，宫名）。火逾公宫，桓、僖灾（杜《注》：桓公、僖公庙）。救火者皆曰顾府（杜《注》：言常人爱财）。南宫敬叔至，命周人出御书，俟于宫（杜《注》：敬叔，孔子弟子南宫阅。周人，司周书典籍之官。御书，进于君者也。使待命于宫）。曰：'庀女而不在死。'（杜《注》：庀，具也）子服景伯至，命宰人出礼书（杜《注》：景伯子服，何也。宰人，冢宰之属），以待命：'命不共，有常刑（杜《注》：待求之命）。校人乘马，巾车脂辖（杜《注》：校人掌马，巾车掌车，乘马使四匹相从，为驾之易）。百官，官备府，库慎守，官人肃给（杜《注》：国有火灾，恐有变难，故慎为备），济濡、帷幕、郁攸从之（杜《注》：郁攸，火气也。濡物于木，出用为济）。蒙葺公屋（杜《注》：以濡物冒覆公屋），自大庙始，外内以悛（杜《注》：悛，次也。先尊后卑，以次救之）。助所不给，有不用命，则有常刑，无赦。'公父文伯至，命校人驾乘车（杜《注》：乘车，公车）。季桓子至，御公立于象魏之外（杜《注》：象魏，门阙），命救火者：'伤人则止，财可为也。'命藏象魏（杜《注》：《周礼》，正月悬教令之法于象魏，使万民观之，故谓其书为象魏）。曰：'旧章，不可亡也。'富父槐至，曰：'无备而官办者，犹拾渖也。'（杜《注》：言不备而责办，不可得）于是乎去表之槀（杜《注》：表，表火道风所向者，去其槀积），道还公宫（杜《注》：开除道，周匝公官，使火无相连）。"② 南宫敬叔为孔子弟子，重视周礼旧籍，故出御书。其余子服景伯出礼书，公父文伯驾乘车，季桓子藏象魏，都是基于他们的职守和学术背景。

① 钱宗范：《西周春秋时代的世禄世官制度及其破坏》，《中国史研究》1989 年第 3 期。
② （西晋）杜预注、（唐）孔颖达疏：《春秋左氏传注疏》，载（清）阮元校刻《十三经注疏》，台北：艺文印书馆 2007 年版，第 6 册，第 997—998 页。

　　章学诚曾极论三代学术为王官所守，是为"道器合一"。《文史通义·原道》中："《易》曰：'形而上者谓之道，形而下者谓之器。'道不离器，犹影不离形。后世服夫子之教者自六经，以谓六经载道之书也，而不知六经皆器也。《易》之为书，所以开物成务，掌于《春秋》太卜，则固有官守而列于掌故矣。《书》在外史，《诗》领大师，《礼》自宗伯，乐有司成，《春秋》各有国史。三代以前，《诗》《书》六艺，未尝不以教人，不如后世尊奉六经，别为儒学一门，而专称为载道之书者。盖以学者所习，不出官司典守，国家政教；而其为用，亦不出于人伦日用之常，是以但见其为不得不然之事耳，未尝别见所载之道也。夫子述六经以训后世，亦谓先圣先王之道不可见，六经即其器之可见者也。后人不见先王，当据可守之器而思不可见之道。故表章先王政教，与夫官司典守以示人，而不自著为说，以致离器言道也。夫子自述《春秋》之所以作，则云：'我欲托之空言，不如见诸行事之深切著明。'则政教典章，人伦日用之外，更无别出著述之道，亦已明矣。秦人禁偶语《诗》《书》，而云'欲学法令，以吏为师'。夫秦之悖于古者，禁《诗》《书》耳。至云学法令者，以吏为师，则亦道器合一，而官师治教，未尝分歧为二之至理也。其后治学既分，不能合一，天也。官司守一时之掌故，经师傅授受之章句，亦事之出于不得不然者也。然而历代相传，不废儒业，为其所守先王之道也。而儒家者流，守其六籍，以谓是特载道之书耳。夫天下岂有离器言道，离形存影者哉？彼舍天下事物、人伦日用，而守六籍以言道，则固不可与言夫道矣。"① 周代确实存在官学合一的情形。秦皇李斯的"以吏为师"，正如实斋所言，乃是欲恢复官师一体，其与周代的区别只是所教的内容变《诗》《书》为法令罢了。

　　章学诚进而阐述"官师治教"分离之后，诸子各言其道而道遂

---

　　① （清）章学诚：《文史通义》，载叶瑛《文史通义校注》，中华书局1985年版，上册，第132页。

隐。《文史通义·原道》中："《易》曰'仁者见之谓之仁，智者见之谓之智，百姓日用而不知'矣。然而不知道而道存，见谓道而道亡。大道之隐也，不隐于庸愚，而隐于贤智之伦者纷纷有见也。盖官师治教合，而天下聪明范于一，故即器存道，而人心无越思。官师治教分，而聪明才智，不入于范围，则一阴一阳，入于受性之偏，而各以所见为固然，亦势也。夫礼司乐职，各守专官，虽有离娄之明，师旷之聪，不能不赴范而就律也。今云官守失传，而吾以道德明其教，则人人皆自以为道德矣。故夫子述而不作，而表章六艺，以存周公旧典也，不敢舍器而言道也。而诸子纷纷，则已言道矣。庄生譬之为耳目口鼻，司马谈别之为六家，刘向区之为九流，皆自以为至极，而思以其道易天下者也。由君子观之，皆仁智之见而谓之，而非道之果若是易也。夫道因器而显，不因人而名也。自人有谓道者，而道始因人而异其名矣。仁见谓仁，智见谓智，是也。人自率道而行，道非人之所能据而有也。自人各谓其道，而各行其所谓，而道始得为人所有矣。墨者之道，许子之道，其类皆是也。夫道自形于三人居室，而大备于周公、孔子，历圣未尝别以道名者，盖犹一门之内，不自标其姓氏也。至百家杂出而言道，而儒者不得不自尊其所出矣。一则曰尧舜之道，再则曰周公仲尼之道，故韩退之谓'道与德为虚位'也。夫'道与德为虚位'者，道与德之衰也。"[1] 在此，实斋之论述中暗含而未曾明言者，即如何才能重建三代"官师治教"合一之盛况。在实斋看来，上之善者，莫过于改造秦制，即由当今王朝之圣君，昭告天下，"以吏为师"，只不过将秦之法令改为《诗》《书》，即是三代之政教了。实则类似的设想早已由向歆父子提出。可能也正是由于《老子》的启发，刘向刘歆父子提出了"诸子出于王官论"。

刘向曾将董仲舒抬高到无以复加的地步，《汉书》卷五六《董仲

---

① （清）章学诚：《文史通义》，载叶瑛《文史通义校注》，中华书局 1985 年版，上册，第 132—133 页。

舒传》赞引刘向称"董仲舒有王佐之材，虽伊吕亡以加，管晏之属，伯者之佐，殆不及也"①。刘向提出"诸子出于王官论"，就是要继承董仲舒未竟之业，彻底完成"罢黜百家，独尊儒术"。司马谈已将六家之分解释为"异路"，亦即手段的差异，从而使之在目的，亦即"道"的层面归于一统。这一"道器"模式，也正对应于黄老政治哲学中的"君无为而臣有为"的学说。《管子·心术》上："心之在体，君之位也。九窍之有职，官之分也。心处其道，九窍循理。嗜欲充益，目不见色，耳不闻声。故曰，上离其道，下失其事。毋代马走，使尽其力；毋代鸟飞，使弊其羽翼；毋先物动，以观其则：动则失位，静乃自得。"② 于是向歆父子改造司马谈之论，以儒家代替道家居于"道—君"之位，而以其余八流九家置于"器—臣"之职，进而将其分别对应于周礼世官体制中的具体"官守—官学"。因此，所谓"诸子出于王官"，所要表达的理念，不是"诸子出于王官"，也不是历史上的诸子从周代世官世学中分离出来，而是"诸子入于王官"，亦即汉代现实中的思想自由的诸子应当重新回到复兴周礼，重建盛世的汉代大一统的王官之中去。③ 此即《诸子略》大序所谓："今异家者，各推所长，穷知究虑，以明其指。虽有蔽短，合其要归，亦六经之支与流裔。使其人遭明王圣主，得其所折中，皆股肱之材

---

① （东汉）班固：《汉书》，中华书局1962年版，第8册，第2526页。

② 《管子》，载黎翔凤《管子校注》，梁运华整理，中华书局2004年版，中册，第759页。

③ 只是在章学诚看来，汉代之制度无法与《周官》媲美。《文史通义·书教》上："《周官》三百六十，具天下之纤析矣，然法具于官，而官守其书。观于六卿联事之义，而知古人之于典籍，不惮繁复周悉，以为记注之备也。即如六典之文，繁委如是，太宰掌之，小宰副之，司会、司书、太史又为各掌其贰，则六典之文，盖五倍其副贰，而存之于掌故焉。其他篇籍，亦当称是。是则一官失守，一典出于水火之不虞，他司皆得藉征于副策。斯非记注之成法，详于后世欤？汉至元成之间，典籍可谓备矣。然刘氏《七略》，虽溯六典之流别，亦已不能具其官；而律令藏于法曹，章程存于故府，朝仪守于太常者，不闻石渠天禄别储副贰，以备校司之讨论，可谓无成法矣。汉治最为近古，而荒略如此，又何怪乎后世之文章典故，杂乱而无序也哉？"（清）章学诚：《文史通义》，载叶瑛《文史通义校注》，中华书局1985年版，上册，第30—31页。

已。"① 《全宋文》卷一七一二李清臣四《史论下》曰："夫儒者之术，教化仁义而已也。使儒者在人主左右，得以仁义教化为天下之治，则所谓道家者，不过为岩野居士；名、法家者，不过为贱有司；阴阳者，食于太史局；而纵横、杂、墨之流，或驰一传，或效一官；农家者流，耕王田，奉国赋，以乐天下之无事：彼得与儒者相抗而为流哉！"② 颇识向歆之髓。

与此相应，《汉志》论诸子，便是在其出于某一官守的前提下，评议其长短，我们可套用福柯的话称之为"规训"与"惩罚"。③ 其长者往往是合于其所出之官守者，最为典型的是阴阳家："阴阳家者流，盖出于羲和之官。敬顺昊天，历象日月星辰，敬授民时，此其所长也。"④ 对照《尚书·尧典》所言"乃命羲和，钦若昊天，历象日月星辰，敬授人时"⑤，《汉志》仅仅从训诂角度做了文字调整：阴阳家的长处等同于羲和之职掌。反之，诸家的短处，则偏离了其所出官守。如其论儒家之辟者："随时抑扬，违离道本，苟以哗众取宠。"⑥ 辟儒所以别于七十子中"有圣人之一体"⑦ 者，乃是游夏之徒自知仅得圣人之一体，自知圣人之全体非己所能有，故虽偏而不辟。辟儒则如摸象之盲人，执象之一偏以为全体。儒家之外的诸家，也都是盲人摸象，将其出于某一具体职官之一偏之学，直接作为治国平天下的全体之学，又怎能不祸害苍生！其论法家可谓典型："法家者流，盖出于理官。信赏必罚，以辅礼制。《易》曰：'先王以明罚饬法。'此其所长也。及刻者为之，则无教化，去仁爱，专任刑法，而欲以致治。

---

① （东汉）班固：《汉书》，中华书局 1962 年版，第 6 册，第 1746 页。

② 曾枣庄、刘琳主编：《全宋文》，上海辞书出版社、安徽教育出版社 2006 年版，第 78 册，第 355 页。

③ 参见［法］福柯《规训与惩罚》，刘北成、杨远婴译，生活·读书·新知三联书店 2003 年版。

④ （东汉）班固：《汉书》，中华书局 1962 年版，第 6 册，第 1734 页。

⑤ 旧题（西汉）孔安国注、（唐）孔颖达疏：《尚书注疏》，载（清）阮元校刻《十三经注疏》，台北：艺文印书馆 2007 年版，第 1 册，第 21 页。

⑥ （东汉）班固：《汉书》，中华书局 1962 年版，第 6 册，第 1728 页。

⑦ 《孟子》，载（清）焦循《孟子正义》，中华书局 1987 年版，上册，第 214 页。

至于残害至亲，伤恩薄厚。"① 周礼体系中的理官，乃是以法辅礼，刑法本身仅为礼制的一部分。但法家不恰当地将出于理官，本为礼制一部分的刑法直接作为治理天下的根本原则，以器为道，以妾为妻，反而废弃本应为天下根本的礼乐仁爱，致使天下大乱，生灵涂炭。又如农家曰："农家者流，盖出于农稷之官。播百谷，劝耕桑，以足衣食。故八政一曰食，二曰货。孔子曰：'所重民食。'此其所长也。及鄙者为之，以为无所事圣王，欲使君臣并耕，悖上下之序。"② 其中"播百谷"一语亦出于《尧典》命弃为稷之辞。③ 则农家所长，亦即农稷之官守。农家之错误就在于，将古农事中的君臣并耕直接作为普遍化的治理天下的原则，使得国无以为国。一言以蔽之，子学中只允许保留相应于其所出王官之学的内容——我们可以称之为"官守之学"，而超出官守之学，以天下为己任者——我们可以称之为"天下之学"，便必须裁抑。

由此形成的汉代官守之学，正如章学诚所言，乃是"官师治教"合一。康有为《实理公法全书》卷首《凡例》开篇即言："凡天下之大，不外义理、制度两端。"④ 斯言可为南海一生治学之总括，《新学伪经考》《孔子改制考》则其著者。斯言亦中国思想史之要义，《淮南鸿烈·氾论》所谓"百川异源而皆归于海，百家殊业而皆务于治"⑤ 是也。

《汉书·艺文志》一《六艺略》论礼学渊源曰：

《易》曰："有夫妇父子君臣上下，礼义有所错。"而帝王

① （东汉）班固：《汉书》，中华书局 1962 年版，第 6 册，第 1736 页。
② （东汉）班固：《汉书》，中华书局 1962 年版，第 6 册，第 1743 页。
③ 旧题（西汉）孔安国注、（唐）孔颖达疏：《尚书注疏》，载（清）阮元校刻《十三经注疏》，台北：艺文印书馆 2007 年版，第 1 册，第 44 页。
④ 康有为：《实理公法全书》，载姜义华等主编《康有为全集》第 1 集，中国人民大学出版社 2007 年版，第 147 页。
⑤ （西汉）刘安：《淮南鸿烈》，载张双棣《淮南子校释》，北京大学出版社 2013 年增订版，下册，第 1378 页。

质文，世有损益。至周，曲为之防，事为之制，故曰："礼经三百，威仪三千。"及周之衰，诸侯将踰法度，恶其害己，皆灭去其籍，自孔子时而不具，至秦大坏。汉兴，鲁高堂生传《士礼》十七篇。讫孝宣世，后仓最明，戴德、戴圣、庆普皆其弟子，三家立于学官。《礼》古经者，出于鲁淹中，及孔氏学十七篇，文相似，多三十九篇。及《明堂阴阳》《王史氏记》所见，多天子诸侯卿大夫之制，虽不能备，犹愈仓等推士礼而至于天子之说。①

此论当出刘歆。《汉书》卷三六《楚元王传》附《刘歆传》载刘歆《移让太常博士书》从古文经学尤其是古文礼学角度斥责今文经学尤其是今文礼学，有云："及鲁恭王坏孔子宅，欲以为宫，而得古文于坏壁之中，逸《礼》有三十九篇，《书》十六篇。天汉之后，孔安国献之，遭巫蛊仓卒之难，未及施行。……缀学之士不思废绝之阙，苟因陋就寡，分文析字，烦言碎辞，学者罢老且不能究其一艺，信口说而背传记，是末师而非往古。至于国家将有大事，若立辟雍、封禅、巡狩之仪，则幽冥而莫知其原。犹欲抱残守缺，挟恐见破之私意，而无从善服义之公心。"②《汉书》卷二二《礼乐志》亦云："今学者不能昭见，但推士礼以及天子，说义又颇谬异，故君臣长幼交接之道寖以不章。"③ 李零推定《汉志》《礼》类书目排序"有明细的时代特征，可以反映刘歆在汉哀帝时的想法"④，这也正是刘歆向太常博士争立古文经的时间。自来学者多于今古文礼学之歧义与争端，聚焦于古文逸经，实则由经学政治之视角观之，并非如此。今文礼学面对古文逸《礼》固然"抱残守缺"，古文礼学所汲汲从事的，却并非光大

---

① （东汉）班固：《汉书》，中华书局 1962 年版，第 6 册，第 1710 页。
② （东汉）班固：《汉书》，中华书局 1962 年版，第 7 册，第 1969—1970 页。
③ （东汉）班固：《汉书》，中华书局 1962 年版，第 4 册，第 1035 页。
④ 李零：《兰台万卷：读〈汉书·艺文志〉》，生活·读书·新知三联书店 2011 年版，第 39 页。

古文逸《礼》。① 双方争论的焦点是确立何种天子礼。在经文上，古
文逸《礼》固然多了些篇，但是古文礼学其实并未从这些逸经中读
出多少有价值的东西来。逸《礼》不过是古文礼学的幌子和工具，
用来证明今文礼经的确是残缺的。② 但是相对于古文礼学家们来说，
古文逸《礼》实际上也是残缺的，仍然缺了古文礼学的命根子——天
子礼，观丁晏《佚礼扶微》③ 可知——《汉志》述天子礼，只能举来
历不明的传记性文献《明堂阴阳》《王史氏记》为言，可为旁证④。
《明堂阴阳》，班固自注："古明堂之遗事。"⑤《礼记·明堂位》："昔
者周公朝诸侯于明堂之位。"这被视为周王朝奠定天下的标志。《王

---

① 徐复观认为，由刘歆《移让太常博士书》"发展出东汉经学中与博士相抗的古学，
这在经学史上是一个转折点，是一件大事。古学虽由古文孳演而出，但古学已突破了古文
的范围……古文、今文的不同，有如后世版本的不同，在学术上仅是校勘、训诂上的问题，
不足以构成学术上的重大争论……《移书》中的'往古'乃'往古之学'，刘歆本指的是
古文左氏《春秋》、古文《尚书》十六篇、古文逸《礼》三十九篇，这是'往古之学'与
'古文'合一的。但顺着这一线索发展出的东汉初年桓谭、杜林、卫宏、郑兴、贾逵们所提
出的'古学'，则不是以今古文划分的，不仅其中有古文，也有今文。严格地说，只有名义
上的古文，并无实质上的古文……乾嘉学派把古文、古学混而为一，是莫大的错误。但东
汉古学是来自刘歆，其由古文演进到古学，脉络是很分明的"。参见徐复观《中国经学史的
基础》，《徐复观论经学史二种》，上海书店出版社 2002 年版。

② 林惟仁《两汉学术今、古问题之研究》统计《史记》《汉书》《后汉书》中所言
"古学"，《史记》《汉书》无"古学"一词，《后汉书》出现 10 处，乃指《左氏春秋》《周
礼》《毛诗》《古文尚书》之学，与许慎《五经异义》相符。博士学位论文，台北："台湾
政治大学"，2012 年，第 61—64、67 页，参第 264—275 页。值得注意的是，恰恰没有"古
文逸《礼》"。

③ 参见（清）丁晏《佚礼扶微》，载《续修四库全书·经部》，上海古籍出版社 1996
年版，第 110 册。

④《汉书·艺文志》二《诸子略》序："仲尼有言：'礼失而求诸野。'方今去圣久
远，道术缺废，无所更索，彼九家者，不犹愈于野乎！若能修六艺之术，而观此九家之言，
舍短取长，则可以通万方之略矣。"中华书局 1962 年版，第 1746 页。林惟仁论曰："观
《汉志》此文，我们隐然发现其论调与《移让书》不仅契合，视野更为广大。《移让书》
言：'夫礼失求之于野，古文不犹愈于野乎？'而此处所指涉的对象是诸子……如果'古
文'与'诸子'皆'愈于野'，则刘歆心中最关心者，不在于'古文'抑或'诸子'，而
在于能'通万方之略'的大道。"林惟仁：《两汉学术今、古问题之研究》，博士学位论文，
台北："台湾政治大学"，2012 年，第 168 页。但林氏只是简单地将刘歆的追求归结为"广
道术"，则尚未达一间。对于刘歆来说，无论今文经书还是古文经书，都不具备"圣经"性
质。刘歆的目标是建立超绝性的天子礼，只要有利于此一目标，无论何种文献，今文经也
好，古文经也好，传记也好，诸子也好，都可利用。田天《秦汉国家祭祀史稿》考察王莽
主政时期刘歆主导的礼制改革，认为"虽然刘歆以倡导古文经学闻名，从整个改革实施的
过程来看，今古文经学都发生了作用。即便力倡古文经学的王莽与刘歆，其最后确定的祭
祀规范也是相对兼收并蓄的，并不极端"。生活·读书·新知三联书店 2015 年版，第 252
页脚注②。只有跳出今古文经学水火不相容的窠臼，才能看清刘歆的真正所为。

⑤（东汉）班固：《汉书》，中华书局 1962 年版，第 6 册，第 1709 页。

史氏记》,《隋书》卷三二《经籍志》一原作《王氏史氏记》,钱大昕《廿二史考异》引《广韵》证"王史"为复姓,"此衍一'氏'字"①。中华书局点校本据改。②"王史氏"其人其书当作何解?《汉志》班固自注:"七十子后学者。"③ 周寿昌《汉书注校补》:"王史氏为七十子后学者。刘向云:'六国时人。'盖习孔氏家法,读古礼书,故得知朝廷制度,胜于后仓由士礼上推于公卿至天子以意为之也。"④ 今按,"王史氏"当为天子史官。郑樵《通志·氏族略》四"以官为氏":"王史氏:《风俗通》,周先王太史号王史氏。《英贤传》,周共王生圉,圉曾孙满生简,简生业,业生宰,世传史职,因氏焉。汉清河太守王史篆,生音,新丰令。《艺文志》有王史氏。后汉侍中王史元庠。晋亦有王史氏。"⑤《艺文志》之"王史"即周王太史。郑樵此言固然是说姓氏,但是作为书名的此一姓氏却显示了其文

① (清)钱大昕:《廿二史考异》,载陈文和主编《嘉定钱大昕全集》,江苏古籍出版社1997年版,第2册,第736页。参见(清)沈涛《铜熨斗斋随笔》,载徐德明、吴平主编《清代学术笔记丛刊》,学苑出版社2005年版,第44册。张舜徽:"良由'王史'复姓,世不多见,故钞书者妄加一氏字也。"《汉书艺文志通释》,华中师范大学出版社2004年版,第211—212页。

② (唐)魏征:《隋书》,中华书局1973年版,第4册,第925页,校勘记见950页。

③ (东汉)班固:《汉书》,中华书局1962年版,第6册,第1709页。黄以周《礼书通故》卷一:"七十子后学者,谓七十子之徒,故刘向《别录》云'六国时人也'。"中华书局2007年版,第1册,第10页。

④ (清)周寿昌:《汉书注校补》,载徐蜀选编《二十四史订补》,书目文献出版社1996年版,第2册,第771页。

⑤ (南宋)郑樵:《通志二十略》,王树民点校,中华书局1995年版,上册,第148页。姚振宗《汉书艺文志条理》已引,载二十五史刊行委员会编《二十五史补编》,中华书局1955年版,第2册,第1551页。《风俗通义》此佚文,卢文弨等又辑,参见(清)卢文弨《群书拾补初编·风俗通义逸文》,载陈东辉主编《卢文弨全集》,浙江大学出版社2017年版,第2册;(清)严可均辑《全上古三代秦汉三国六朝文》,中华书局1958年版,第1册;吴树平《风俗通义校释》,天津人民出版社1980年版,第458页;王利器《风俗通义校注》,中华书局2010年第2版,下册。尹海江《〈汉书·艺文志〉辑论》:"《风俗通》所云,又见宋邓名世《古今姓氏书辩证》。'圉曾孙满':'满',邓氏《古今姓氏书辩证》卷一作'浦';'因氏焉',邓氏作'因以官为氏'。"西南交通大学出版社2013年版,第213页。徒列异而无所校正。今检周广业《经史避名汇考》卷四:"此满乃穆王六世孙,岂可协乎?此必《通志》之讹。"上海古籍出版社2015年版,上册,第115页。则其字或当作"蒲","浦"省而"满"讹也。《左传·僖公三十三年》有王孙满,杨伯峻《注》:"《通志·氏族略四》引《英贤传》谓'周共王生圉,圉曾孙满'。梁履绳《补释》云:'共王,穆王之子。穆王名满,其六世孙何得亦名满?'则未必可信。"中华书局1990年版修订本,第1册,第494页。王孙满当为周倾王孙,参见王文清《〈左传〉中"王孙满"的身世考辨》,《历史教学》1999年第2期。

献的来源。以"王史氏"为七十子后学者还是周王太史，二说之区别，即在于《王史氏》是否出自儒学所传。无疑，此书名为《王史氏》，即表明其当出自周天子史官，所记为周代天子之礼。至于班固自注所云"七十子后学者"，当有讹误。考《汉志》于《礼》类"经"之后即为"记"，汉前之"记"共三种：《记》一百三十一篇，班固自注："七十子后学者所记也。"《明堂阴阳》三十三篇，班固自注："古明堂之遗事。"《王史氏》二十一篇，班固自注："七十子后学者。"① 或后世读志者，误以为此三古记皆当出于七十子后学，故于《王史氏》下填此一注，而不知班固仅于《记》下注明"七十子后学者所记也"，正表明《明堂阴阳》与《王史氏》皆非七十子后学所传，不出儒门。刘歆引据《明堂阴阳》《王史氏记》的目的，也正是欲以此二书所记之周代王官典章，压制并取代儒学今文经学，以致整个诸子学说复归王官之学。这正与其《七略》"诸子出于王官说"实为"诸子入于王官说"互为表里。

如果说厉王对于专制君权的追求开始破坏作为周礼根基的封建制，那么项羽以专制君权的军事暴力偏执地维护封建制，则宣告了君主集权制的最终确立，虽然封建制在汉初还将进行数十年的垂死挣扎。正是在封建制与郡县制的此消彼长中，礼坏乐崩，世官解纽，王官失守，诸子勃兴。

当封建制的消亡已成为必然，究竟哪一家哪一派的思想能够成为新兴统一王朝的意识形态，成为战国后期诸子竞逐的目标？然而，出乎意料的是，权力对于自身的无止境扩张的追求，使得其不愿受任何制约，哪怕最终取消自身存在的正当性根据。于是，为权力安魂，重建权力、制度、思想的联系与平衡，便成为思想史下一阶段的主题。

汉代自向歆父子提出"诸子出于王官"，实则为"诸子入于王

---

① （东汉）班固：《汉书》，中华书局1962年版，第6册，第1709页。

官"之论后，逐步建立了"制度—政"与"思想—教"合一的体制。这一政教体制如此牢固，以至于得以超越于社会变动与王朝更迭，成为笼罩中华文化之上的铁穹。李泽厚曾盛称汉代政教体制的历史意义："为什么魏晋以后，佛教东来，那么大的势力，帝王顶礼，万众信从，却仍然未能从根本上改变中国的政治、文化和思想面貌……我认为，这恐怕与秦汉时代已经确立了的这套官僚政治体制及与之相适应的这套宇宙论系统图式的意识形态不无关系。"① 直到 20 世纪才迎来辛亥革命之"地裂"（制度解体）与五四运动之"天崩"（思想批判）。此则吾中华之幸，抑或不幸乎！

《诸子略》所载诸子九流十家可以分为三组，前面三家，儒、道、阴阳是一组，法、名、墨是一组，后面的几家，纵横、杂、农、小说是一组。第三组为杂拌。第二组相关于刑名。法与名相需，世所公认，墨亦与法、名关系密切。晋鲁胜注《墨辩》，共六篇，其四篇为上下经及说，"又采诸众杂集为《刑》《名》二篇"，其叙有云："墨子著书，作《辩经》以立名本，惠施、公孙龙祖述其学，以正别名，显于世。"（《晋书》卷九四《隐逸列传》鲁胜传）②

最主要的是第一组，即前面三家。儒家是"盖出于司徒之官，助人君顺阴阳明教化者也"。此当本于《尚书·尧典》舜命契之辞："契，百姓不亲，五品不逊，汝作司徒，敬敷五教，在宽。"孔

---

① 李泽厚：《秦汉思想简议》，《新版中国古代思想史论》，天津社会科学院出版社 2008 年版，第 140 页。此论实暗袭陈寅恪说。陈氏《冯友兰中国哲学史下册审查报告》曰："夫政治社会一切公私行动，莫不与法典相关，而法典为儒家学说具体之实现。故二千年来华夏民族所受儒家学说之影响，最深最钜者，实在制度法律公私生活之方面，而关于学说思想之方面，或转有不如佛道二教者……释迦之教义，无父无君，与吾国传统之学说，存在之制度，无一不相冲突。输入之后，若久不变易，则绝难保持。是以佛教学说，能于吾国思想史上，发生重大久远之影响者，皆经国人吸收改造之过程。其忠实输入不改本来面目者，若玄奘唯识之学，虽震动一时之人心，而卒归于消沉歇绝。近虽有人焉，欲然其死灰，疑终不能复振。其故匪他，以性质与环境互相方圆凿枘，势不得不然也。"陈寅恪：《冯友兰中国哲学史下册审查报告》，《金明馆丛稿二编》，生活·读书·新知三联书店 2001 年版，第 283—284 页。

② （唐）房玄龄：《晋书》，中华书局 1974 年版，第 8 册，第 2434、2433 页。

《传》："五品，谓五常。"① 《史记》卷一《五帝本纪》裴骃《集解》引郑玄曰："五品，父母兄弟子也。"复引王肃曰："五品，五常也。"② 孔《疏》则弥缝两端："一家之内，尊卑之差，即父母兄弟子是也。教之义慈友恭孝，此事可常行，乃为五常耳。"③ 金景芳以为"郑说是，王说非。郑说应据于《左传·文公十八年》'举八元，使布五教于四方，父义母慈兄友弟恭子孝'"④。按，《诗·大雅·生民》孔《疏》引郑玄《尧典注》云："举八元使布五教。"⑤ 金说是。《左传》之外，《孟子·滕文公》亦云："使契为司徒，教以人伦，父子有亲，君臣有义，夫妇有别，长幼有叙，朋友有信。"⑥ 可证。

道家"盖出于史官"，考史官本出于羲和之官。据《史记》卷一三〇《太史公自序》："昔在颛顼，命南正重以司天，北正黎以司地。唐虞之际，绍重黎之后，使复典之，至于夏商，故重黎氏世序天地。其在周，程伯休甫其后也。当周宣王时，失其守而为司马氏。司马氏世典周史。"又曰："余维先人尝掌斯事，显于唐虞，至于周，复典之，故司马氏世主天官。"司马贞《索隐》："案：此天官非《周礼》冢宰天官，乃谓知天文星历之事为天官。且迁实黎之后，而黎氏后亦总称重黎，以重本司天，故太史公代掌天官，盖天官统太史之职。言史是历代之职，恐非实事。然卫宏以为司马氏，周史佚之后，故太史谈云'予之先人，

① 旧题（西汉）孔安国注、（唐）孔颖达疏：《尚书注疏》，载（清）阮元校刻《十三经注疏》，台北：艺文印书馆 2007 年版，第 1 册，第 44 页。

② （西汉）司马迁：《史记》，中华书局 2013 年版，第 1 册，第 47 页。

③ 旧题（西汉）孔安国注、（唐）孔颖达疏：《尚书注疏》，载（清）阮元校刻《十三经注疏》，台北：艺文印书馆 2007 年版，第 1 册，第 44 页。

④ 金景芳：《〈尚书·虞夏书〉新解》，辽宁古籍出版社 1996 年版，第 161 页。

⑤ （西汉）毛公传、（东汉）郑玄笺、（唐）孔颖达疏：《诗经注疏》，载（清）阮元校刻《十三经注疏》，台北：艺文印书馆 2007 年版，第 2 册，第 589 页。参见陈品卿《尚书郑氏学》，台北：嘉新水泥公司文化基金会 1977 年版。

⑥ 《孟子》，载（清）焦循《孟子正义》，中华书局 1987 年版，上册，第 386 页。李振兴《王肃之经学》云："王氏好攻郑氏，其所云'五品，五常也。'当指《孟子》五伦而言。"按五常为仁义礼智信，非五伦，其说非。台北：嘉新水泥公司文化基金会 1980 年版，第 175 页。

周之太史',盖或得其实也。"① 太史公所言,本于《国语·楚语》下:
"颛顼受之,乃命南正重司天以属神,命火正黎司地以属民,使复旧常,无相侵渎,是谓绝地天通。其后,三苗复九黎之德,尧复育重黎之后,不忘旧者,使复典之。以至于夏商,故重黎氏世叙天地,而别其分主者也。其在周,程伯休父其后也,当宣王时,失其官守,而为司马氏。"韦昭注:"尧继高辛氏,平三苗之乱,绍育重黎之后,使复典天地之官,羲氏、和氏是也。"②《史记》卷二六《历书》亦曰:"颛顼受之,乃命南正重司天以属神,命火正黎司地以属民,使复旧常,无相侵渎。其后三苗服九黎之德,故二官咸废所职,而闰余乖次,孟陬殄灭,摄提无纪,历数失序。尧复遂重黎之后,不忘旧者,使复典之,而立羲和之官。明时正度,则阴阳调,风雨节,茂气至,民无夭疫。"③ 又《太平御览》卷二三五引应劭(《汉官仪》)曰:"太史令,秩六百石。望郎三十人,掌故三十人。昔在颛顼,南正重司天,火正黎司地。唐虞之际,分命羲和,历象日月星辰,敬授民时。至于夏后、殷、周,世叙其官,皆精研术数,穷神知化。当春秋时,鲁有梓慎,晋有卜偃,宋有子韦,郑有裨灶,观乎天文,以察时变,其言屡中,有备无害。汉兴,甘、石、唐都、司马父子,抑亦次焉。末涂偷进,苟忝兹阶,既闇候望,竞饰邪伪,以凶为吉,莫之惩纠。"④

《诸子略》谓阴阳家"盖出于羲和之官,敬顺昊天,历象日月星辰,敬授民时,此其所长也"⑤。前已言之,《诸子略》所言阴阳家之长,即是《尧典》所命羲和之语。是则依《诸子略》所叙,儒、道、阴阳三家溯其源俱出于羲和之职。羲和之职掌如《尧典》、史公、应劭所言,乃是天文星历,数术占筮。故而《汉志·数术略》小序曰:

---

① (西汉)司马迁:《史记》,中华书局 2013 年版,第 10 册,第 3961、3999 页。
② 《国语》,上海古籍出版社 1988 年版,上册,第 562—564 页。
③ (西汉)司马迁:《史记》,中华书局 2013 年版,第 4 册,第 1495—1496 页。
④ (北宋)李昉等:《太平御览》,中华书局 1960 年版,第 2 册,第 1114 页。参见周天游点校《汉官六种》,中华书局 1990 年版。
⑤ (东汉)班固:《汉书》,中华书局 1962 年版,第 6 册,第 1734 页。

"数术者，皆明堂羲和史卜之职也。史官之废久矣，其书既不能具，虽有其书，而无其人。《易》曰：'苟非其人，道不虚行。'春秋时鲁有梓慎，郑有裨灶，晋有卜偃，宋有子韦；六国时楚有甘公，魏有石申夫；汉有唐都，庶得粗觕。"① 乃至其所列数术名家，皆不出应劭历举羲和后继之范围。果如是，又怎样区分儒、道、阴阳三家呢？换言之，就是儒、道怎样超越祝卜。

马王堆汉墓帛书《易传》之《要》篇有云：

> 子曰：《易》，我后其祝卜矣！我观其德义耳也。幽赞而达乎数，明数而达乎德，又有【□】□者而义行之耳。赞而不达于数，则其为之巫；数而不达于德，则其为之史。史巫之筮，向之而未也，恃之而非也。后世之士疑丘者，或以《易》乎？吾求其德而已，吾与史巫同途而殊归者也。君子德行焉求福，故祭祀而寡也；仁义焉求吉，故卜筮而稀也。祝巫卜筮其后乎？②

此节点睛之笔在"吾求其德而已，吾与史巫同途而殊归者也"一语。"同途而殊归"与司马谈所引《系辞传》"同归而殊途"正相反对。此所载孔子谓己与巫史同读《周易》（同途），但所求不同（殊归）。孔子所求者为"德"，那么，巫史异于孔子的所求是什么呢？

众多学者都指出此文可与《周易·说卦传》相参，其文曰："昔者圣人之作《易》也，幽赞于神明而生蓍，参天两地而倚数，观变于阴阳而立卦，发挥于刚柔而生爻，和顺于道德而理于义，穷理尽性以至于命。"③ 郭沂进而认为："此将《易》分为五个层面，而其'幽

---

① （东汉）班固：《汉书》，中华书局1962年版，第6册，第1775页。
② 裘锡圭主编：《长沙马王堆汉墓简帛集成》，中华书局2014年版，图版：17上—18下，第1册、第38—39页；释文：第3册、第118页。
③ （三国·魏）王弼注经、（东晋）韩康伯注传、（唐）孔颖达疏：《周易注疏》，载（清）阮元校刻《十三经注疏》，台北：艺文印书馆2007年版，第1册、第182—183页。参见李学勤《周易溯源》，巴蜀书社2006年版。

赞于神明而生蓍''参天两地而倚数''和顺于道德而理于义'分别相当于《要》篇的'赞''数''德'三个层面。这三个层面正是《易》的最基本的内容，它们已经涵盖了其他两个层面。"① 就《要》篇此文而言，池田知久的分析非常到位："'赞而不达于数，则其为之巫'，是欲在'巫—史—君子'这样的人的等级系列中，把'巫'放在最低的位置。……自不待言，是与'赞—数—德'这样的德义系列相对应而考虑'巫—史—君子'这样的等级系列的。"② 由此，可以发现"《要》篇所包含的不同于《易》的另一个侧面，是分发展阶段构想了三种世界——只进行'幽赞'的咒术式的宗教世界，依赖于'明数'的理法的哲学世界，达到'德义'的伦理的政治世界。而且，最高的'德义'（君子）阶段，作为作者的理想世界建立在最低的'幽赞'（巫）阶段以及由之发展而来的'明数'（史）阶段之上，但那也并不是否定'幽赞'和'明数'，而是把后两者作为达到前者的必要阶段而包摄在自己之内"③。

众所周知，《要》之"幽赞"，即《说卦》之"幽赞"。此外，同为马王堆帛书的《易之义》中也有与上引《说卦》之文约略相同的文字，首句作"［幽］赞于神明而生占也"④。邢文归纳《易》学旧说"赞"有六解。（1）荀爽："赞，见也。"（2）干宝："赞，求也。"（3）韩康伯："赞，明也。"（4）苏轼："介绍以传命谓之赞。"（5）吴澄："赞，犹助也。"（6）王申子："幽赞之数者，奇偶之数也。"⑤ 但诸说仅仅就《说卦》而言似乎可行，如放在《要》篇中，

---

① 郭沂：《帛书〈要〉篇考释》，《周易研究》2004 年第 4 期。

② ［日］池田知久：《马王堆汉墓帛书〈周易〉之〈要〉篇释文》（下），牛建科译，《周易研究》1997 年第 3 期。

③ ［日］池田知久：《马王堆汉墓帛书〈周易·要篇〉的成书年代》，陈建初译，载中国社会科学院简帛研究中心编《简帛研究译丛》第 1 辑，湖南出版社 1996 年版，第 124 页。

④ 陈松长、廖名春：《帛书〈二三子问〉、〈易之义〉、〈要〉释文》，载陈鼓应主编《道家文化研究》第 3 辑，上海古籍出版社 1993 年版，第 435 页。

⑤ 邢文：《论帛书〈要〉篇巫史之辨》，载李学勤、谢桂华主编《简帛研究》第 3 辑，广西教育出版社 1998 年版，第 218—219 页。

则捍格难通了。如果将"赞"作正面理解，在《要》篇中，正如汪显超所言："与后文'赞而不达乎数'在义理的内在逻辑上构成矛盾。"① "赞"应该是与"数""德"词性一致的名词，并且显然是负面的事物。可为旁证的是，《说卦》释文云："本或作讃。"② 汉《孔庙置守庙百石孔龢碑》用《说卦》语作"幽赞神明"③。如此看来"赞"之义应从言辞方面考虑。这里邢文提出了一个值得重视的解释。《要》篇文字提示我们："'赞'的主语，应为'巫'无疑。《说文》：'巫，祝也。'祝，祭主赞词也。从示，从人、口。一曰从兑省。《易》曰：兑为口，为巫。按《说卦》：'兑为泽，为少女，为巫，为口舌'。很明显，巫主赞词，与'赞而不达于数，则其为之巫'相合。赞，为告赞。……诸'赞'，释作'祝告'，皆较前引各家释说平易通顺。"④ 陈来亦谓："赞即祝也。"⑤ 邢引荀爽说见唐李鼎祚《周易集解》，李道平《纂疏》已指出其乃据《说文》训释。⑥ 检《说文》："赞，见也。从贝，从兟。"徐铉等曰："兟，音诜，进也。执贽而进，有司赞相之。"⑦ 段玉裁《注》："此以叠韵为训。疑当作所以见也。谓彼此相见，必资赞者。《士冠礼》赞冠者，《士昏礼》赞者，注皆曰，赞，佐也。《周礼·大宰》注曰，赞，助也。是则凡

---

① 汪显超：《孔子"幽赞而达乎数，明数而达乎德"含义考释》，载张新民主编《阳明学衡》第 2 辑，贵州人民出版社 2006 年，第 99 页。

② 邢文已引。邢文又引阮元《周易注疏校勘记》："《石经》、岳本、闽、监、毛本同《释文》本，赞或作讃。"参见邢文《论帛书〈要〉篇巫史之辨》，载李学勤、谢桂华主编《简帛研究》第 3 辑，广西教育出版社 1998 年版。笔者按，当标点为："《石经》、岳本、闽、监、毛本同。《释文》：本赞或作讃。""本""赞"误倒。如依邢氏标点，则五本皆作"赞"矣。如阮引《石经》即唐开成石经，分明作"讃"。见《景刊唐开成石经》，中华书局 1997 年版，第 1 册，第 86 页。引《释文》参见（唐）陆德明《经典释文》，上海古籍出版社 1985 年版，上册。

③ 参见（南宋）洪适《隶释》，中华书局 1985 年版。

④ 邢文：《论帛书〈要〉篇巫史之辨》，载李学勤、谢桂华主编《简帛研究》第 3 辑，广西教育出版社 1998 年版，第 219—220 页。

⑤ 陈来：《马王堆帛书〈易传〉与先秦易学的分派》，《竹帛〈五行〉与简帛研究》，生活·读书·新知三联书店 2009 年版，第 240 页。

⑥ 参见（清）李道平《周易集解纂疏》，中华书局 1994 年版。

⑦ （东汉）许慎：《说文解字》，中华书局 1963 年版，第 130 页。

行礼必有赞者，非独相见也。"①《说文》又曰："兟，进也。从二先。赞从此。"②《汉书》卷一九《百官公卿表》："谒者掌宾赞受事。"应劭曰："谒，请也，白也。"③《史记》卷九九《刘敬叔孙通列传》载叔孙通所定朝仪有云："谒者治礼，引以次入殿门。"④《后汉书》卷四七《班梁列传》：何熙"永元中，为谒者。身长八尺五寸，善为威容，赞拜殿中，音动左右，和帝伟之"⑤。是谒者为朝廷宾赞，引百官入见天子。考《说文》："请，谒也。""谒，白也。"⑥ 段注："《广韵》曰，白，告也。按，谒者，若后人书刺自言爵里姓名，并列所白事。"⑦《释名·释书契》："书称刺书，以笔刺纸简之上也。又曰到写，写此文也。画姓名于奏上曰画刺，作再拜起居字，皆达其体，使书尽边，徐引笔书之，如画者也。下官刺曰长刺，长书中央一行而下也。又曰爵里刺，书其官爵及郡县乡里也。"⑧ 今出土汉简实物如尹湾汉简有名刺云："东海太守功曹史饶再拜，谒，奉府君记一封。饶叩头叩头。"⑨ 则书刺请谒，例书来者何人何事。出声赞谒亦当如之。《史记》卷七六《平原君列传》："门下有毛遂者，前，自赞于平原君曰：'遂闻君将合从于楚，约与食客门下二十人偕，不外索。今少一人，愿君即以遂备员而行矣。'"⑩ 盖史略其报名之辞，而独记其事。《汉书》卷六五《东方朔传》：馆陶公主"自引董君，董君绿帻傅韝，随主前伏殿下。主乃赞：'馆陶公主胞人臣偃昧死再拜谒。'"颜注：

---

① （清）段玉裁：《说文解字注》，上海古籍出版社 1981 年版，第 280 页。

② （东汉）许慎：《说文解字》，中华书局 1963 年版，第 177 页。

③ （东汉）班固：《汉书》，中华书局 1962 年版，第 3 册，第 727、728 页。

④ （西汉）司马迁：《史记》，中华书局 2013 年版，第 8 册，第 3279 页。

⑤ （南朝）范晔：《后汉书》，中华书局 1965 年版，第 6 册，第 1593 页。

⑥ （东汉）许慎：《说文解字》，中华书局 1963 年版，第 51 页。

⑦ （清）段玉裁：《说文解字注》，上海古籍出版社 1981 年版，第 90 页。

⑧ （东汉）刘熙：《释名》，载（清）毕沅疏证、王先谦补《释名疏证补》，祝敏彻、孙玉文点校，中华书局 2008 年版，第 207—208 页。标点有改动。

⑨ 连云港市博物馆等：《尹湾汉墓简牍》，中华书局 1997 年版，图版：第 33 页，释文：第 137 页。

⑩ （西汉）司马迁：《史记》，中华书局 2013 年版，第 7 册，第 2862 页。

"赞，进也，进传谒辞。"① 反之，作为特别优礼，《三国志·魏书》卷一《武帝纪》、卷六《董卓传》、卷九《曹爽传》俱有"赞拜不名"之赐②。"见"亦此义。《左传》文公元年："王使内史叔服来会葬。公孙敖闻其能相人也，见其二子焉。"③ 此亦谓称名引见其二子。《仪礼·士昏礼》："质明，赞见妇于舅姑。"④ 李道平《周易集解纂疏》明知荀爽训"赞"为"见"本于《说文》，而谓王注云"赞，明也"，"明与见同义"⑤，非。《汉书》卷二五《郊祀志》："古者坛场有常处，燎禋有常用，赞见有常礼。"⑥ 可见祭祀也须有赞见，即将何人何事报告给神明。《郊祀志》言武帝"见泰一"，并载其赞飨之辞，颜注："赞飨，谓祝辞。"其祀上帝亦有赞飨，颜注："自此以上赞祝者辞。"⑦ 唯《汉书》所录盖为节录，故无报名陈事之辞。出土文献则弥补了这一缺憾，北宋出土的《诅楚文》即其显例。其湫渊石开篇乃言："有秦嗣王，敢用吉玉宣璧，使其宗祝邵鼛布憿，告于丕显大神厥湫，以诋楚王熊相之多罪。"⑧ 近年新出《秦骃玉版》也是一上来就说"有秦曾孙小子骃曰"，此下历述其身缠重病，祭告华山神而得愈，为了报答，再来祭祀华山神。⑨《尚书·周书·金縢》史乃祝册曰："惟尔元孙某，遘厉疟疾。"正是同一格式。孔《传》：

---

① （东汉）班固：《汉书》，中华书局 1962 年版，第 9 册，第 2855、2856 页。

② （西晋）陈寿：《三国志》，中华书局 1959 年版，第 1 册，第 36、174、282 页。

③ （西晋）杜预注、（唐）孔颖达疏：《春秋左氏传注疏》，载（清）阮元校刻《十三经注疏》，台北：艺文印书馆 2007 年版，第 6 册，第 297 页。

④ （东汉）郑玄注、（唐）贾公彦疏：《仪礼注疏》，载（清）阮元校刻《十三经注疏》，台北：艺文印书馆 2007 年版，第 4 册，第 53 页。

⑤ （清）李道平：《周易集解纂疏》，中华书局 1994 年版，第 687 页。汪显超也以荀爽的"见"为"看见"，汪显超：《孔子"幽赞而达乎数，明数而达乎德"含义考释》，载张新民主编《阳明学衡》第 2 辑，贵州人民出版社 2006 年，第 100 页。

⑥ （东汉）班固：《汉书》，中华书局 1962 年版，第 4 册，第 1262 页。

⑦ （东汉）班固：《汉书》，中华书局 1962 年版，第 4 册，第 1231、1244 页。

⑧ 参见汤余惠《战国铭文选》，吉林大学出版社 1993 年版。

⑨《秦骃玉版》，照片见李零《入山与出塞》，文物出版社 2004 年版，图版 1。参见李家浩《秦骃玉版铭文研究》，载《北京大学中国古文献研究中心集刊》第 2 辑，北京燕山出版社 2001 年版。

"史为册书祝辞也。"孔《疏》："告神之言，书之于策，祝是读书告神之名，故云史为策书祝辞，史读此策书以祝告神也。"①卜筮之赞辞也与此相同。如望山1号楚墓卜筮祷祠简有云："爨月丙辰之日，邓道以小筹为悼固贞：既瘥，以闷心，不纳食，尚毋为大蠤（尤）。占之：恒［贞吉］□。"②《周礼·春官·占人》："凡卜筮既事，则系币以比其命；岁终，则计其占之中否。"郑玄注："既卜筮，史必书其命龟之事及兆于策，系其礼神之币而合藏焉。"③陈梦家归纳"一条完整的卜辞可以包含四部分：（1）是所谓'前辞'，记卜之日及卜人名字；（2）是命辞，即命龟之辞；（3）是'占辞'，即因兆而定吉凶；（4）是'验辞'，即既卜之后记录应验的事实"④。与此相似，《周易》卦爻辞可以分为四类。（1）记事之辞，其中除采用古代故事以外，还有一些是对先前占筮活动及结果的记录。（2）取象之辞，指通过一定事物的性、变化、状态等来比拟人事、指示人事吉凶的词句。（3）说事之辞，指直接叙说某人的行为、事迹，以表示吉凶的词句。（4）断占之辞，指论断吉凶祸福的词句。⑤卦爻辞的素材大部分是以前占筮活动的记录，即筮辞。那些在过去应验了的筮辞一般作为依据保存下来，而卦爻辞即从它们之中抽出。⑥考《周礼·春官·大卜》："大卜掌三兆之法，一曰玉兆，二曰瓦兆，三曰原兆。其经兆之体，皆百有二十，其颂皆千有二百。"郑玄注："颂谓繇也。"⑦孙诒让《正义》："《左》闵二年传云'成风闻成季之繇'，杜注云'繇，卦兆之占辞'。《周易》释文引服虔云：'繇，抽也，抽出

① 旧题（西汉）孔安国注、（唐）孔颖达疏：《尚书注疏》，载（清）阮元校刻《十三经注疏》，台北：艺文印书馆2007年版，第1册，第186页。
② 参见陈伟等《楚地出土战国简册［十四种］》，经济科学出版社2009年版。
③ （东汉）郑玄注、（唐）贾公彦疏：《周礼注疏》，载（清）阮元校刻《十三经注疏》，台北：艺文印书馆2007年版，第3册，第375—376页。
④ 陈梦家：《殷虚卜辞综述》，中华书局1988年版，第43页。
⑤ 参见朱伯崑主编《易学基础教程》修订本，九州出版社2003年版。
⑥ 朱伯崑主编：《易学基础教程》修订本，九州出版社2002年版，第59页。
⑦ （东汉）郑玄注、（唐）贾公彦疏：《周礼注疏》，载（清）阮元校刻《十三经注疏》，台北：艺文印书馆2007年版，第3册，第369—370页。

吉凶也。'案：卜筮之文皆为韵语，与诗相类，故亦谓之颂。"① 《方言》："讚，解也。"郭注："讚，讼，所以解释理物也。"② "讼"即"颂"古字，"理物"当作"物理"③。则占筮之辞亦可称为"赞"。在《要》篇中，"赞"对应于巫，邢文引《左传·僖公二十一年》"公欲焚巫尪"，杜《注》："巫尪，女巫也，主祈祷请雨者。"《公羊传·隐公四年》："于钟巫之祭。"何休注："巫者，事鬼神，祷解以治病请福者也。"据以谓："可见先秦古巫之职中，包括了祝告祈祷的内容。"④ 邢说甚是。

巫之赞辞针对具体的人和事而作，从儒学德义的角度来看，无疑缺乏抽象性与超越性，这也正合于阴阳家之短——司马谈有谓："大祥而众忌讳，使人拘而多所畏。"⑤ 《诸子略》则曰："及拘者为之，则牵于禁忌，泥于小数，舍人事而任鬼神。"⑥ 这里只有人对于鬼神的畏惧和顺从，人取消了自身的真实性。因此无论是《要》篇中史、儒之超越于巫，还是《说卦》中圣人作《易》，都必须否定"巫—赞"的只见树木不见森林。某些《易》学旧注在解释"幽赞于神明而生著"时过于执着于筮占层面，却忽略了《说卦》讨论"生著""生爻"的前提是"作《易》"，而《周易》虽然仍是占筮之书，却与巫祝之占是截然区分的。这一区分就在于"幽赞"。《要》篇中"幽"与"明"相对，且均带宾语，当为动词。《说卦》荀爽注曰："幽，隐也。"⑦ 此亦据《说文》。⑧ 《系辞传下》："微显阐幽。"惠栋曰："《仓颉篇》曰，阐，开也。幽，隐也。幽者阐之反，《吕氏春

---

① （清）孙诒让：《周礼正义》，中华书局1987年版，第7册，第1926页。
② （西汉）扬雄：《方言》，周祖谟《方言校笺》，中华书局1993年版，第83页。
③ 参见华学诚《扬雄方言校释汇证》，中华书局2006年版，上册。
④ 邢文：《论帛书〈要〉篇巫史之辨》，载李学勤、谢桂华主编《简帛研究》第3辑，广西教育出版社1998年版，第221页。
⑤ （西汉）司马迁：《史记》，中华书局2013年版，第10册，第3965页。
⑥ （东汉）班固：《汉书》，中华书局1962年版，第6册，第1734—1735页。
⑦ （唐）李鼎祚：《周易集解》，载（清）李道平《周易集解纂疏》，中华书局1994年版，第687页。
⑧ 参见（清）李道平《周易集解纂疏》，中华书局1994年版。

秋》曰隐则胜阐是也。"① 只有忽略赞辞的具体事件，才能与巫相区分。占筮中有所谓"枚占"，王家台秦简作"攴占"，辑本均作"枚占"。李学勤引《左传·哀公十七年》"王与叶公枚卜子良以为令尹"，杜《注》："枚卜，不斥言所卜以令龟"，认为"《归藏》的'枚占'就是不明说所问事项的筮占方式"。② 检《左传·昭公十二年》："南蒯枚筮之。"杜《注》："不指其事，泛卜吉凶。"③ 俞樾释曰："枚当读为微。《诗·东山篇》勿士行枚，毛《传》曰，枚，微也。是其证也。襄十九年传，崔杼微逆光，服虔曰，微，隐匿也。哀十六年传，其徒微之，杜曰，微，匿也。匿其事而使之筮，故为微筮。"④ 依俞说，则"幽赞"盖系本于"枚筮"，"幽"即微隐藏匿，"赞"即筮辞之命辞。

《要》篇云："幽赞而达乎数，明数而达乎德。"继曰："赞而不达乎数，则其为之巫；数而不达乎德，则其为之史。"介于"巫—赞"与"儒—德"之间的，厥为"史—数"。邢文历稽载籍，据《国语·晋语》"筮史占之"，以为"筮官可名作史"。又引《左传·僖公十五年》："韩简侍曰，龟，象也。筮，数也。物生而后有象，象而后有滋，滋而后有数。"尤其考古发现的数字卦，"可见，筮、数有着古远的传统"⑤。池田知久释"明数"为"通晓《易》所包含的数理系统"⑥。廖名春将此"数"对应于《说卦》"参天两地而倚数"：

---

① （清）惠栋：《周易述》，中华书局 2007 年版，上册，第 329 页。

② 李学勤：《周易溯源》，巴蜀书社 2006 年版，第 296 页。

③ （西晋）杜预注、（唐）孔颖达疏：《春秋左氏传注疏》，载（清）阮元校刻《十三经注疏》，台北：艺文印书馆 2007 年版，第 6 册，第 792 页。

④ （清）俞樾：《群经平议》，载（清）王先谦编《清经解续编》，上海书店 1988 年版，第 5 册，第 1182 页。

⑤ 邢文：《论帛书〈要〉篇巫史之辨》，载李学勤、谢桂华主编《简帛研究》第 3 辑，广西教育出版社 1998 年版，第 221—222 页。

⑥ ［日］池田知久：《马王堆汉墓帛书〈周易〉之〈要〉篇释文》（下），牛建科译，《周易研究》1997 年第 3 期。

"演易必须'倚数'，故云'达乎数'。"① 赵建伟曰："达数，精通《周易》的占法蓍数。"② 汪显超分析道："史巫筮占易学在表现形式上是'数'的演算，演卦就是演数，卦象就是演卦结果的数字的记录，解卦就是分析卦象这种特定的数字组合。"③ 陈来则以"数"为"天道变化的数度""宇宙变化的数度"。④ 其说过泛。"数"之解当紧扣《周易》卦爻占筮理解，否则即非"同途"。筮生数，数生卦，卦生象，故《系辞传上》曰："参伍以变，错综其数。通其变，遂成天下之文；极其数，遂定天下之象。"⑤ 但无论是八卦、六十四卦，都不足以对应万物之众。提纲挈领的方法，就是取类。《系辞传上》所谓："触类而长之，天下之能事毕矣。"《系辞传下》："其称名也，杂而不越。"韩康伯注："备物极变，故其名杂也。各得其序，不相踰越，况爻繇之辞也。"又："其称名也小，其取类也大，其旨远，其辞文，其言曲而中，其事肆而隐，因贰以济民行，以明失得之报。"韩注："托象以明义，因小以喻大。变化无恒，不可为典要，故其言曲而中也。"于是，如《系辞传上》所言："方以类聚，物以群分，吉凶生矣。"⑥ 哪怕某则卦爻辞确系出于某一具体事件的占筮，但在《周易》之中已经具备了类的普遍意义。这也正是史所以超越于巫之处。因为史之职掌要求其必须超越个体人的有限生命，在时空交汇中形成对民族命运的思考。由是，以《周易》卦爻进行占筮时，占筮

---

① 廖名春：《帛书〈要〉试释》，《帛书〈易传〉初探》，台北：文史哲出版社 1998 年版，第 135 页。

② 赵建伟：《出土简帛〈周易〉疏证》，台北：万卷楼图书有限公司 2000 年版，第 271 页。

③ 汪显超：《孔子"幽赞而达乎数，明数而达乎德"含义考释》，载张新民主编《阳明学衡》第 2 辑，贵州人民出版社 2006 年，第 97 页。

④ 陈来：《马王堆帛书〈易传〉与先秦易学的分派》，《竹帛〈五行〉与简帛研究》，生活·读书·新知三联书店 2009 年版，第 240 页。

⑤ （三国·魏）王弼注经、（东晋）韩康伯注传、（唐）孔颖达疏：《周易注疏》，载（清）阮元校刻《十三经注疏》，台北：艺文印书馆 2007 年版，第 1 册，第 154 页。

⑥ （三国·魏）王弼注经、（东晋）韩康伯注传、（唐）孔颖达疏：《周易注疏》，载（清）阮元校刻《十三经注疏》，台北：艺文印书馆 2007 年版，第 1 册，第 154、172、143 页。

者便不再如俗占一般仅仅陷溺于某一具体事件之中，而是将自身的遭遇归类，从而可以以故事、先例的方式来处理眼前的难题。①《诸子略》曰："道家者流，盖出于史官。历记成败存亡祸福古今之道，然后知秉要执本，清虚以自守，卑弱以自持，此君人南面之术也。"②不但要"历记成败存亡祸福古今"之事——此乃《易》《老》所谓"器"——更要达于"成败存亡祸福古今之道"，此"道"即超出于具体事件而知类。执类以御万有，"秉要执本"，就成为"君人南面之术"，可以如太史谈所言，"与时迁移，应物变化，立俗施事，无所不宜。指约而易操，事少而功多"③。举例来说，《诸子略》道家类第一种书为《伊尹》，《史记》卷三《殷本纪》伊尹"言素王及九主之事"，《集解》引刘向《别录》具列九种君主④，但文有错讹，幸赖马王堆帛书《伊尹·九主》得以校正。其详为：法君、专授之君、劳君、半君、寄主、破邦之主二、灭社之主二。⑤ 这正是将历史上的君主归纳为九种类型，实际上也就是九种治国方式。最简类型就是《易传》的"阴阳"。这一二分模式也见于《老子》，如"刚柔""上下""有无"，等等，不一而足。其术复被法家吸纳。韩非的"五蠹""八奸""二柄"等，都是非常细密的分类。所以，太史公以老子韩非同传，良有以也。至秦始皇，焚书坑儒，以吏为师，以更为严苛的分类，牢笼天下。甚至于不得兼方⑥，故《史记》卷六《秦始皇本

---

① 陶磊曾区分巫易与史易，惜于未引《要》篇之文："易在占卜中的运用有两种形式，一种为巫易，其吉凶判断由巫者个人依据具体的处境给出，或者依据其神秘能力做出判断；或者做简单处理，如卜筮祭祷记录所见，一概断为吉。另一种形式是依据像《周易》这样的卜筮书来判断吉凶，如阜阳汉简《周易》所附的卜辞就是为这种形式的易占服务的，笔者称之为史易。"参见陶磊《思孟之间儒学与早期易学史新探》，天津古籍出版社 2009 年版。

② （东汉）班固：《汉书》，中华书局 1962 年版，第 6 册，第 1732 页。

③ （西汉）司马迁：《史记》，中华书局 2013 年版，第 10 册，第 3966 页。

④ （西汉）司马迁：《史记》，中华书局 2013 年版，第 1 册，第 122—123 页。

⑤ 参见李学勤《试论马王堆汉墓帛书〈伊尹·九主〉》，载湖南省博物馆编《马王堆汉墓研究》，湖南人民出版社 1981 年版。

⑥ 《史记》卷六《秦始皇本纪》，张守节《正义》："言秦施法，不得兼方者，令民之有方伎，不得兼两齐……言法酷。"中华书局 2013 年版，第 1 册，第 325—326 页。

纪》有占梦博士①。

分类的弊病，正在于如果陷入纯技术之中不能自拔，就会有无限分类的倾向，以致走到了自己的反面，成为阴阳家的"泥于小数"。如《周礼·春官·大卜》记龟兆的类型："其经兆之体皆百有二十，其颂皆千有二百。"郑玄注："颂谓繇也……百二十每体十繇，体有五色，又重之以墨坼也。"② 区区龟壳上，竟然会出现上千种卜兆类型，这又有何类型可言？必须再次超越"史—数"，上跻"儒—德"。于是儒便得以超越巫史，亦即超越占筮传统，吉凶祸福皆依于一己之德行，而非定于外在之鬼神，此即《荀子·大略》所谓："善为《易》者不占。"③也即《要》篇所载子曰："我后其祝卜矣，我观其德义耳也。"有争议的是此处"德义"的理解。李学勤认为："文中的'德义'二字，不能作道德、仁义解。"并引《系辞上》"是故蓍之德圆而神，卦之德方以知，六爻之义易以贡"，论证"孔子所观的'德义'，当即这里所说的蓍、卦之德，六爻之义，也就是神、智和变易"④。陈来则先是提出"其中'德义'有双重意义"，即一方面如李先生所说，为蓍卦之德与六爻之义；另一方面指《说卦》的"和顺于道德"，"理于义"，"以发展和完善人的德性人格。如果说《系辞》重在前者，即探讨宇宙大化的变易在理，那么《要》则更强调后者"⑤。此后，陈氏再进一步明确，

---

① （西汉）司马迁：《史记》，中华书局 2013 年版，第 1 册，第 331 页。按：原标点为"占梦、博士"，但吕思勉、周予同均以"占梦博士"连读，今从之。参见吕思勉《秦汉史》，上海古籍出版社 2016 年版；周予同《博士制度与秦汉政治》，载朱维铮编《周予同经学史论著选集》，上海人民出版社 1983 年版。

② （东汉）郑玄注、（唐）贾公彦疏：《周礼注疏》，载（清）阮元校刻《十三经注疏》，台北：艺文印书馆 2007 年版，第 3 册，第 370 页。

③ 《荀子》，载（清）王先谦《荀子集解》，中华书局 1988 年版，下册，第 507 页。邢文举《要》篇"史巫之筮，乡之而未也，好之而非也"一语，以之为该篇"巫、史不辨例"，并认为这是"《要》篇中残存的一种古代观念"。参见邢文《论帛书〈要〉篇巫史之辨》，载李学勤、谢桂华主编《简帛研究》第 3 辑，广西教育出版社 1998 年版。按：此非巫史不辨，而是儒同时超越巫史，作为被超越者而言，此处巫史无别。

④ 李学勤：《孔子与〈易〉》，载李缙云编《李学勤学术文化随笔》，中国青年出版社 1999 年版，第 92 页。

⑤ 陈来：《马王堆帛书〈易传〉与孔门易学》，《竹帛〈五行〉与简帛研究》，生活·读书·新知三联书店 2009 年版，第 225 页。

"《要》篇所说的'德义''德'就是指道德、德性，这从《要》篇本文可以看得很清楚，如孔子说'我观其德义耳也，幽赞而达乎数，明数而达乎德，又仁者而义行之耳'。其所说'观其德义''达乎德'就是要落实为仁知而义行之。孔子又说，'吾求其德而已，君子德行焉求福，仁义焉求吉'，强调儒者以德行求福而很少祭祀，以仁义求吉而很少卜筮，可见这里所说的'求其德'就是指仁义德行"①。至李学勤出版《周易溯源》，重作《帛书〈要〉篇及其学术史意义》，已改援《说卦》释"德义"为"顺于道理而理于义"② 了。丁四新也引用帛书《二三子》"《易》曰：'龙战于野，其血玄黄。'孔子曰：'此言大人之广德而施教于民也。夫文之教，采物毕存者，其唯龙乎？义德广大，法物备具 [者]，其唯圣人乎？"论曰："此德义，大概也是指'德行''仁义'的意思"。并谓"观其德义"即帛书《衷》篇的"赞以德而占以义"的意思："占系所谓的推衍之辞，或者说'占'将卦之'德'与'义'连接起来：'德'是卦义的本体，'义'从作用的角度对卦义作了更进一步的推衍。既然'义'是由'德'衍生出来的，当然前者就可以被概括成后者，所以在帛书《衷》篇中，我们同样看到作者对于'德'的强调：从'筮''数'之'占'到'德'之'占'，这是孔门易学的根本精神。"③

最后，还有一个问题需要澄清。邢文引《国语·楚语》："是以先王之祀也，以一纯、二精、三牲、四时、五色、六律、七事、八种、九祭、十日、十二辰以致之，百姓、千品、万官、亿丑、兆民经人咳数以奉之，明德以昭之，和声以听之，以告遍至，则无不受休。"认为这是以赞、数、德相配的明显例证，得出先秦古礼中，赞而数，数而德的关联渊源古远。④ 按，正如邢氏所说，这充其量是赞、数、

---

① 陈来：《马王堆帛书〈易传〉与先秦易学的分派》，《竹帛〈五行〉与简帛研究》，生活·读书·新知三联书店 2009 年版，第 241 页。

② 李学勤：《周易溯源》，巴蜀书社 2006 年版，第 375 页。

③ 丁四新：《〈易传〉类帛书札记十六则》，《玄圃畜艾》，中华书局 2009 年版，第 222—223 页。

④ 邢文：《论帛书〈要〉篇巫史之辨》，载李学勤、谢桂华主编《简帛研究》第 3 辑，广西教育出版社 1998 年版，第 225 页。

德相配，而非如《要》篇所孜孜以求的赞、数、德相分，邢说未能
体现三者的层级区分，未允。

　　"同途殊归"的超越之路虽可由个别思想者依循思想之脉络求得，
但并不必然意味着这一路径可以在中华文明进程中大放异彩。这一超
越之路事实上仅仅在纯思想领域昙花一现，而并未获得进一步发展，
尤其未能在政治哲学中得以运用。这是因为现实政治缺乏适宜的土
壤。古语所谓"非知之艰，行之维艰"（伪古文《尚书·说命》）①，
美国汉学家倪德卫（David S. Nivison）援引西方伦理学称之为"意志
无力"："孔子和孟子痛切地知道意志无力的可能性，因为在他们的
学生和在他们设法鼓动的政治领袖中看见这种无力。倪德卫争辩说，
对孔孟来说，最明显的意志无力是漠然，并且这（部分地）反映了
早期儒家的社会处境。他们典型地依赖于统治者的赠品或俸禄。但
是，接受不足道的统治者的赠品有助于给他们合法的地位。结果，不
合适地接受不恰当的赠品是儒者最偏爱的道德无力的范例。当接受赠
品时我一开始处于被动的状态，其他人的行动的目的和要避免的诱惑
也处于被动的状态——不能唤起道德耐力去拒绝赠品——这是意志无
力第二种类型（漠然）的例子。"② 随着战国后期集权政体的逐步建
立及加强，自由思想的空间越来越小，儒者及其他诸子对集权所做的
抗争也越来越微弱无力。虽然在秦末起义中孔鲋曾"为陈王涉博士，
死于陈下"（《史记》卷四七《孔子世家》）③，但在汉代，儒生最终
还是和君权达成了合作。于是，《要》篇"同途殊归"的超越之路虽
然传到了汉初，却终归湮灭，在汉代思想涌动的大潮中难觅踪迹。与
之相映成趣的，恰恰是汉儒一头扎进阴阳五行灾异谶纬之中。

　　先秦诸子缺乏独立之精神，自由之思想，常思依附于权力，为帝

---

　　① 旧题（西汉）孔安国注、（唐）孔颖达疏：《尚书注疏》，载（清）阮元校刻《十
三经注疏》，台北：艺文印书馆2007年版，第1册，第141页。
　　② ［美］倪德卫：《儒家之道：中国哲学之探讨》，周炽成译，江苏人民出版社2006
年版，第3—4页。
　　③ （西汉）司马迁：《史记》，中华书局2013年版，第6册，第2344页。

王师。以至于为得君行道，主动扼杀精神之独立，思想之自由，为权力一统思想，多所谋划，最终由董仲舒、司马谈至向歆父子告厥成。董仲舒"罢黜百家，独尊儒术"，司马谈"同归而殊途"，向歆父子"诸子出于王官"，使得诸子被重新纳入一统天下的官学架构之中，归于湮灭。兹以《诸子略》前三家儒、道、阴阳为一组分析。《诸子略》以三家出于司徒、史官、羲和，实则均可溯源于羲和之官，子学中超出相应官守执掌的天下之学遭到贬抑。与"同归而殊途"的沉沦之路相反，马王堆帛书《要》篇清晰地勾勒了另一"同途殊归"的超越之路。巫、史、儒都以《周易》占筮，然而其方法与追求迥异。不拘执于具体事件而超越巫，进入《周易》，通过卦爻的类型化理解、驾驭万事万物，是为史官。不陷溺于烦琐的分类，而追求德义，便能超越史，而成为儒。毋庸置疑，《要》篇虽然长期失传，其思想却死而不亡。诚所谓天不能死，地不能埋，复见于今！于是，最为重要的，今天的我们，能做什么？

第三章　简帛儒家文献辨析

第一节　孔壁古文《论语》探论

关于孔壁古文的具体情况，自汉代以来就是一笔糊涂账，今试清理，兹胪列汉晋诸家之说。

后汉荀悦《汉纪》卷二五《孝成皇帝纪》二：

> 鲁共王坏孔子宅以广其宫，得古文《尚书》——多十六篇，及《论语》《孝经》①。武帝时孔安国家献之，会巫蛊事，未列于

---

① 陈开先先生说："关于谁是上述古文的壁藏者，文献所记亦纷乱不一。主要说法有三种。（1）孔腾说。《经典释文叙录》注曰：'《家语》云：孔腾，字子襄。畏秦法峻急，藏《尚书》《孝经》《论语》于夫子旧堂壁中。'（2）孔鲋说。颜师古《艺文志》注在重复孔腾藏书之说后，又指出：'而汉记尹敏传又云孔鲋所藏，二说不同，未知孰是？'据《汉书·孔光传》记，鲋为陈涉博士；鲋弟子襄为孝惠帝博士。（3）孔惠说。《经典释文叙录》曰：'及秦禁学，孔子之末孙惠壁藏之……古文《尚书》者，孔惠之所藏也。鲁恭王坏孔子旧宅于壁中得之。并《礼》《论语》《孝经》皆科斗文字。'刘知几《史通》亦从此说。曰：'古文《尚书》者，孔惠之所藏，科斗之文字也。鲁恭王坏孔子宅，始得于壁中。博士孔安国以校伏生所诵，增多二十五篇。更以隶古字写之，编为四十六卷。司马迁屡访其事，故多有古说。安国又受记为之训传。武帝末，巫蛊事起，经籍道息，不获奏上，藏诸私家。'三说皆晚出，均有傅会'孔壁古文说'之嫌。"参见陈开先《孔壁古文与中秘古文》，《中山大学学报》（社会科学版）1997年第5期。参见钟肇鹏《简帛札记》，载李学勤、谢桂华主编《简帛研究二〇〇一》，广西师范大学出版社2001年版，下册。

学官。……其《礼》古经五十六篇，出于鲁壁中，犹未能备。①

刘向子刘歆《移让太常博士书》曰：

> 及鲁共王坏孔子宅，欲以为宫，而得古文于坏壁之中，逸《礼》有三十九、《书》十六篇②。天汉之后，孔安国献之，遭巫蛊仓卒之难，未及施行。③

《汉书·艺文志》一《六艺略》二"《论语》类"小序无一言道及《古论》，唯著录"《论语》古二十一篇"。班固自注："出孔子壁中，两《子张》。"④ 盖以《古论》已于"《尚书》类"小序一并言之，其言曰：

> 《古文尚书》者，出孔子壁中。武帝末，鲁共王坏孔子宅，欲以广其宫，而得古文《尚书》及《礼记》《论语》《孝经》凡数十篇，皆古字也⑤。共王往入其宅，闻鼓琴钟磬之音，于是惧，乃止不坏。孔安国者，孔子后也，悉得其书，以考二十九篇，得多十六篇。安国献之，遭巫蛊事，未列于学官。⑥

---

① 按：旧以"《易》始自鲁商瞿子木"至"有采于异同者也"为荀悦引刘向语。例如张烈先生点校《两汉纪》就将这一段首尾标引号，参见《两汉纪》，张烈点校，中华书局 2002 年版，上册。陈梦家先生引此文也冠以"荀悦《前汉纪·成帝纪》引刘向曰"，参见陈梦家《尚书通论》，河北教育出版社 2000 年版。然检荀书此文中乃言及"歆以《周官》十六篇为《周礼》，王莽时，歆奏以为《礼经》，置博士"。此岂中垒所能见邪？然此文亦当采自向歆之文而杂以荀氏之语，至若书文所引者，犹当出自刘氏，故置诸首。

② 西北大学历史系点校本此句标点作"《逸礼》有三十九，《书》十六篇"。按：由其他记载可知，孔壁所出《尚书》较今文多十六篇，故"礼"上"逸"字实通《礼》《书》为言，而"《书》十六"下之"篇"字，亦通上"《礼》三十九"言。故重为标点如是。

③ 《汉书》卷三六《楚元王传》，中华书局 1962 年版，第 7 册，第 1969 页。

④ （东汉）班固：《汉书》，中华书局 1962 年版，第 6 册，第 1717、1716 页。

⑤ 中华书局点校本原标点为"而得《古文尚书》及《礼记》《论语》《孝经》凡数十篇"，按："古文"二字非仅就《尚书》而言，当涵盖下之《礼记》《论语》《孝经》等数十篇而言。

⑥ （东汉）班固：《汉书》，中华书局 1962 年版，第 6 册，第 1706 页。

又"《礼》类"小序曰：

> 《礼古经》者，出于鲁淹中，及孔氏学七十篇，文相似①，
> 多三十九篇。及《明堂阴阳》《王史氏记》所见，多天子诸侯卿

---

① 洪业先生曰："后来学者解释此文，不尽相同。宋刘敞拟改'学七十篇'为'与十七篇'，而以'及孔氏'连上文为读。（《汉书补注》30/19，《补注》引）清黄以周从刘氏改七十为十七之说；而别拟改'孔氏'为'后氏'，'及后氏'乃连下文为读也。（《礼书通故》（光绪癸巳［1893］黄氏刊本，礼书，叶8b）"参见洪业《礼记引得序》，《洪业论学集》，中华书局1981年版。按：清儒姚际恒极论刘校之非曰："班书从来鲜讹字，安有此处连讹三字，而后之讹又相同？宋儒之附会可笑如此。"参见（清）姚际恒《仪礼通论》，中国社会科学出版社1998年版。淹中本即孔氏壁中所出，详见下文，此句之读当以黄说为长。《说文叙》段《注》引述《汉志》曰："《礼古经》五六卷出于鲁淹中及孔氏，与后氏、戴氏经十七篇相似，多三十九篇。"参见（清）段玉裁《说文解字注》，上海古籍出版社1981年版。则又折中刘、黄二说，但增字解经，不足为训。又王葆玹先生认为："《隋志》（引者按：此当是《汉志》，原书误印，下同）原文应是'鲁淹中孔氏'，'及'字衍，《隋志》言'掖氏及杜子春'，亦误增'及'字。可见《隋志》所言礼古经出处，亦为孔壁。"王葆玹：《今古文经学新论》，中国社会科学出版社1997年版，第130页。按："七十篇"当作"十七篇"，诸家无异辞，其说是。古"七""十"形近易讹，参见张勋燎《"七""十"考》，《古文献论丛》，巴蜀书社1990年版。愚意此句当以"出于鲁淹中""及孔氏学十七篇""文相似""多三十九篇"各作一读。学，假借为"觉"，例参高亨《古字通假会典》，齐鲁书社1989年版，第726页；又可假借为"教"，例参高亨《古字通假会典》，第725—726页。蒋礼鸿先生有云："觉有去声读。《广韵》去声三十效韵，觉与校、较皆音古孝切。入声四觉韵，觉、较、斠皆古岳切，又古孝切。而《孟子·尽心上》：'彼善于此，则有之矣。'赵岐注曰：'彼此相觉，有善恶耳。'《离娄下》：'则贤不肖之相去，其间不能以寸。'赵注：'如此贤不肖相觉，何能分寸？'《告子上》：'圣人与我同类者。'赵注：'圣人亦人也，其相觉者，以心知耳。'赵注三言相觉，觉义训为校，孙奭《音义》具言之。《尽心》注之相觉，谓相校量。《离娄》《告子》二注之相觉，谓相差异。……盖差异形于校量，由校量而引申，则有差异之义。……校者，木田也（据唐写本《说文》木部残卷）。较者，《说文》作较，车较也。非有较量之义。而为校量、较量字者，其字借为斠。《说文》：'斠，平斗斛量也。'《广雅·释诂》三下：'斠，量也。'小徐《系传》曰：'斠量之字今作较（各本《系传》脱字，今补）。'朱氏《辞通》以较量、校量、角量、斠量为同条，以谓较字古亦作斠。斯为得之。"参见蒋礼鸿《义府续貂》，《蒋礼鸿集》第2卷，浙江教育出版社2001年版。蒋先生又云："'教''交''校'之所以为差所减，意义应该是从'比较''校量'引申而来的。"具体可见蒋礼鸿《敦煌变文字义通释》，《蒋礼鸿集》第1卷，第231页、第229—232页、第232—233页。是"及孔氏学十七篇"者，意谓孔安国以孔壁《礼经》与今文十七篇相校，下言"文相似，多三十九篇"，即相校之结果。

大夫之制，虽不能备，犹愈仓等推《士礼》而至于天子之说。①

东汉班固《汉书》卷五三《景十三王传》三《鲁恭王余传》：

> 恭王初好治宫室，坏孔子旧宅以广其宫，闻钟磬琴瑟之声，遂不敢复坏，于其壁中得古文经传。②

东汉王充《论衡·佚文》：

> 孝武皇帝封弟为鲁恭王。共王坏孔子宅以为宫，得佚《尚书》百篇、《礼》三百、《春秋》三十篇、《论语》二十一篇。阎③弦歌之声，惧复封涂，上言武帝。武帝遣吏发取，古经、《论语》，此时皆出。经传也，而有阎弦歌之声，文当兴于汉，喜乐得阎之祥也。当传于汉，寝藏墙壁之中，恭王阎之，圣王感动弦歌之象，此则古文不当掩，汉侯以为符也。④

又《正说篇》：

> 至孝景帝时，鲁共王坏孔子教授堂以为殿，得百篇《尚书》于墙壁中。武帝使使者取视，莫能读者，遂秘于中，外不得见。……夫《论语》者……至武帝发取孔子壁中古文，得二十一篇。⑤

---

① （东汉）班固：《汉书》，中华书局1962年版，第6册，第1710页。
② （东汉）班固：《汉书》，中华书局1962年版，第8册，第2414页。
③ 吴承仕先生曰："'阎'当作'闻'。下文'而有阎弦歌之声'，'阎'亦当为'闻'，'有'读为'又'。"参见吴承仕《论衡校释》，北京师范大学出版社1986年版。
④ （东汉）王充：《论衡》，载黄晖《论衡校释》，中华书局1990年版，第3册，第860—861页。
⑤ （东汉）王充：《论衡》，载黄晖《论衡校释》，中华书局1990年版，第4册，第1125—1136页。

又《案书》：

> 《春秋左氏传》者，盖出孔子壁中。孝武皇帝时，鲁共王坏孔子教授堂以为宫，得佚《春秋》三十篇，《左氏传》也。①

东汉许慎《说文解字》十五上《叙》：

> 及亡新居摄，使大司空甄丰等校文书之部，自以为应制作，颇改定古文。时有六书，一曰古文，孔子壁中书也；二曰奇字，即古文而异者也……壁中书者，鲁恭王坏孔子宅而得《礼记》《尚书》《春秋》《论语》《孝经》，又北平侯张苍献《春秋左氏传》。郡国亦往往于山川得鼎彝，其铭即前代之古文，皆自相似。虽叵复见远流，其详可得略说也。……其称《易》，孟氏；《书》，孔氏；《诗》，毛氏；《礼》，《周官》；《春秋》，左氏；《论语》《孝经》，皆古文也。②

西晋陈寿《三国志·魏书》卷二一《刘劭传》南朝宋裴松之《注》引西晋卫恒《四体书势》曰：

---

① （东汉）王充：《论衡》，载黄晖《论衡校释》，中华书局1990年版，第4册，第1161—1162页。

② （东汉）许慎：《说文解字》，中华书局1963年版，第315—316页。此文旧皆读作"其称《易》孟氏、《书》孔氏、《诗》毛氏、《礼》《周官》《春秋》左氏、《论语》《孝经》，皆古文也。"当读为："其称《易》，孟氏；《书》，孔氏；《诗》，毛氏；《礼》《周官》《春秋》，左氏；《论语》《孝经》，皆古文也。"关于《说文叙》此一节的确切读法，见任铭善：《经传小辨》，《无受室文存》，浙江大学出版社2005年版，第210页。又见高明《对〈说文解字〉之新评价》，《高明小学论丛》，台北：黎明文化事业出版股份有限公司1980年版，第5页；其解说见高氏弟子徐芹庭所著《汉易阐微》，中国书店2010年版，上册，第127页。关于此句读法之分歧及辨析，参见顾汉松《〈说文〉引经小考》，载上海市语言学会编《语文论丛》第4辑，上海教育出版社1990年版；李学勤《〈说文〉前叙称经说》，《古文献丛论》，上海远东出版社1996年版。

汉武帝时，鲁恭王坏孔子宅，得《尚书》《春秋》《论语》《孝经》，时人已不复知有古文，谓之科斗书，汉世秘藏，希得见之。①

东晋袁宏《后汉纪》卷一二《孝章皇帝纪》下：

《古文尚书》者，出孔安国。武世鲁恭王坏孔子宅，欲广其宫，得古文《尚书》及《礼》《论语》《孝经》数十篇，皆古字也。共王入其宅，闻琴瑟钟磬之音，瞿然而止。孔安国者，孔子之后也，尽得其书。《尚书》多于伏生所传六十篇，安国献之。②

以上诸家记载甚为纷乱，今归纳其异同如表3-1：

表3-1

	发现时间	发现地点	发现者	所出书籍	初归属	终归属	终属时间
汉纪	不详	孔子宅	鲁共王	《尚书》《论语》《孝经》	孔安国	武帝	武帝时
不详	不详	鲁壁	不详	《礼古经》	不详	不详	不详
刘歆	不详	孔子宅	鲁共王	《礼》《书》	孔安国	武帝	天汉之后
汉志尚书类	武帝末	孔子壁中	鲁共王	古文《尚书》、《礼记》、《论语》、《孝经》	孔安国	武帝	不详
汉志礼类	不详	鲁淹中	不详	《礼古经》	不详	不详	不详

① （西晋）陈寿：《三国志》，中华书局1959年版，第3册，第621页。
② （东晋）袁宏：《后汉纪》，载周天游《后汉纪校注》，天津古籍出版社1987年版，第335页。按：周天游先生据《汉书·艺文志》改"六十"为"十六"。

续表

	发现时间	发现地点	发现者	所出书籍	初归属	终归属	终属时间
汉书鲁共王传	不详	孔子旧宅壁中	鲁共王	古文经传	不详	不详	不详
论衡佚文	武帝时	孔子宅	鲁共王	《尚书》《礼》《春秋》《论语》	武帝	不详	不详
论衡正说	景帝时	孔子教授堂	鲁恭王	《尚书》	不详	不详	不详
不详	武帝时	孔子壁中	武帝	《论语》	武帝	不详	不详
论稀案书	武帝时	孔子壁中/孔子教授堂	鲁恭王	《春秋左氏传》	不详	不详	不详
说文叙	不详	孔子壁中/孔子宅	鲁恭王	《礼记》《尚书》《春秋》《论语》《孝经》	不详	不详	不详
卫恒	武帝时	孔子宅	鲁恭王	《礼记》《尚书》《春秋》《论语》《孝经》	不详	不详	不详
袁宏	武世	孔子宅	鲁恭王	古文《尚书》、《礼》、《论语》《孝经》	不详	不详	不详

考诸书所载发现地点，虽有种种说法，其实则一。所谓孔壁，实际上就是孔子宅的墙壁，《论衡》所谓"孔子教授堂"，盖以所出皆为经书，实则经书传授当在"教授堂"，但壁藏则殊可不必。《汉志·〈礼〉类》小序所谓"孔氏"，当指孔子宅。至于鲁壁，乃泛言之，孔子宅自在鲁地。至于鲁淹中，洪业先生以为："淹中在鲁何地，仅有苏林一注曰'里名也'，余不详。"① 检清儒汪中《述学·内篇》卷二"周公居东证"条云：

---

① 洪业：《礼记引得序》，《洪业论学集》，中华书局1981年版，第203页。

钱少詹事云，《春秋传》但云因商奄之民，以鲁为古奄国，出自《续汉志》，未知何据，康成、元凯，俱未实指奄所在也，更宜考之。中按：《汉书·艺文志》，《礼古经》者，出鲁淹中。苏林曰，里名也。① 《楚元王传》，少时尝与鲁穆生、白生、申公俱受《诗》于浮丘伯。服虔曰，白生，鲁国奄里人。《续汉志注》引《皇览》曰，奄里，伯公冢在城内祥舍中，民传言鲁五德奄里伯公葬其宅也。《说文》，郓，周公所诛郓国，在鲁。《括地志》，兖州曲阜县奄里，即奄国之地也。淹、郓、奄古今字尔。②

可见，所谓淹中正在孔子故里。③ 《礼记·奔丧》篇题下，唐孔颖达《正义》先引《汉书·艺文志》，复引"《六艺论》云，汉兴，高堂生得礼十七篇。后孔子壁中得古文《礼》五十七篇，其十七篇与前同而字多异"④。又检《旧唐书》卷九一《张柬之列传》录柬之《驳王玄感丧服论》："汉初高堂生传《礼》，既未周备，宣帝时少傅后仓

---

① 《太平御览》卷一五七引《汉书》曰："《礼古经》者，出鲁淹中里。"又卷六一〇引《汉书·艺文志》此句，下有双行小注曰："应劭曰，淹中，里名也。"中华书局1960年版，第1册，第765页，第3册，第2744页。

② （清）汪中：《述学》，载李金松《述学松笔》，中华书局2014年版，第199—200页。参见钱穆《史记地名考》，商务印书馆2001年版，上册。

③ 参见刘敦愿《西周时期齐鲁两国地位及其互相转化》，载刘敦愿等主编《东夷古国史研究》第1辑，三秦出版社1988年版。王静安先生则以"奄"即"邶鄘卫"之"鄘"："余谓鄘与奄声相近。《书·洛诰》无若火始焰焰，《汉书·梅福传》引作毋若火始庸庸；《左》文十八年《传》阎职，《史记·齐太公世家》《说苑·复恩篇》并作庸职。奄之为鄘，犹焰阎之为庸矣。奄地在鲁，《左》襄二十五年齐鲁之间有弇中，汉初古文《礼》经出于鲁淹中，皆其证。"参见王国维《古史新证》，清华大学出版社1994年版。另有学者以考古发现未见曲阜商奄遗迹为疑，对此，杨朝明先生论曰：我们"不能完全推翻在曲阜再现奄都遗址的可能。应当说，考古学界所发现的古文化遗址、遗物是所有古遗址、遗物的极少部分，我们虽不可偏信前人记载，但亦不可偏从相对有限的考古资料上认识问题"。参见杨朝明《周公事迹研究》，中州古籍出版社2002年版。又可参见杨朝明《商奄旧址——商奄文化觅踪》，《鲁文化史》，齐鲁书社2001年版。

④ （东汉）郑玄注、（唐）孔颖达疏：《礼记注疏》，载（清）阮元校刻《十三经注疏》，台北：艺文印书馆2007年版，第5册，第910页。

因淹中孔壁所得五十六篇《曲台记》，以授弟子戴德、戴圣、庆溥三人，合以正经及孙卿所述，并相符会。列于学官，年代已久。"① 可见古人确以淹中之书即孔壁所出。由此可知，陈梦家先生认为"孔子宅""孔子壁中""孔子教授堂""古壁""鲁壁""鲁淹中"并非一事，而是"汉兴以后，不同地方所出所献的先秦古文书和孔氏家藏的古文书，渐渐都蒙壁中书之称"②，未为确当③。

至于发现时间，唯《论衡·正说》与"尚书"条谓为"孝景帝时"④，不唯与诸家之说不同，即同篇同书所记亦异。清儒阎若璩则据之力主其当在景帝时：

> 且云武帝使使者取视，不云安国献之，而云武帝取视，此何据也？惟云孝景时鲁共王坏孔子宅，较《汉志》"武帝末"三字则确甚。何也？鲁恭王以孝景前三年丁亥徙王鲁，徙二十七年薨，则薨当于武帝元朔元年癸丑，武帝方即位十三年，安得云武帝末乎！且恭王初好治宫室，季年好音，则其坏孔子宅以广其宫，正初王鲁之事，当作"孝景时"三字为是。愚谓传记杂说往往足证史文之误，要在识者抉择之耳。⑤

---

① （后晋）刘昫等：《旧唐书》，中华书局1975年版，第9册，第2938页。
② 陈梦家：《尚书通论》，河北教育出版社2000年版，第45页。
③ 姜广辉先生主编《中国经学思想史》也认为："'淹'即奄，为古代奄国故地，即鲁国曲阜县奄里，奄里和淹中显然是可互换的。鲁恭王所坏的孔氏旧宅，可能就在奄里。因此《汉书·艺文志》所说的古文《礼经》出处，与刘歆《移让太常博士书》的说法是一致的。"中国社会科学出版社2003年版，第2册，第211页。
④ （东汉）王充：《论衡》，载黄晖《论衡校释》，中华书局1990年版，第4册，第1125页。
⑤ （清）阎若璩：《尚书古文疏证》，载（清）王先谦编《清经解续编》，上海书店1988年版，第1册，第115页。按：周寿昌《汉书注校补》全袭阎说而无一语道及阎氏，载徐蜀选编《二十四史订补》，书目文献出版社1996年版，第2册，第770页。张舜徽先生也主张在景帝时："鲁恭王治宫室事，当在景帝时，《论衡》所言是也。自景帝世至刘氏父子校书秘阁时，中历武、昭、宣、元、成诸帝，已一百二十余年。岁月渐久，传闻异辞；下笔之顷，偶尔率忽耳。"张舜徽《汉书艺文志通释》，华中师范大学出版社2004年版，第196页。

近人刘盼遂《论衡集解》、黄晖《论衡校释》则以为"孝景"为传写之误①。郑文先生《论衡析诂》径改"景"为"武"。② 陈梦家先生于此有详考：

> 阎若璩《尚书古文疏证》第一采用王充之景帝说。……此说亦有不合之点：（1）《正说篇》上述景帝时，下述武帝使使者取视，明"景"是"武"之讹；（2）同书《佚文篇》曰……；《案书篇》曰……皆作武帝。以上二说，无论景、武皆在太史公时，《史记》何以于此事独无记载？……"武帝末"之说是后加的，是由于班固误会了二刘所说《太誓》出武帝末而以为壁中书也出在武帝末……太史公虽然没有提到古文《尚书》出于壁中，但他在《儒林传》中明明说到孔氏安国有古文《尚书》，其中逸《书》十余篇。这样说来，壁中书应是武帝时鲁共王破壁所得。较晚诸书，亦主此说者。……然则壁中出书，倘使实有其事，应在武帝即位以后鲁共王卒以前，即公元前一四〇——二九年之间。③

河北大学中文系杨宝忠先生则由《论衡》文例探讨：

> 今以文例求之，此文当作"至孝武皇帝时"。仲任称其时则言孝某皇帝时，下称其帝则直言某帝。上文"孝景皇帝时"，"景帝遣晁错"，"至孝宣皇帝时"，"宣帝下示博士"，下文"至孝成皇帝时"，"献之成帝"，"成帝高其才而不诛"，此其例。此言"至孝景皇帝时"，"武帝使使者取视"，既是"武帝使使者取视"，则

---

① 参见黄晖《论衡校释》（附刘盼遂《集解》），中华书局 1990 年版，第 4 册。
② 参见郑文《论衡析诂》，巴蜀书社 1999 年版。
③ 陈梦家：《尚书通论》，河北教育出版社 2000 年版，第 40—42 页。

其时自是孝武皇帝之时也。① 误作"景帝"，文不可通矣。②

其实《论衡》此处的"孝景皇帝"不只与同书他篇不合，还与该篇的下文不合。其下文"《论语》"条曰："至武帝发取孔子壁中古文，得二十一篇。"③ 也可证"景帝"当为"武帝"之误。近年钟肇鹏先生则力主当在景帝时：

> 在抗日战争时期，日军盗掘出鲁灵光殿"北陛石题字，为鲁六年九月"④。鲁六年（前150）正当汉景帝前七年，则坏孔子壁当在前151—前150年时。⑤

按：钟说似是而实非。盖所谓鲁灵光殿北陛石有残损。陈直先生《汉书新证》于《景十三王传》下文"子孝王庆忌嗣三十七年薨"下注曰："金石萃编汉一，鲁王泮池刻石云：'五凤二年，鲁卅四年六月四日成。'金人题跋，谓得于灵光殿侧，盖鲁孝王时修葺灵光殿之奠基石刻也。"⑥ 可见北陛石已残缺汉年号，因此，无法断定其是否确为鲁共公六年。而且，孔子一生郁郁不得志，位不过大夫，其宅必然较小。而鲁共王以"好治宫室"名，其宫占地必广。固然其修治宫室始于王鲁之初，但坏孔子宅必然是工程进行到相当阶段之举，这就可能已到武帝时了。

---

① 吴承仕先生《论衡校释·佚文篇》据《正说篇》认为："据此则孔壁古文发见于景帝之世，征取于孝武之时，为得其实。刘歆《移书》及《艺文志》所云……者，皆远于事实，清儒论之详矣。"（吴承仕：《论衡校释》，北京师范大学1986年版，第129页。）可备一说。又其所说清儒应当就是指的阎氏。

② 杨宝忠：《论衡校笺》，河北教育出版社1999年版，下册，第884页。

③ （东汉）王充：《论衡》，载黄晖《论衡校释》，中华书局1990年版，第4册，第1136页。

④ 原注：见陈直《汉书新证》，310页。此石现藏北京大学。

⑤ 钟肇鹏：《简帛札记》，载李学勤、谢桂华主编《简帛研究二〇〇一》，广西师范大学出版社2001年版，下册，第530页。

⑥ 陈直：《汉书新证》，天津人民出版社1979年第2版，第311页。

　　至于壁中所出古文经传的种数和每种的篇数，诸书的记载也各不同。究其原因，一是与其所论述的主题相关，如《汉志·〈礼〉类》小序只提及《礼古经》；一是认为孔壁所出仅其所记，并无其他，如《汉志·〈尚书〉类》小序、袁宏《后汉纪》就没有提到《春秋》。现将孔壁诸书情形一一略考如下。

　　古文《尚书》。孔壁所出为四十五篇，较今文二十九篇多十六篇。《汉书·艺文志》一《六艺略》二《〈尚书〉类》著录"《尚书古文经》四十六卷"。班固自注："为五十七篇。"颜师古曰："孔安国《书序》云，凡五十九篇，为四十六卷。承诏作传，引序各冠其篇首，定五十八篇。郑玄《叙赞》云，后又亡其一篇，故五十七。"①顾实先生《汉书艺文志讲疏》解释说：

　　　　此孔壁《古文尚书》，孔安国所献也。师古引伪孔安国《书序》，妄也。桓谭《新论》曰："《古文尚书》旧有四十五卷，为五十八篇。"②数与《班志》微异者，卷即因篇而殊名也。于今文同有之二十九篇，加得多古文十六篇，此《新论》所以曰四十五卷也。于今文同有之二十九篇中，出《康王之诰》于《顾命》，是为三十，加多十六篇，此《班志》所以曰四十六卷也。③十六篇中，《九共》为九，三十篇中，《盘庚》《泰誓》各为三，是为五十八，此《新论》《别录》所以皆曰五十八篇也。《武成》逸篇，

---

　　① （东汉）班固：《汉书》，中华书局1962年版，第6册，第1704—1706页。原标点为"郑玄《叙赞》云'后又亡其一篇'，故五十七"。王鸣盛、余潇客、袁钧将"后又亡其一篇，故五十七"皆辑入《书赞》。（清）王鸣盛：《尚书后案》，北京大学出版社2012年版，下册，第669页；（清）余潇客：《古经解钩沉》，山东友谊书社1993年版，上册，第184页；（清）袁钧：《郑氏佚书》册三，浙江书局，光绪十四年（1888），《尚书注》卷九，页十二 b。参见陈品卿《尚书郑氏学》，台北：嘉兴水泥公司文化基金会1977年版。今按："故五十七"四字实不能定究为郑玄抑或师古之语，故不施引号。
　　② 原注：王应麟《考证》引。
　　③ 原注：戴震、王鸣盛皆谓《新论》除《书序》计之，《班志》加《书序》计之，非也。

亡于建武之际，班据见存，此《班志》所以曰为五十七篇也①。②

唯《论衡》之《正说篇》《佚文篇》均以为百篇。③ 阎若璩曰：

> 《古文尚书》实多十六篇，惟《论衡》所载，其说互异。其《正说篇》云……愚谓成帝时校理秘书，正刘向刘歆父子。及东京班固，亦典其藏。岂有亲见《古文尚书》百篇而乃云尔者乎！刘则云十六篇逸，班则云得多十六篇，确然可据。至王充《论衡》，或得于传闻。传闻之与亲见，固难并论也。④

但《古文尚书》在疑古辨伪思潮中也被怀疑为伪。顾颉刚先生著《五德终始说下的政治和历史》一文，在引用了刘歆《移让太常博士书》述孔壁古文一段后就说：

> 这一段话很不可信。其一，《史记·鲁共王世家》无坏孔子壁得古文经书事；司马迁是尊信《六艺》的，他也曾讲业齐、鲁之都，使有此事，不应不载。其二，司马迁作《孔子世家》，云："安国为今皇帝博士……早卒。"那么，当他作《史记》时，安国已经死了；司马迁且不及见巫蛊之难，而谓孔安国能看见吗？其三，鲁共王死于武帝元朔元年（前128），到征和二年（前91）巫蛊事起，已历三十六年了；汉武帝时很崇奖经学，如有此事发生，为什么要延迟到三十年后而始献上呢？⑤ 因为他所说的话，时代与事实均不相合，而且上文说他治《左氏》时已经自己

---

① 原注：徐养原《顽石庐经说》谓班不据见存，《史籀》十五篇，建武时已亡六篇，仍录旧目可证。然《班志》时有变更《七略》旧文，未可一概论也。

② 顾实：《汉书艺文志讲疏》，上海古籍出版社1987年版，第22—23页。

③ （东汉）王充：《论衡》，载黄晖《论衡校释》，中华书局1990年版，第4册，第1175，第5册，第860页。

④ （清）阎若璩：《尚书古文疏证》，载（清）王先谦编《清经解续编》，上海书店1988年版，第1册，第115页。

⑤ 原注：还有许多抵牾处，见《新学伪经考》卷三上。

动过一番手，所以这一段话很可断为他的谎话。①

《古文尚书》出于孔壁实无可疑，辨见蒋善国先生《尚书综述》②，此不具引。顾颉刚先生弟子刘起釪先生亦曰：

> （《尚书》）中古文、秘府藏孔壁本、河间献王本等，其可靠性一直成问题。清代今文派曾怀疑它，如龚自珍有《说中古文》，根本否认有中古文的存在。但他对孔壁本认为尚有，证以《尚书正义》保存了"逸书十六篇"篇名，似其说尚较谨慎。到清末今文派，则对这些古文本一律否定，而且以为全出于刘歆伪造，称之为"新学伪经"。顾先生也基本同意这一说法，可是他们提出的证据还薄弱，仍是值得研究的问题。③

此论尚不失公允。

《礼》，关于孔壁所出之《礼》，《汉纪》、刘歆《移让太常博士书》、《汉志·〈礼〉类》、《论衡·佚文》、《后汉纪》以为古文《礼》经，《汉志·〈尚书〉类》《说文叙》以为《礼记》。实则《仪礼》虽然是经，在汉代也被称为《礼记》。清儒皮锡瑞说道："三礼之名，起于汉末，在汉初但曰礼而已。汉所谓'礼'，即今十七篇之《仪礼》。专主经言，则曰《礼经》，合记而言，则曰《礼记》。许慎、卢植所称《礼记》，皆即《仪礼》与篇中之记，非今四十九篇之《礼记》也。其后《礼记》之名，为四十九篇之记所夺，乃以十七篇之《礼经》，别称《仪礼》。"④ 洪业先生则有详考：

---

① 顾颉刚：《五德终始说下的政治和历史》，《顾颉刚古史论文集》第 2 卷，中华书局 2011 年版，第 367—368 页。

② 参见蒋善国《尚书综述》，上海古籍出版社 1988 年版。

③ 刘起釪：《顾颉刚先生学述》，中华书局 1986 年版，第 201 页。

④ 皮锡瑞：《经学通论》卷三《三礼》，中华书局 1954 年版，页一。

　　然《士礼》既称《礼经》，亦称《礼记》也。《史记·孔子世家》曰："孔子之时，周室微，而礼乐废，诗书缺。追迹三代之礼，序《书传》，上纪唐、虞之际，下至秦缪，编次其事。曰：'夏礼吾能言之，杞不足征也。殷礼吾能言之，宋不足征也。足，则吾能征之矣。'观殷、夏所损益，曰：'后虽百世可知也。以一文一质，周监二代，郁郁乎，文哉。吾从周。'故《书传》《礼记》自孔氏出。"既曰"《礼记》自孔氏出"，又曰"于今独有《士礼》"，是《礼记》即《士礼》也。又，后汉何休注《公羊》引："《士冠礼》曰，嫡子冠于阼，以著代也。醮于客位，加有成也。三加弥尊，论其志也。冠而字之，敬其名也。公、侯之有冠礼，夏之末造也。天子之元子，犹士也。天下无生而贵者。"① 此《士冠礼》中《记冠义》之文也。② "《礼士虞记》曰，期而小祥曰荐，此常事；又期而大祥曰荐，此祥事；中月而禫；是月也，吉祭犹未配。"③ 此《礼士虞礼》中经文也。谓经为记，谓记为经，名混矣。又郑玄"笺《诗·采苹》，引'《礼记》，主妇被裼；此《少牢馈食》之文也。而郭氏注《尔雅·释言》，引《礼记》，扉用席'；《释诂》，引'妥而后言'；《有司彻》，《士相见》文也。《释草》，注，引'苴麻之有蕡者'；《丧服传》文也"④。且后汉《熹平石经》，于《礼》仅有《士礼》；而卢植乃上书曰："臣少从通儒，故南郡太守，马融受古学。颇知今之《礼记》，特多回冗。臣前以《周礼》诸经，发起秕谬，敢率愚浅，为之解诂。而家乏，无力供缮写工，愿得将能书生二人，共诣东观，就官财粮，专心研精，合《尚书章句》，考《礼记》失

---

① 原注：隐元年，"隐长而卑"句。
② 原注：《白虎通》（涵芬楼影印《汉魏丛书》本，上/4 上）引此谓《礼士冠经》。关于《白虎通》时代，参阅业《白虎通引得序》（《引得》，第二号）。
③ 原注：闵二年，"三年之丧实以二十五月"句。"尤"，《士虞礼》作"犹"。
④ 原注：见段玉裁，《经韵楼集》，2/8。然段氏又谓"此等皆因单言礼字，恐人歧惑，故谓礼记"，则误矣。

得，庶裁定圣典，刊正碑文。"① 晋人见其碑者，亦谓《礼记》。②
宋以来诸儒，不知《士礼》亦称《礼记》，所以疑窦丛生。或以
为《礼记》本自有碑③；或以为见石经而著记者之误④。益以五
经、六经、七经之争⑤，治丝而纷。故毛氏之以《戴记》为即
《礼经》，诚属明见。阮元曰："按《礼经》在汉只称为《礼》；
《艺文志》云，'《礼古经》五十六卷'，是也。"⑥ 王国维更依此
说，而计汉石经石数字数，断其只有今之所谓《仪礼》无今之所
谓《礼记》者⑦，而其谳定矣。⑧

可见诸书或称《礼经》，或称《礼》，或称《礼记》，其实则一，并无
分别。⑨ 刘师培云：

> 《汉书·艺文志》云：《礼》即歆等所谓《逸礼》，"礼"下
> "记"字似属衍文。据《经典释文·叙录》云："《古文尚书》
> 者，孔惠之所藏也。鲁恭王坏孔子宅于壁中得之，并《礼》《论
> 语》《孝经》，皆科斗文字。"是陆氏所据《汉书》正无"记"
> 字。综观汉人各说，未有以《礼记》出孔壁者。又班氏仅言数十
> 篇，其无《礼记》甚明。后人不知《礼经》单称《礼》，始妄增
> "记"字耳。《说文·序》云："鲁恭王坏孔子宅而得《礼记》

---

① 原注：《后汉书》，卷94，《卢植传》。
② 原注：《后汉书》，卷90下，《蔡邕传》，唐李贤注，引《洛阳记》。《太平御览》，卷589，引晋戴祚［字延之］《西征记》。
③ 原注：顾霭吉《隶辨》（玉渊堂原本）7/48上。
④ 原注：万斯同，《石经考》（省吾堂四种），页3。
⑤ 原注：张国淦，《历代石经考》（1930，北平）一/5上—11下。
⑥ 原注：《仪礼注疏》卷一，《校勘记》。
⑦ 原注：《魏石经考》。
⑧ 洪业：《仪礼引得序》，《洪业论学集》，中华书局1981年版，第43—44页。
⑨ 陈梦家先生曰："《前汉纪》引刘向……所谓鲁壁中而班固谓出鲁淹中。班固以为壁中书有《礼记》，故以《礼古经》出于鲁淹中。"参见陈梦家《尚书通论》，河北教育出版社2000年版。

《尚书》《论语》《孝经》。""礼"下"记"字，亦出后人所增，与《汉志》同。①

正是因不知《礼》可称《礼记》而误校。

此外，孔壁《仪礼》也有部分篇章被收入了《礼记》。《礼记·奔丧》篇题下孔《疏》引郑玄《三礼目录》曰："实逸《曲礼》之正篇也。汉兴后得古文，而礼家又贪其说，因合于《礼记》耳。"②又清儒以《逸礼》出刘歆伪造，可参皮锡瑞《经学通论》③，但实不足信。

《春秋》，汉代言孔壁出《春秋》者，唯有《论衡》《说文》。段玉裁认为：

> 《春秋》，盖谓《春秋经》也，志言《春秋古经》十二篇是也。《春秋》经传，班志不言出谁氏，据许下云北平侯张苍献《春秋左氏传》，意经传皆其所献。古经与传别，然则班云"《春秋》古经十二篇、《左氏传》三十卷"，皆谓苍所献也。而许以经系之孔壁，以传系之北平侯，恐非事实。或曰，"春秋"二字衍文。④

陈梦家先生说：

> 《论》《孝》《左传》之所以误为壁中者，因东汉人对于"古文""孔氏古文"与"壁中书"混淆不分。《左传》不属

---

① 刘师培：《逸礼考》，载钱玄同编《刘申叔遗书》，江苏古籍出版社1997年版，上册，第160页。

② （东汉）郑玄注、（唐）孔颖达疏：《礼记注疏》，载（清）阮元校刻《十三经注疏》，台北：艺文印书馆2007年版，第5册，第910页。

③ （清）皮锡瑞：《经学通论》卷三《三礼》，中华书局1954年版，页十七。

④ （清）段玉裁：《说文解字注》，上海古籍出版社1981年版，第762页。

"壁中书"，参刘歆《移让太常博士书》、许慎《说文解字叙》
可知，《汉书·刘歆传》曰"见古文《春秋左氏传》，歆大好
之"，"《左氏传》多古字古言"。《移让太常博士书》曰"及
《春秋左氏》，丘明所修，皆古文旧书"，服虔注《左传·襄公
二十五年》云"古文篆书，一简八字"，而王充误为壁中书。
许慎《说文解字叙》亦云"《春秋左氏》……皆古字也"。《史
记·吴世家》曰"余读《春秋》古文，乃知中国之虞与荆蛮句
吴兄弟也"。此据《左传》宫之奇所云，所指《春秋》本是
《春秋左氏传》，而许慎数于"壁中书"的《春秋》应是《春
秋左氏》。①

按：史公所言，不足证孔壁所出为《左氏》，正如王利器先生所指出
的，"古书引经传经说称为本经"②，故而史公所引虽是《左传》，却
可以称之为《春秋》。又按：段氏以为"古经与传别"，其说当是。
周予同先生曾于《春秋》经传分合有详考，其言曰：

　　在古代，《春秋经》与三传实各自别行，而且经今古文本
亦不相同。《汉书·艺文志》有《春秋古经》十二篇，又有
《春秋经》十一卷。所谓《古经》，就是古文本的《春秋经》，
也就是《左氏传》所根据的古文经；所谓《经》，就是今文本
的《春秋经》，也就是《公羊传》及《谷梁传》所根据的今
文经。《春秋古经》与《左氏传》的配合，盖始于晋杜预。杜
预《春秋经传集解序》所说"分《经》之年与《传》之年相
附，比其义类，各随而解之"的话可为证据。唐陆德明《经
典释文》亦说"旧夫子（指孔子）之《经》与丘明之《传》

---

① 陈梦家：《尚书通论》，河北教育出版社2000年版，第43页。
② 王利器：《古书引经传经说称为本经考》，《晓传书斋集》，华东师范大学出版社
1997年版，第1—8页。

各异，杜氏合而释之"。至今文的《春秋经》与《公羊传》《谷梁传》的配合，则不知始于何人。按何休《公羊传解诂》，但释传文而不释经文，与杜预《经传集解》体裁不同；又按汉熹平《石经》残字《公羊传》一段，亦仅载传文而没有经文，与现行刻本不同；则汉末今文经传还各自别行。《四库总目提要》疑《春秋经》与《公羊传》的配合始于为《公羊传》作义疏的唐儒徐彦，《春秋经》与《谷梁传》的配合始于为《谷梁传》作《集解》的晋儒范宁；然这都是推测之辞，没有明文足证，可存而不论。①

如此，孔壁出《春秋经》，张苍献《左氏传》，当然是可能的了。今考《说文》全书引《春秋》共 199 处，其中引"春秋传"196 处（即左氏，含经传②），引《公羊传》3 处，引"春秋国语"（或径称《国语》）20 处。检其二下《辵部》："返，还也。从辵，从反，反亦

---

① 周予同：《群经概论》，载朱维铮编《周予同经学史论著选集》，上海人民出版社 1983 年版，第 254 页。

② 《说文》一上《示部》"祳"下严可均曰："当作春秋曰，'传'字议删。汉时经传别行，不得以传统经。'祧'下'禘'下无传字，乃旧本也。余皆后人辄加。"参见（清）严可均《说文校议》，载《续修四库全书·经部》，上海古籍出版社 1996 年版。段玉裁氏则曰："凡《说文》引《春秋》经皆系诸传，谓《左氏春秋》有此文也。"参见（清）段玉裁《说文解字注》，上海古籍出版社 1981 年版。马宗霍先生有详考，其言曰："郑注《礼记》，凡引三传文，通称《春秋传》，不冠'公''谷''左'字。许君《说文》与《春秋》以左氏为主，引《公羊传》者止三字，则系'公羊'以别之。然则但称'春秋传'者，固皆左氏文也。至于经有传无之文，'祧'下'禘'下并读若引以证音，非证本字本义，其余引证本字者，大徐本俱有'传'字，小徐本偶有无'传'字者，是否后人辄加，殊未能定之。尚有其文经传兼见者，严氏亦议删'传'字，则非也。"参见马宗霍《说文解字引经考》，台北：台湾学生书局 1975 年版。又按：《说文》引及《左氏》《公羊》《国语》，但未见引《谷梁》。今检其六上《林部》"麓，守山林吏也。从林，鹿声。一曰，林属于山为麓，《春秋传》曰，沙麓崩。禁，古文从录。""沙麓崩"一语左氏僖公二十四年经传皆有，马宗霍先生曰："《谷梁传》曰：'林属于山为鹿，沙，山名也。'许引经在一曰林属于山为麓之下，盖本诸《谷梁》。《公羊传》以沙鹿为河上之邑，杜预《左传注》以沙鹿为山名，并与《谷梁》异。《左氏正义》引服虔云：'沙，山名；鹿，山足，林属于山曰鹿。'是服氏注《左》，亦取《谷梁》为说，与许君同。"马宗霍《说文解字引经考》，第 856 页。或此条本引《谷梁》，传写脱"谷梁"字。

声。《商书》曰，祖甲返。彶，《春秋传》返从彳。"① 马宗霍先生曰：
"《春秋传》返从彳者，彶为返之重文。反下引《商书》，当为古文。
许不言彶为何体，但言《春秋传》作彶者，按《说文叙》云：'左丘
明述《春秋传》以古文。'又曰：'其称《春秋》左氏，皆古文也。'
《汉书》亦曰：'《左氏》多古字古言。'则知彶亦古文矣。……郑知
同《说文本经答问》云：'彶下称《春秋传》返从彳，可定许君于
《左氏》与壁经异者，立壁经为正，左氏为别。'其说近是。章先生
亦谓'返之作彶为古文或字'。"② 若此说可信，则可证《左传》与
《春秋经》必不同出。《左传》既然是张苍所献，《春秋经》自当另有
来源，其出自孔壁，当属可信。又许氏引经，是为了说明文字的本
义，因此《春秋经》中未被称引的文字实居绝大多数。例如《汗简》
卷中之一《明部》引古文"盟"字，云"见《说文》《古春秋》"③
可证。《汗简》所引《春秋》古文，尚见于卷中之二《覞部》
"覹"④。另《古文四声韵》也收有《春秋》古文，见卷一上平声
《山韵》"覹"⑤；卷二下平声《庚韵》"盟"⑥；卷四去声《暮韵》
"潞"⑦，《泰韵》"蔡"⑧，《敬韵》"盟"⑨；卷五入声《屋韵》
"榖"⑩，《聿韵》"卒"⑪、"恤"⑫。

———————————

　　① （东汉）许慎：《说文解字》，中华书局 1963 年版，第 40 页。
　　② 马宗霍：《说文解字引经考》，台北：台湾学生书局 1975 年版，第 823—824 页。
　　③ （北宋）郭忠恕：《汗简》，李零、刘新光整理本，中华书局 1983 年版，第 18 页。
　　④ （北宋）郭忠恕：《汗简》，李零、刘新光整理本，中华书局 1983 年版，第 24 页。郑
珍曰："《说文》云'齐景公之勇臣有成覹者'，本据《孟子》为言，此误为'见《春
秋》'，《春秋》无'覹'字。"参见（清）郑珍《汗简笺正》，载《郑珍集·小学》，贵州
人民出版社 2002 年版。按："覹"见《说文》八下《覞部》，中华书局 1963 年版，第 178
页。"成覹"可参见（清）焦循《孟子正义》，中华书局 1987 年版，上册。
　　⑤ （北宋）夏竦：《古文四声韵》，李零、刘新光整理本，中华书局 1983 年版，第 20 页。
　　⑥ （北宋）夏竦：《古文四声韵》，李零、刘新光整理本，中华书局 1983 年版，第 29 页。
　　⑦ （北宋）夏竦：《古文四声韵》，李零、刘新光整理本，中华书局 1983 年版，第 55 页。
　　⑧ （北宋）夏竦：《古文四声韵》，李零、刘新光整理本，中华书局 1983 年版，第 56 页。
　　⑨ （北宋）夏竦：《古文四声韵》，李零、刘新光整理本，中华书局 1983 年版，第 67 页。
　　⑩ （北宋）夏竦：《古文四声韵》，李零、刘新光整理本，中华书局 1983 年版，第 71 页。
　　⑪ （北宋）夏竦：《古文四声韵》，李零、刘新光整理本，中华书局 1983 年版，第 74 页。
　　⑫ （北宋）夏竦：《古文四声韵》，李零、刘新光整理本，中华书局 1983 年版，第 74 页。

《孝经》，汉晋诸家唯《论衡》不及。陈梦家先生以为非孔壁所出：

> 《汉书·艺文志》曰"《孝经》古孔氏一篇"，师古曰"刘向曰：古文字也"，《志》于述《孝经》下云"古文字读皆异"。因《孝经》是古文旧书，故班氏以为壁中书。又许冲《上说文表》曰："慎又学《孝经》孔氏古文说，古文《孝经》者，孝昭帝时鲁国三老所献，建武时给事中议郎卫宏所校，皆口传，官无其说。"可证《孝经》不在壁中书。①

按：考《说文叙》明言孔壁出《孝经》，则许冲表中之言，当作另解。段玉裁于"慎又学《孝经》孔氏古文说"下注曰："以下至'并上'，述附奏《古文孝经说》之意。"又于"《古文孝经》者，孝昭帝时鲁国三老所献"下据《汉志·尚书类》小序注曰："志于《礼》《论语》《孝经》下皆不言安国献壁中文。然则安国所得虽多，而所献者独《尚书》一种而已。淹中所出之《礼古经》、鲁国三老所献之《古文孝经》，皆即恭王壁中所得，而安国未献者也。《孝经》至昭帝时鲁国三老乃献之。"又于"皆口传官无其说仅撰具一篇并上"下注曰："卫宏校而为之说，未著书，仅口传，故外间有其说，官徒有三老所献，而无其说也。许学其说于宏，冲传其说于父，乃撰而上之。……许受古学于贾侍中，他经古学皆得诸侍中，《孝经》学独得诸卫宏，故必分别言之。亦使《孝经》古文说官有其书，以扶微学。"② 若然，则孔壁中确有《孝经》。

《论语》，孔壁竹书中有《论语》，汉晋诸家无异辞。陈梦家先生则以为不然：

---

① 陈梦家：《尚书通论》，河北教育出版社2000年版，第43—44页。
② （清）段玉裁：《说文解字注》，上海古籍出版社1981年版，第787页。

《前汉纪·成帝纪》引刘向曰"《论语》有齐、鲁之说，又有古文"，皇侃《论语义疏》序曰："刘向《别录》云：鲁人所学谓之《鲁论》，齐人所学谓之《齐论》，古壁所得谓之《古论》。"是刘向有古壁之《论》，不以为出于孔壁。但荀悦在班、王之后，所以他引刘向说壁中书于《尚书》外又有《论》《孝》，由《别录》可知"及《论语》《孝经》"一句为荀氏所加。①

按：所谓"古壁"，当即指孔壁而言，可见陈说非是。《说文》引有《论语》古文，见于一下《艸部》"莗"②。《汗简》所引《论语》古文，见于卷上之一《丩部》"纠"③，《用部》"宁"④、"備"⑤，卷上之二《奞部》"夺"⑥、《刃部》"切"⑦、《左部》"举"⑧、《虍部》"虐"⑨、《韦部》"昆"⑩，卷中之一《有部》"郁"⑪，卷中之二《色部》"艳"⑫、《豕部》"豯"⑬、《豸部》"貉"⑭、《思部》"蒽"⑮，卷下之一《素部》"绰"⑯，卷下之二《二部》"笃"⑰、《九部》"厩"⑱。此外《古文四声韵》亦载有《论语》古文，见于卷三《黝韵》"纠"⑲，

① 陈梦家：《尚书通论》，河北教育出版社 2000 年版，第 44 页。
② （东汉）许慎：《说文解字》，中华书局 1963 年版，第 25 页。
③ （北宋）郭忠恕：《汗简》，李零、刘新光整理本，中华书局 1983 年版，第 6 页。
④ （北宋）郭忠恕：《汗简》，李零、刘新光整理本，中华书局 1983 年版，第 8 页。
⑤ （北宋）郭忠恕：《汗简》，李零、刘新光整理本，中华书局 1983 年版，第 8 页。
⑥ （北宋）郭忠恕：《汗简》，李零、刘新光整理本，中华书局 1983 年版，第 9 页。
⑦ （北宋）郭忠恕：《汗简》，李零、刘新光整理本，中华书局 1983 年版，第 11 页。
⑧ （北宋）郭忠恕：《汗简》，李零、刘新光整理本，中华书局 1983 年版，第 11 页。
⑨ （北宋）郭忠恕：《汗简》，李零、刘新光整理本，中华书局 1983 年版，第 12 页。
⑩ （北宋）郭忠恕：《汗简》，李零、刘新光整理本，中华书局 1983 年版，第 15 页。
⑪ （北宋）郭忠恕：《汗简》，李零、刘新光整理本，中华书局 1983 年版，第 18 页。
⑫ （北宋）郭忠恕：《汗简》，李零、刘新光整理本，中华书局 1983 年版，第 25 页。
⑬ （北宋）郭忠恕：《汗简》，李零、刘新光整理本，中华书局 1983 年版，第 27 页。
⑭ （北宋）郭忠恕：《汗简》，李零、刘新光整理本，中华书局 1983 年版，第 27 页。
⑮ （北宋）郭忠恕：《汗简》，李零、刘新光整理本，中华书局 1983 年版，第 29 页。
⑯ （北宋）郭忠恕：《汗简》，李零、刘新光整理本，中华书局 1983 年版，第 36 页。
⑰ （北宋）郭忠恕：《汗简》，李零、刘新光整理本，中华书局 1983 年版，第 37 页。
⑱ （北宋）郭忠恕：《汗简》，李零、刘新光整理本，中华书局 1983 年版，第 39 页。
⑲ （北宋）夏𫗧：《古文四声韵》，李零、刘新光整理本，中华书局 1983 年版，第 48 页。

卷四去声《至韵》"媚"①、《震韵》"讱"②、《劲韵》"宁"③、《宥韵》"厩"④，卷五入声《屋韵》"郁"⑤、《没韵》"勃"⑥、《狎部》"押"⑦。其中有数字当为略考。

讱，郑珍曰："《说文》引《论语》曰'其言也讱'，今本同。郭忘今本，遂以为古。"⑧按：郑氏不明《说文》体例，故有是言。黄季刚先生曰：

> 许君《说文·叙》："今叙篆文，合以古、籀。"段君注云："篆文谓小篆也，古、籀谓古文、籀文也。许重古而其体例不先古文、籀文者，欲人由近古以考古也。小篆因古、籀而不变者多，故先小篆，之所以说古、籀也。"今按段君"小篆因古、籀而不变"之言至为审谛。《说文》正篆未明言古、籀者，不尽为秦篆也。……或谓李斯改省古、籀，别作小篆。推其致误，良以未知细绎许书。《说文·叙》明言，七国时言语异声，文字异形，秦始皇帝初兼天下，丞相李斯乃奏同之，罢其不与秦文合者。是则合于秦文之古、籀不罢可知。……秦相《仓颉》一篇，即取七国异形文字校以秦文，其视史籀大篆或颇省改者，乃因仍旧文，非以意改作也。《说文》之例，古、籀之字散见重文者，又与正篆殊趣。其曰籀文某者，明其为秦篆所不用。其曰古文某者，又明其为籀文所不用。言古、籀者，意在较量用舍，得其同异。而古籀之文初不限于此矣。故治《说

---

① （北宋）夏竦：《古文四声韵》，李零、刘新光整理本，中华书局1983年版，第52页。
② （北宋）夏竦：《古文四声韵》，李零、刘新光整理本，中华书局1983年版，第58页。
③ （北宋）夏竦：《古文四声韵》，李零、刘新光整理本，中华书局1983年版，第67页。
④ （北宋）夏竦：《古文四声韵》，李零、刘新光整理本，中华书局1983年版，第68页。
⑤ （北宋）夏竦：《古文四声韵》，李零、刘新光整理本，中华书局1983年版，第72页。
⑥ （北宋）夏竦：《古文四声韵》，李零、刘新光整理本，中华书局1983年版，第75页。
⑦ （北宋）夏竦：《古文四声韵》，李零、刘新光整理本，中华书局1983年版，第80页。
⑧ （清）郑珍：《汗简笺正》，载《郑珍集·小学》，贵州人民出版社2002年版，第632页。

文》者，欲明古、籀之分，必先留意重文，其无重文者，不能定其孰为古籀，孰为小篆也。①

季刚先生不信王静安古文为六国文字之说，故以古文先于籀文。但其论篆文与古籀之关系仍确不可易。由是可知郑氏所论之非。又《说文》八上《人部》："份，文质僣也。从人，分声。《论语》曰，文质份份。彬，古文份，从彡，林。林者，从焚省声。"② 马宗霍先生曰："或谓许君所称本古《论》，此不于'彬'下引之，疑古文《论语》不必尽从古文字。愚案份彬二字皆古文也。《说文》之例，本字为篆文，古籀为重文者，其常也。然亦有虽出古籀，而本字亦为古文者，则或引经以明之，'份'即其例之一。是在善读《说文》者之自为别耳。"③ 此与黄侃说可以相参。《汗简》古文同于《说文》正篆者，如"嚼"，《汗简》引裴光远《集缀》作"噍"，即同于《说文》正篆。④

　　《说文》于六下《米部》"莍"下引《论语》曰："色莍如也。"九上《色部》"艴"下亦引《论语》曰："色艴如也。"⑤ 嘉定钱大昕先生论曰："《说文序》云：'其称《易》孟氏、《书》孔氏、《诗》毛氏、《春秋》左氏，皆古文也。'乃有同称一经而文异者，如：《易》'以往吝'又作'以往遴'……《书》……'天用剿绝其命'又作'天用勦绝'……《诗》……'江之永矣'又作'江之羕矣'……《春秋传》'忨岁而漱日'又作'翫岁而愒日'，《论语》'色莍如也'又作'色艴如也'：盖汉儒虽同习一家，而师读相

---

　　① 黄侃述、黄焯编：《文字声韵训诂笔记》，上海古籍出版社 1983 年版，第 74—75 页。尚可参见王国维《观堂集林》卷七《说文今叙篆文合以古籀说》，载赵万里编《王国维遗书》，上海书店出版社 1983 年版，第 1 册。

　　② （东汉）许慎：《说文解字》，中华书局 1963 年版，第 162 页。

　　③ 马宗霍：《说文解字引经考》，台北：台湾学生书局 1975 年版，第 992—993 页。

　　④ 参见黄锡全《汗简注释》，武汉大学出版社 1990 年版。

　　⑤ （东汉）许慎：《说文解字》，中华书局 1963 年版，第 127、187 页。

承，文字不无互异，如《周礼》杜子春、郑大夫、郑司农三家，与故书读法各异，而文字因以改变，此其证也。"① 马宗霍先生曰："盖许君所见有两本，故并存之以广异文。翟灏谓：'此两文并传，或'召摈''过位'两科有殊，或齐鲁古文三家各异。'段玉裁亦谓：'盖必有古鲁齐之别在其间。'是也②。"③ 这种情况还有其他可能，例如《古论》有旁注异文。④

关于《说文》古文的性质，王静安先生认为："至许书所出古文，即孔子壁中书，其体与籀文篆文颇不相近，六国遗器亦然。壁中古文者，周秦间东土之文字也。"⑤ 又曰：

　　《（说文）叙》云，郡国往往于山川得鼎彝，其铭即前代之古文，皆自相似……郡国所出鼎彝，许君固不能一一目验，又无拓本可致，自难据以入书。全书中所有重文古文五百许字，皆出壁中书及张苍所献《春秋左氏传》，其在正字中者亦然。故其所谓籀文与古文或异者，非谓《史籀》大篆与《史籀》以前之古文或异，而实谓许君所见《史籀》九篇与其所见壁中书时或不同。以其所见《史籀篇》为周宣王时书，所见壁中古文为殷周古文，乃许君一时之疏失也……不知壁中书与《史籀篇》文字之殊，乃战国时东西二土文字之殊，许君既以壁中书为孔子所书，

　　① （清）钱大昕：《十驾斋养新录》卷四"说文引经异文"条，《嘉定钱大昕全集》，江苏古籍出版社 1997 年版，第 7 册，第 83 页。
　　② 原注：严可均曰："《论语》七字疑校语。《韵会》无勿六月引皆无。"按严氏于字下所引亦疑之。然此条大小徐本及《集韵》十一没引并同，则未必校语也。
　　③ 马宗霍：《说文解字引经考》，台北：台湾学生书局 1975 年版，第 992—995 页。
　　④ 关于出土竹书中所见之古代校勘，可参见黄人二《上海博物馆藏战国楚竹书（一）研究》，台中：高文出版社 2002 年版。
　　⑤ 王国维：《观堂集林》卷七《史籀篇疏证序》，载赵万里编《王国维遗书》，上海书店出版社 1983 年版，第 1 册，第 268—269 页。按：该文第 265 页标题作"史籀篇证序"，乃误脱一字，据卷首目录（第 12 页）、《史籀篇疏证》书题（第 4 册，第 165 页）补。

又以为即用殷周古文，盖两失之。①

按：静安先生以为许君于古文材料，仅有壁中书与《春秋左氏传》曾寓目，所以《说文》古文不能出此范围。但许君撰作《说文》，所获古文经书实不止于上举二者，如河内《泰誓》、杜林漆书②即是。此外，郡国鼎彝，时有献于京师者③，举例来说，有谁能说许君未采张敞所读《尸臣鼎》中文字呢？④ 即使未至京师，也无拓本，但还是

---

① 王国维：《观堂集林》卷七《说文所谓古文说》，载赵万里编《王国维遗书》，上海书店出版社1983年版，第1册，第328—330页。又钱玄同先生引观堂先生《桐乡徐氏印谱序》中论孔壁古文为六国文字语，加以发挥道："刘歆的'古文'虽源出于六国的兵器、陶器、玺印、货币上的文字，但那些东西上的文字，为数一定很少，拿来写经，是绝不够用的。……说刘歆的古文源出于六国文字，不过考明它有来历罢了。实际上壁中经的字用真六国文字写的，不知有没有百分之一，而拼合偏旁的假古字一定占了最大多数，这是无疑的。所以说刘歆的古文源出于六国文字是对的；若说它就是六国文字，那可大错了。"（钱玄同：《重论经今古文学问题》，《钱玄同文集》第4卷，中国人民大学出版社1999年版，第206—207页）按：当时战国文字所见无多，所以静安先生只好举兵器、陶器、玺印、货币为证，意在说明由此可以窥见六国文字之一斑，更可窥见其与壁中古文之相合。钱先生竟径直将王氏所举例证坐实为六国古文仅有兵器、陶器等零散文字，并进而得出这样零散的文字绝不可能抄写长篇经书，于是便可将孔壁古文归之于刘歆据玺印、货币等零散六国文字假造了。时至今日，还有人认为古文经出于刘歆伪造。例如中山大学哲学系陈开先先生所作《孔壁古文与中秘古文》，《中山大学学报》（社会科学版）1997年第5期。

② 王静安疑杜林漆书为"孔壁之传写本"（王国维：《观堂集林》卷七《汉时古文诸经有转写本说》，载赵万里编《王国维遗书》，上海书店出版社1983年版，第1册，第342—343页），但并无实据。而且从情理上说，杜林应能见到壁中书的转写本——正是静安先生上引文中论证了"汉时古文诸经有转写本"——那样的话，他就不会把这卷书看得那么重，而史家也不会对此特书一笔了。

③ 《后汉书》卷二《显宗孝明帝纪》：永平六年（63）"二月，王雒山出宝鼎（唐李贤注：雒或作雄），庐江太守献之。夏四月甲子，诏曰：'昔禹收九牧之金，铸鼎以象物，使人知神奸，不逢恶气。遭德则兴，迁于商、周；周德既衰，鼎乃沦亡。祥瑞之降，以应有德。方今政化多僻，何以致兹？《易》曰鼎象三公，岂公卿奉职得其理邪？太常其以祠祭之日，陈鼎于庙，以备器用。赐三公帛五十匹，九卿、二千石半之。'"中华书局1965年版，第1册，第109页。只是不知此鼎有无文字。

④ 李天虹先生曰："确切地来讲，我们只能说，《说文》古文的主体是属于六国文字的。……《说文》古文还包括有汉时所见古器物上的铭文，这部分《说文》古文显然不可能尽属于六国文字，如《汉书·郊祀志》载汉宣帝时美阳发现的古鼎，就是西周遗物。当然，它们在《说文》古文中所占的比例会是相当小的。"参见李天虹《说文古文新证》，《江汉考古》1995年第2期。

可以有摹本流传的，相信许君当年也会注意到这些摹本。推原静安先生之意，盖因学界历来忽视《说文》古文，更有甚者如康有为以为：

> 自春秋至战国，绝无异体异制，凡史载笔，士载言，藏天子之府，载诸侯之策，皆籀书也，其体则今之《石鼓》及《说文》所存籀文是也……秦之为篆，不过体势加长，笔画略减……而秦权、秦量即变方匾，汉人承之而加少变，体在篆、隶间……孔子手写之经，自孔鲋、孔襄传至孔光十余世不绝，别有秦、魏之博士贾山、伏生及鲁诸生手传之本，师弟亲授，父子相传，安得变异！则汉儒之文字及孔子之文字，更无别体也……（刘）歆既好博多通，多搜钟鼎奇文以自异，稍加窜伪增饰，号称"古文"，日作伪钟鼎，以其古文刻之，宣于天下以为征应。以刘歆之博奥，当时不能辨之，传之后世，益加古泽；市贾之伪，不易辨其伪作，况歆所为哉！许慎谓"鼎彝即前代之古文"，古文既伪，则鼎彝之伪，虽有苏、张之舌不能为辨也……然《史记》共王无得古文事，张苍传授亦歆伪托，则是实无古文。①

故而静安先生希望能确定"古文"在文字史上的位置，尤其是解释其为何与当时常见的先秦文字不合，并能进而确定孔壁古文诸经的真伪与时代。②

---

① 康有为：《新学伪经考》，古籍出版社 1956 年版，第 106—111 页。李学勤先生指出："清代，《说文》之学风行，金文研究日益深入，以《汗简》为代表的'古文'，被认为上不合于商周，下有悖于《说文》，受到不应有的蔑视。"参见李学勤《黄锡全〈汗简注释〉序》，《拥篲集》，三秦出版社 2000 年版。

② 静安先生特为点出，古文"上不合殷周古文，下不合秦篆者，时不同也；中不合秦文者，地不同也。其讹别草率亦如北朝文字，上与魏晋，下与隋唐中兴江左不同；其中玺印陶器可比北朝碑碣，兵器货币则几与魏齐小铜造像之凿款矣。若是者，谓其书体之讹别也可，谓其非当时通行文字则不可，若谓之为伪则尤不可也"。参见王国维《桐乡徐氏印谱序》，载赵万里编《王国维遗书》，上海书店出版社 1983 年版，第 1 册。参见祝鸿熹、叶斌《王国维对古文献所称"古文"的卓识》，《杭州大学学报》（哲学社会科学版）1995 年第 6 期。

近年何琳仪先生通过深入研究，认为：

> 《说文》古文主要来源于壁中书，但壁中书不是其唯一的来源……除壁中书之外，尚有张苍所献，河间献王所得，杜林所得等来自民间的简册。当时政府"中秘"所藏，及得自民间的古文经传抄之本，东汉中叶的许慎应是能见到的。王国维说："古文当无出壁中书及《春秋左氏传》以外者，即有数字不见于今经文，亦当在逸经中。"① 这里所谓"逸经"，即《说文》古文的另一来源。在今本《说文》之中尚可见其痕迹。例如：1. 篆文下罗列 2 种，甚至 3 种、4 种异体。据初步统计，篆文下罗列 2 种古文形体者 44 字，3 种古文形体者 5 字，4 种古文形体者 1 字……2. 同一古文偏旁，或有 2 种异体……3. 同一古文偏旁，或有 3 种异体……4. 独体与偏旁中形体殊异……5. 奇字，据《说文·叙》乃是与"古文而异者"，可能取材于"逸经"……这些现象都说明，《说文》古文的来源并非一种，而是多头的。但从另一角度看，《说文》古文异体充其量不过 50 多字，有歧义的偏旁（包括讹变）也不算太多。这又说明古文是单一的、独自成体系的字体。换言之，《说文》古文基本取材于西汉时发现的孔子壁中书。壁中书是同一时间，同一地点发现的战国"丛书"。其字体独成一系，是理所当然的。②

按：何说甚辩，但其说有三处可商。其一，何说《说文》古文来源不仅为壁中书及张苍所献《春秋左氏传》，可谓有识。但战国文字中异形甚多，甚至同一篇中同一字的写法就有变化。以郭店简为例，《缁衣》篇中"一"字作一横者九例，从"戈"者二例；"道"

---

① 原注：王国维《说文所谓古文说》，《观堂集林》，卷 7。
② 何琳仪：《战国文字通论》（订补），江苏教育出版社 2003 年版，第 43—45 页。

字，《老子》甲篇作"道"者十七例，从"行"从"人"者七例。①
因此，"形体殊异"并不能证明《说文》古文有不同的来源。其
二，何先生引静安先生《说文中之古文说》中语为据，实则谓"逸
经"乃是孔壁所出古文经书多于今文经书的篇卷，因为这些篇卷未
能立于学官，所以才被称为"逸经"。② 可见所谓"逸经"就是孔
壁古文的一部分，因此观堂先生才说"即有数字不见于今经文，亦
当在逸经中"，并非孔壁之外，别有"逸经"。其三，至于"奇
字"，乃是指古文中某字的某一写法与其他形体有极大差异，说它
出于"逸经"，既无根据也无意义。

静安先生还进而提出："而魏石经及《说文解字》所出之壁中
古文，亦为当时齐鲁间书。"③ 但静安先生于此说未予论证。其后，
张政烺先生则更进一步缩小范围，说："许慎所谓古文大约就是邹
鲁（也许还有齐）儒生所习用的文字。"④ 何琳仪先生也认为："以
现代文字学的眼光看：壁中书属齐鲁系竹简。"⑤ 但张、何二先生也
都未予论证。⑥

郭店简出土后，李学勤先生发现其"文字最像古文经"⑦。接着，
李先生又撰文论证了郭店简文字的国别：

---

① 参见张守中等撰集《郭店楚简文字编》，文物出版社 2000 年版。
② 清儒戴震《经考》卷二"逸书十六篇"条云："《古文尚书》增多之十六篇不立学
官，故当时只谓之《逸书》。如《礼古经》之三十九篇，当时只谓之《逸礼》，皆以不立于
学官为'逸'。'逸'非亡逸之谓也。"载张岱年主编《戴震全书》，黄山书社 1994 年版，
第 2 册，第 229 页。
③ 王国维：《观堂集林》卷六《桐乡徐氏印谱序》，载赵万里编《王国维遗书》，上
海书店出版社 1983 年版，第 1 册，第 313 页。
④ 张政烺：《古文》，载《中国大百科全书·语言文字卷》，中国大百科全书出版社
1988 年版，第 102 页。
⑤ 何琳仪：《战国文字通论》，中华书局 1989 年版，第 45 页。
⑥ 张先生未作论证当是限于百科全书的体例。何先生在接下来的文字中，仅仅是大量
泛举《说文》古文与六国文字甚至秦文字的相似字形，实际上并未论证自己的观点。
⑦ 此为李先生在 1998 年 5 月美国达慕思大学郭店《老子》国际学术讨论会上的发言，
参见王博《美国达慕思大学郭店〈老子〉国际学术讨论会》，载陈鼓应主编《道家文化研
究》第 17 辑，生活·读书·新知三联书店 1999 年版。

郭店简的文字多同于郭忠恕《汗简》、夏竦《古文四声韵》所引古文。这种古文，长期受到学者否定，怀疑是捏造杜撰。近年战国文字研究发达，两书的名声渐得昭雪。郭店简里的特异写法，与两书相同或近似的最多……所谓"古《尚书》"，即指汉代前期孔壁发现的古文竹简《尚书》，传说是孔子后裔在秦代下令焚书时壁藏起来的。孔壁在曲阜，曲阜原为鲁都。鲁国在公元前二五六年已被楚国吞并，因而曲阜屡有战国晚年的楚国文物出土。孔家壁藏的竹简书籍，很可能是用楚文字书写的，从孔壁流传的古文和郭店简类似是自然的。①

其后李学勤先生为何琳仪先生《战国文字通论》（订补）所作之"再序"，于"楚文字"一节中叙及郭店简，且曰："前些年新出的荆门郭店简与上海博物馆收藏的楚简，更确立了楚文字的重要地位。"②何琳仪书之订补本中也在上引以壁中书"属齐鲁系竹简"一句后加括号注曰"或以为属楚系竹简"③，这显然是指的李先生。杨泽生先生则对此提出质疑：

> 从公元前 256 年到公元前 221 年，秦始皇统一中国只有三十多年的时间，很难说壁中书是在这短短的三十多年间抄写的。即使是这段时间抄写出来的，也很难说鲁国的抄手在这么短的时间里已经接受了楚国文字的书写习惯。长沙马王堆出土的属于西汉早期的帛书还保留着不少楚文字的风格，这就很能

---

① 李学勤：《郭店楚简与儒家经籍》，载姜广辉主编《郭店楚简研究》第 20 辑，辽宁教育出版社 1999 年版，第 20 页。实则陈梦家先生早已指出，汉世"壁中书"，"其字体近于长沙、信阳出土战国楚简。它在形体上介乎小篆的圆浑与隶书的方折，在结构上也是更多省易，又多地方性"。参见陈梦家《汉简缀述》，中华书局 1980 年版。并可参见何立民《也论"孔壁古文"》，《山东行政学院山东省经济管理干部学院学报》2004 年第 1 期。

② 李学勤：《〈战国文字通论〉再序》，载何琳仪《战国文字通论》（订补），江苏教育出版社 2003 年版，再序，第 2 页。

③ 何琳仪：《战国文字通论》（订补），江苏教育出版社 2003 年版，第 45 页。

说明问题①。②

按：杨说可商。鲁国当亡于公元前255年，但鲁国臣服于楚，实远早于此时。检《说苑·权谋篇》曰："楚成王赘属诸侯，使鲁君为仆，公仪休曰：'鲁君遂为仆。'"向宗鲁先生曰："楚成王、公仪休相去几二百年，何由并世？'成王'疑'威王'之误。"③春秋末越灭吴后势力急剧膨胀，其势力范围达于山东，鲁哀公即曾奔越，悼公曾乞兵于越以敌三桓，而楚威王灭越，其势当足以使鲁君为仆。若向说不误，则楚成王大约当鲁康公时，康公在位约为公元前352至前344年，距鲁亡国尚有近百年。又楚顷襄王十五年（前284），楚与秦、三晋、燕伐齐，取淮北④，国界已达山东，逼近泗上。时当鲁文公十二年（前284）。文公十八年（前278），楚顷襄王二十一年（前278），秦将白起拔郢，楚徙都陈（今河南淮阳）⑤。自此，楚全力向东发展。《史记》卷三三《鲁周公世家》倾公"十九年，楚伐我，取徐州"。据《六国年表》，楚考烈王八年"取鲁，鲁君封于莒"⑥，时为公元前255年。李学勤先生在讨论楚灭越的年代时，曾指出："《越绝书》说楚威王灭无彊，《汉书·古今人表》也称越王无彊'为楚所灭'。这是由于无彊被杀，越国随之破散，族子争立，不再能作为诸侯国在政局中起作用。古人论史，认为越国实际已灭。东周时期所说诸侯之'灭'，不少类似的例子。"⑦李家浩先生也据《吕氏春秋·先

① 原注：参看李学勤《古文字学初阶》，中华书局1985年版，第60页。
② 杨泽生：《孔壁竹书的文字国别》，《中国典籍与文化》2004年第1期。
③ 向宗鲁：《说苑校证》，中华书局1987年版，第334页。此章语多误，可参向书同页校注。
④ 《史记》卷四〇《楚世家》，中华书局2013年版，第5册，第2071页。
⑤ 此据《史记》卷一五《六国年表》，中华书局2013年版，第2册，第892页。
⑥ 《鲁周公世家》无此语。钱穆先生坚信《鲁世家》，参见钱穆《先秦诸子系年》，商务印书馆2001年版。但当以《六国年表》记载为是，参见郭克煜等《鲁国史》，人民出版社1994年版；杨宽《战国史料编年辑证》，上海人民出版社2001年版。
⑦ 李学勤：《关于楚灭越的年代》，《当代学者自选文库·李学勤卷》，安徽教育出版社1999年版，第221页。

识》《韩非子·说疑》认为《秦骃玉版》中的"周世既没"是指周威公死，周分为二。"这时的周，实际上已分裂成两个小国，'王室微弱，政在西周'①，名存实亡。所以，《吕氏春秋》和《韩非子》都以'周分为二'标志着周亡。"② 《六国年表》又载，楚考烈王十四年（前249）"楚灭鲁，倾公迁卞，为家人，绝嗣"。

鲁受楚的影响并不一定要到亡国绝嗣才会发生。楚之势力冲击邹鲁，上距公元前255年鲁亡有三四十年，其至秦灭六国有六七十年，以三十年为一代，当有两代，即鲁国有两代人是在楚文化的影响下成长的。而书童的年龄当更小，在十余岁，如是则可有四至五代，那么其中抄出楚字甚至用楚文字抄写，也就不是不可能的了。再进而言之，文化的影响还与双方人口的比例、交往的密切程度，例如通婚的比例，以及鲁国与楚国人在鲁地分别从事的职业等因素有关。尤其是楚国后期在秦国逼迫下的东迁，"在短短的三十几年间，楚国的大量人口从长江中游长途迁至淮河中游，规模之大，距离之长，在整个春秋战国时期也是罕见的"③。在东迁中到达齐鲁之地的楚人想必不少。

杨泽生先生论证孔壁古文及郭店简文字是用齐鲁系文字的方法，举出二者相似的字形。但这种做法有极大的缺陷。因为我们不能排除在所举的几个例子中，有着几国文字写法都相似的可能，只不过我们今天看不到其他几系文字的写法罢了。李守奎、张学城等先生用同样的方法得出《说文》古文与郭店简文字可与战国楚文字互证，从反面证明了这一方法的局限性。④ 李家浩先生在北京大

　　① 原注：《太平御览》卷八五引皇甫谧《帝王世纪》语。
　　② 李家浩：《秦骃玉版铭文研究》，载《北京大学中国古文献研究中心集刊》第2辑，北京燕山出版社2001年版，第117—119页。
　　③ 葛剑雄主编：《中国移民史》第2卷，福建人民出版社1997年版，第25页。
　　④ 李守奎：《〈说文〉古文与楚文字互证三则》，载中国古文字研究会等编《古文字研究》第24辑，中华书局2002年版，第468—472页；张学城：《〈说文〉古文研究》，《安徽大学学报》（哲学社会科学版）2010年第5期。

学中文系开设了《说文解字概论》与《战国文字概论》两门课，其中都讲到《说文》古文应是齐鲁文字。其论证方法是"选取《说文》古文中的'造''平''寅''刚'等字和战国时代的各系文字进行对比，指出他们和齐系文字相同或相似，而与秦、燕、楚、三晋各系文字有较大差别，从而证明《说文》古文属于战国齐鲁文字"①。但是这种比较是泛时性的②，还缺乏两个方面的论证。其一是每一系文字自身演变历程的探究，从而保证所取以比较的字形未受他系文字影响。其二是用来比较的各系文字的共时性，以避免将时代相隔较远的文字拿来进行对比。而且，文字形体的差异还需更加分析，要区别它们是异源演变，还是同源分化；是结构差异，还是写法差异。这要求我们对整个战国文字的状况有深入的了解。

至于孔壁古文的文字国属，以及近年出土战国文字与孔壁古文的关系，现在恐怕还难以确定，我们不妨展缓判决，留待来日。

《古论》分《尧曰篇》"子张问"以下为《子张篇》，于是有两《子张》。《汉书·艺文志》："《论语》，古二十一篇。"班氏自注："出孔子壁中，两《子张》。"如淳曰："分《尧曰篇》后'子张问何如可以从政'已下为篇，名曰'从政'。"③何晏《论语集解序》亦曰：《古论》"分《尧曰》下章'子张问'以为一篇，有两《子张》"④。对此，清儒翟灏的解释是："《古论·尧曰篇》仅此一章，此盖是《论语》后序，故专为篇，而文今不全，故觉其难解也。……'子张问'以下《古》原别为篇，盖于书成后续得附编，故又居后序

---

① 参见杨泽生《孔壁竹书的文字国别》，《中国典籍与文化》2004 年第 1 期。

② 关于"泛时"，可参见［瑞士］索绪尔《普通语言学教程》，高名凯译，商务印书馆 1980 年版。

③ （东汉）班固：《汉书》，中华书局 1962 年版，第 6 册，第 1716—1717 页。

④ （三国·魏）何晏：《论语集解》，（清）刘宝楠《论语正义》，中华书局 1990 年版，下册，第 777 页。高流水先生原标点"子张问"施书名号，非。

之后。"① 刘宝楠不以翟说为然：

> 盖《论语》自《微子篇》说夫子之言已讫，故《子张篇》皆记弟子之言。至此更搜集夫子遗语缀于册末。而有两篇者，以《论语》非一人所撰，两篇更待裒录而未有所得，故《尧曰》止一章，《子张》止二章也，此真孔壁之旧。其合并为一篇，则齐鲁家学者为之矣。翟氏灏《考异》以尧曰云云为《论语》后序……此说尤误。《论语》之作，非出一人，此序果谁所作？且《泰伯篇》末尝论尧舜文武禹矣，亦将谓为后序耶？必不然矣。②

按：刘说是。又考《尧曰篇》"尧曰"章与"子张问"以下体例迥别。本书第三章第一节在讨论《论语》编纂时，曾区分主题选辑与来源别辑，疑《尧曰篇》是子张学派所提供，所以齐鲁《论》从来源别辑的角度合为一篇，但"尧曰"章与"子张问"以下主题不同，因此《古论》从主题选辑的角度分为两篇。但由于《尧曰篇》文字本就不多，再分为两篇就更加单薄，因此最终合为一篇。

第二节　定州《论语》分章考

1973 年，河北定县八角廊 40 号汉墓出土一批竹简，其中有《论语》620 多枚。陈东先生希望能用简文避讳考定其时代。

> 定州汉墓竹简《论语》明显避讳"邦"字。所有"邦"字都用"国"代替。如《八佾》篇"国君为两君之好，有反坫"；

---

① （清）翟灏：《四书考异》，载（清）阮元编《清经解》，上海书店 1988 年版，第 2 册，第 386 页。

② （清）刘宝楠：《论语正义》，中华书局 1990 年版，下册，第 755 页。

《公冶长》篇"至于也（他）国，则曰犹吾大夫□子也"……唯一的例外是《子张》篇"夫子得［邦家］……"一条。据《定州汉墓竹简论语》释文凡例，［　］内为 1976 年抄录文字，后因唐山地震，原简已损，已无法校正。推测是整理者笔误所致。但是，不避汉惠帝讳，《述而》篇残存有"虚而为盈，约而为泰"等字句；不避文帝讳，《述而》篇有"善人，吾弗得而见之矣，得见有恒者斯可矣"等字句；不避武帝讳，《八佾》篇保留有"子曰：相维辟公，天子穆穆，奚取于……"等字样；不避昭帝讳，而且今本用"不"的地方，它多用"弗"字代替，大概是与经师或抄写者的方言习惯有关。《为政》篇中的名句竟然成了"［知之为知］之，弗知为弗知，是知也"。如果是昭帝或宣帝时所书，只能说是自招晦气。竹简《论语》没有保存下来带有"启"（汉景帝讳）和"恂"字（汉宣帝讳）① 的字句，但由其不避惠、文、武、昭、之讳来看，大概也不避景帝、宣帝之讳。鉴于定州汉墓竹简《论语》只讳"邦"字，惠帝以下诸帝皆不讳，我们推断其抄写年代当在汉高祖在位的十余年间。②

按：陈说非。汉人避讳并不严格。陈垣先生指出：

> 秦初避讳，其法尚疏，汉因之，始有同训相代之字。然《史记》《汉书》于诸帝讳，有避有不避。其不避者固有由后人校改，然以见存东汉诸碑例之，则实有不尽避者。大约上书言事，不得触犯庙讳，当为通例。至若临文不讳，《诗》《书》不讳，《礼》有明训。汉时近古，宜尚自由，不能以后世之例绳之。③

---

① 按：此处言宣帝讳有误。《汉书》卷八《宣帝纪》"孝宣皇帝"下，师古引荀悦曰："讳询，字次卿，询之字曰谋。"中华书局 1962 年版，第 1 册，第 235 页。
② 陈东：《关于定州汉墓竹简〈论语〉的几个问题》，《孔子研究》2003 年第 2 期。
③ 陈垣：《史讳举例》，《励耘书屋丛刻》，北京师范大学出版社 1982 年版，中册，第 1433 页。

检《汉书》卷八《宣帝纪》，宣帝元康二年（前64）夏五月诏曰：“闻古天子之名，难知而易讳也。今百姓多上书触讳以犯罪者，朕甚怜之。其更讳‘询’。诸触讳在令前者，赦之。”① 可见触讳犯罪乃限于上书。② 从其他出土竹书来看，也有与八角廊竹书《论语》类似的例子。如武威汉简《仪礼》为宣帝至王莽时期，亦即西汉中晚期的抄本。至其避讳，陈梦家先生指出：

> 关于简本的避讳……全部只避刘邦讳（日忌木简不讳“邦”字），东汉诸帝名讳凡见简者皆不讳。西汉景帝名启，成帝名骜，此二字皆见于简本，或不避，或似避而实非。……全简只避“邦”字，其他一律不讳，故从避讳一事上，不能帮助我们推定其年代。③

又阜阳汉简《诗经》残简，S051“右方北国”、S098“右方郑国”、S130“是四国”，讳“邦”字；S097“印其盈矣”，不讳“盈”字；S066“未吾言柄矢弗缦”、S067“…柄矢弗告”、S112“弗褙弗溜”、S113“弗驰弗□”、S114“弗□弗骚”，不讳“弗”字。④ 只讳“邦”字，正与汉简《论语》相同。因此，陈东先生据避讳推定汉简《论语》抄写时代的做法，难以据信。⑤

---

① （东汉）班固：《汉书》，中华书局1962年版，第1册，第256页。
② 汉代碑文、玺印等用诸帝讳字者，可参见陈直《汉书新证》，天津人民出版社1979年第2版。吴九龙先生也指出银雀山汉墓竹简“并不避讳或避讳不严格”，其中即有“邦”“盈”“雉”“恒”“启”“彻”诸讳，“从上述举例可见以避讳来判断汉简书写年代是不足为据的”。参见吴九龙《银雀山汉简释文》，文物出版社1985年版。
③ 甘肃省博物馆、中国科学院考古研究所：《武威汉简》，文物出版社1964年版，第52页。
④ 参见胡平生、韩自强《阜阳汉简诗经研究》，上海古籍出版社1988年版。
⑤ 参见胡适《两汉人临文不讳考》，载欧阳哲生编《胡适文集》第10卷《胡适集外学术文集》，北京大学出版社1998年版；胡适《读陈垣〈史讳举例〉论汉讳诸条》，载《胡适集外学术文集》，北京大学出版社1988年版。

至于定州八角廊汉简《论语》的性质，约有二说。[①] 李学勤先生以其为《齐论》。

> 八角廊墓的墓主中山怀王卒于宣帝五凤三年（前55），而张禹对《易》及《论语》大义是在甘露中（前53—前50年），因而怀王在世时张禹刚以经学著称，他以《论语》教授成帝是在元帝初元二年（前47）开始的。张侯《论》在中山怀王时恐怕还没有形成，八角廊《论语》不可能是张禹的本子。整理组说，以八角廊《论语》与今传本比较，存在不少差异。"比如以分章来说，不仅尾题所记的章数很少有相符的，而且分章也不一样。简文分为两章，传本却成了一章，简文为一章的，传本又有分为两章或几章的。在文字上与传本不同的地方就更多了。"这也说明竹简本不会是《鲁论》系统的本子。考虑到《古论》流传不广，《齐论》的可能性更大一些。[②]

刘来成先生则认为是《鲁论》：

> 在简本中发现《鲁论》所具有的文字，则应当是《鲁论》本来的东西。这是从今本《论语》中看不到的。在定州汉墓竹简中和《论语》一起出土的，还有萧望之的奏议。萧望之在当时是

---

① 竹简整理者最早提出这是一个古本《论语》："这次发现的简本不仅是时代最早、保存文字最多的古本《论语》，而且还是《鲁论》《齐论》《古论》三论并行时的一个本子。"（国家文物局古文献研究室等定县汉墓竹简整理组：《定县40号汉墓出土竹简简介》，《文物》1981年第8期）有学者遂误会其中"古本《论语》"为指《古论》，非是。参见陈金木《唐写本论语郑氏注研究——以考据、复原、诠释为中心的考察》，台北：文津出版社1996年版，上册。王素先生认为不可能是《古论》，理由有二。一，"宣帝五凤三年（前55）前，《古论》实际上并没有流传"。二，"简本《论语》只有二十篇，《尧曰》'子张问'章并未分出单独为篇"。（王素：《河北定州出土西汉简本〈论语〉性质新探》，载李学勤、谢桂华主编《简帛研究》第3辑，广西师范大学出版社1998年版，第460页）其前一理由不成立，后一理由成立。另孙钦善先生认为"此本当保留了古文《论语》的一些面貌"，但未作论证。《四部要籍注疏丛刊·论语》，中华书局1998年版，孙钦善"前言"，第4页。

② 李学勤：《八角廊汉简儒书小议》，《简帛佚籍与学术史》，江西教育出版社2001年版，第391页。

皇太子的老师，是传授《鲁论》的大师。刘修死后把《论语》同萧望之的奏议放在一起，应不是偶然的。①

单承彬先生也力主"'简本'乃《张侯论》之外的另一《鲁论》传本"。其根据是"'简本'与《说文》所引《古论语》不同"，"'简本'与郑玄所注《古论》不同，而与《鲁论》多同"。但"简本"又与汉熹平石经本《论语》有诸多差异，因此"简本"应是"《张侯论》之外的另一种《鲁论》传本"。② 实际上，早在单氏论文发表前，王素先生就以"用简本《论语》的存文，与今本亦即《集解》比较，并与郑本的'从《古》改《鲁》'进行对照"。其结果是：

> 上列十四条，简本《论语》与郑玄所据《鲁论》及《张侯论》同者仅五条，不同者达九条。此外，还有一条。即简本《公冶长》："可使治其赋也。""赋"，今本同。《释文》引梁武云："《鲁论》作'傅'。"也不相同。显然，我们也不能据此认为简本《论语》就是《鲁论》。因此，我以为，由于郑氏注本以及传本或今本都是融合本，谁也没有见过真正的《齐论》和《鲁论》，根据这种比较是无法确定简本《论语》的性质的。③

王素先生又以"简本"无《齐论》之《问王》《知道》二篇，断《齐论》说非是。④ 按："《论语》简文约有传本《论语》文字的

---

① 河北省文物研究所定州汉墓竹简整理小组（刘来成执笔）：《定州汉墓竹简〈论语〉介绍》，载《定州汉墓竹简〈论语〉》，文物出版社1997年版，第4页。

② 单承彬：《定州汉墓竹简本〈论语〉为〈鲁论〉考》，载浙江大学古籍研究所编《雪泥鸿爪——浙江大学古籍研究所二十周年纪念文集》，中华书局2003年版，第75—84页。此文原载《文史》第56辑，中华书局2001年版，第47—56页。又名《定州汉墓竹简本〈论语〉性质考辨》，《孔子研究》2002年第2期。

③ 王素：《河北定州出土西汉简本〈论语〉性质新探》，载李学勤、谢桂华主编《简帛研究》第3辑，广西师范大学出版社1998年版，第462—463页。

④ 王素：《河北定州出土西汉简本〈论语〉性质新探》，载李学勤、谢桂华主编《简帛研究》第3辑，广西师范大学出版社1998年版，第460页。

一半。其中有的篇，简文几达传本的百分之六七十。《学而》篇只有一枚简，二十字，是最少的了。"① 这真是岌岌乎殆哉。倘若再残损一点，岂不是连《学而》篇都没有了？那么，《问王》《知道》二篇是否也残损了？王先生的说法说服力还不够。

王素先生在其后文中进一步提出：

> 关于分章，我们已知简本《尧曰》从《鲁论》为二章，《齐论》有三章，《齐论》之章多于《鲁论》。整理者另外介绍："《乡党》'食不厌精'至'乡人饮酒'，今本分为二、三、五章的都有，而简本只是一章；'雷风烈必变'与'升车'，今本分为二章，简本也是一章。《阳货》'子贡曰：君子有恶乎'，今本别为一章，而简本则同上面'子路曰'合为一章。"② 可见简本分章一般亦较今本为少。关于字句，情况亦同。譬如：简本《为政》："先行其言从之。"今本作："先行其言而后从之。"……简本《乡党》："怠若也。"今本作："怡怡如也。"③ ……还有很多，不赘举。可见简本字句一般亦较今本为少。按何晏《集解叙》说："《齐论语》二十二篇，其二十篇中，章句颇多于《鲁论》。"皇侃《义疏》解释为："其二十篇虽与《鲁论》篇同，而篇中细章文句，亦多于《鲁论》也。"可见《鲁论》的特点是章句较少，《齐论》的特点是章句较多。据此，我们对简本《论语》及所谓《张侯论》，又有了新的认识。这就是：（一）简本《论语》确以《鲁论》为底本，并且以《鲁论》原本为主。因

---

① 国家文物局古文献研究室等定县汉墓竹简整理组：《定县40号汉墓出土竹简简介》，《文物》1981年第8期。

② 原注：前引河北省文物研究所定州汉墓竹简整理小组《定州西汉中山怀王墓竹简〈论语〉介绍》，第59页；河北省文物研究所定州汉墓竹简整理小组《定州汉墓竹简〈论语〉》，第2页。

③ 王志平先生指出："今本中一些重言词在简本中一般均不重言。"参见王志平《简本〈论语〉在语法研究上的重要性》，载《追寻中华古代文明的踪迹——李学勤先生学术活动五十年纪念文集》，复旦大学出版社2002年版。这可能是出于简牍书写的困难。

为，简本《论语》不仅只有二十篇，篇数与《鲁论》同，而且
章句较少，正是《鲁论》的特点……（二）《张侯论》虽然也以
《鲁论》为底本，但由于张禹本人是先传《齐论》，后传《鲁
论》，其中章句应主要根据《齐论》。今本《论语》的主体……
均由《张侯论》演变而成，章句均较简本《论语》为多，也正
是《齐论》的特点。……张禹的《张侯论》，实际上是：篇目完
全根据《鲁论》，章句主要根据《齐论》。①

按：王说可商。简本《论语》多有残缺，各篇分章较难确定，刘来
成先生也的确只举了简本分章少于今本的例子，但这并不能证明整个
简本《论语》的分章都少于今本。《经典释文》卷二四《论语音义》
一"学而"下题曰"凡十六章"②，清刘宝楠《论语正义》注曰：
"《释文》旧有此题，其所据即《集解》本。今皇、邢《疏》无凡几
章之题者，当由所见本已删之也。《汉石经》则每卷后有此题，盖昔
章句家所记之数。"③ 今考其数，30 章以上凡 6 篇，即《雍也》30
章、《述而》38 章④、《子罕》31 章⑤、《子路》30 章、《宪问》44

① 王素：《河北定州出土西汉简本〈论语〉性质新探》，载李学勤、谢桂华主编《简帛研究》第 3 辑，广西师范大学出版社 1998 年版，第 465—466 页。

② （唐）陆德明：《经典释文》，上海古籍出版社 1985 年版，下册，第 1350 页。

③ （清）刘宝楠：《论语正义》，中华书局 1990 年版，上册，第 1 页。

④ 刘宝楠《正义》："《释文》云：'旧三十九章，今三十八章。'所云'旧'，当谓六朝旧本。所多一章，疑分'子路问三军'为一章也。《释文》又云：'"子于是日"以下，旧别为章，今宜合前章。"亡而为有"以下，旧为别章，今宜与前章合。'陆云'宜合'，但论其理，实未尝合并也。若已合并，则为三十六章。卢氏文弨《释文考证》以旧三十九章为《释文》本，今三十八章为朱子本，则误解卢氏原文为后人校语也。翟氏灏《考异》讥陆氏宜合者两条，总题但简其一，以为失于点对，则是旧为四十章，不合言三十九也。"（清）刘宝楠《论语正义》，中华书局 1990 年版，上册，第 251 页。黄焯先生曰："卢本无旧字，'今三十八章'五字作小字注，宋本、蜀本与此本同。"黄焯《经典释文汇校》，中华书局 1980 年版，第 211 页。

⑤ 《释文》："皇三十章。"孔广森《经学卮言》于"不忮不求何用不臧子路终身诵之子曰是道也何足以臧"下注曰："此当别为一章，《集注》本《子罕篇》三十章，《注疏》本'棠棣之华'合于'未可与权'而'牢曰'自为章，故亦三十章，惟《释文》则云三十一章，窃疑陆所见古本多一章者，正分'不忮不求'以下矣。"载（清）阮元编《清经解》，上海书店 1988 年版，第 4 册，第 836 页。

章、《卫灵公》43 章①。简本《论语》另残存"章数简"10 枚，因不能确定每件所记章数字数究属哪篇，所以整理者将所有的"章数简"除可确定属《尧曰》之一简外，全部附在书后。② 检此数简所记，高于 30 章者计有五简：第 613 简"凡卅七章"、第 615 简"凡〔卅六〕章"③、第 616 简"凡卅章"、第 617 简"凡〔卅〕四章"、第 618 简"〔凡卅七章〕"④。由上举可知，简本章数最多的一篇有 47 章，而《集解》本最高仅 44 章，简本其次的 44 章也比《集解》本的 43 章多。考虑到简本"章数简"还有 10 枚残损未见，简本的章数可能还会更多。但仅就已知章数可知，简本的最高章数要多于《集解》本。其实定县汉墓竹简整理组就已经指出，简本分章与今本不同，固然有"简文为一章的，传本又有分为两章或几章的"，但也有"简文分为两章，传本却成了一章"的。⑤ 因此，王素先生根据古书《齐论》章数多于《鲁论》的记载所判定的简本和今本《论语》归属，恰恰是南辕北辙。⑥

---

① 《释文》作"凡四十九章"，刘宝楠《论语正义》："皇、邢本只四十二章，《释文》亦只四十三章。今云'四十九章'，'九'字误，当作'三'。"（清）刘宝楠：《论语正义》，中华书局 1990 年版，下册，第 609 页。

② 河北省文物研究所定州汉墓竹简整理小组：《定州汉墓竹简论语》，文物出版社1997 年版，"凡例"五，第 8 页。

③ 《定州汉墓竹简论语》"凡例"八："简文因唐山地震扰动残损的，释文外加〔　〕号表示。"河北省文物研究所定州汉墓竹简整理小组：《定州汉墓竹简论语》，文物出版社1997 年版，第 8 页。

④ 河北省文物研究所定州汉墓竹简整理小组：《定州汉墓竹简论语》，文物出版社1997 年版，第 100 页。曲阜师范大学陈东先生以为简本所记章数当与今本相同，如第 613简记"凡卅七章"，陈先生谓"传世本中只有《述而》篇有三十七章的记录，当为《述而》篇"。第 615 简"凡〔卅六〕章"，陈先生曰："查传世本各篇没有三十六章的，字数最为接近的是《阳货》篇（一千另二十字），'卅'字当为'廿'字之误。可能是整理者误录。"参见陈东《关于定州汉墓竹简〈论语〉的几个问题》，《孔子研究》2003 年第 2 期。其实定县汉墓竹简整理组就已经指出，简本"尾题所记的章数很少有相符的"。参见国家文物局古文献研究室等定县汉墓竹简整理组《定县 40 号汉墓出土竹简简介》，《文物》1981年第 8 期。陈氏如此妄改，实不可从。

⑤ 国家文物局古文献研究室等定县汉墓竹简整理组：《定县 40 号汉墓出土竹简简介》，《文物》1981 年第 8 期。

⑥ 合计《释文》所记每篇章数，共得 486 章，除以 20 篇，平均 1 篇 24.3 章；简本"章数简"除 1 支残缺章数外，计有章数的 9 支简所记章数共计 250 章，平均 1 篇约 27.78章。简本平均章数也远高于《集解》本。当然，简本残缺太甚，但即使作为一个抽样调查结果，也还是有一定参考价值的。

　　从西汉《论语》的传授与传本来说，王素先生已经指出，《齐论》《鲁论》"呈现融合的趋势。而且，由于《鲁论》更具正宗意义，这种融合，实际上是以《鲁论》为主"。例如，"王吉既为齐人，又为《齐论》大家，其子王骏却传习《鲁论》，并颇有建树"。萧望之本为齐人，原治《齐诗》，后来从夏侯胜问《论语》，成为《鲁论》大家。张禹也是先学《齐论》，后改传《鲁论》。王先生还进一步推断，"王吉、萧望之均为宣帝时人，王骏、张禹均为宣帝末至成帝时人。据此，可以推测，这种'由《齐》转《鲁》'的风气，应该在宣帝时已经形成。当然，从整个齐学、鲁学递嬗演变的角度看，还可能更早"。例如武帝诏戾太子受《公羊春秋》，太子复私问《谷梁》而善之，"成为后来鲁学《谷梁》大盛，齐学《公羊》渐衰的一个预兆"。① 可见，刘修的卒年虽早于《张侯论》，但《齐论》《鲁论》的融合本却当早已产生。加之《古论》并非世间无传②，《论衡·正说篇》记《古论》传授，曰："初，孔子孙孔安国以教鲁人扶卿，官至荆州刺史，始曰《论语》。"③ 孙世扬先生曰："据此，则扶卿之学，传自孔安国。而《艺文志》以为扶卿传《鲁论》，是《鲁论》本出于古文也。《艺文志》传《齐论》者，有王吉以下六人，皆后于孔安国。其胶东庸生，则孔之再传弟子也④。"⑤ 因此，定州《论语》确是古、齐、鲁三本《论语》并行时的本子。

　　那么，八角廊汉简《论语》究竟是什么性质的本子呢？实际上，从现有的诸家研究来看，简本文字与内容可考的各种本子都不相同，

---

　　① 王素：《河北定州出土西汉简本〈论语〉性质新探》，载李学勤、谢桂华主编《简帛研究》第 3 辑，广西师范大学出版社 1998 年版，第 464—465 页。关于汉代齐鲁之学的划分及其兴衰陵替，可参见蒙文通《经学导言》，《经史抉原》，巴蜀书社 1995 年版。

　　② 王素先生以为《古论》直至成帝使刘向校书方为人所见，非是。参见王素《河北定州出土西汉简本〈论语〉性质新探》，载李学勤、谢桂华主编《简帛研究》第 3 辑，广西师范大学出版社 1998 年版。

　　③ （东汉）王充：《论衡》，载黄晖《论衡校释》，中华书局 1990 年版，第 4 册，第 1138 页。

　　④ 原注：见《儒林传》。

　　⑤ 孙世扬：《论语考》，《华国》1926 年第 2 期。

这迫使我们思考我们对于汉代《论语》流传的认识。其实，《汉书·艺文志》并未完全著录当时存世的书籍。① 甚至六艺之籍亦然。胡平生、韩自强先生即曾指出："《汉志》并没有将汉初治《诗经》各家囊括。"② 若然，八角廊《论语》也可能是西汉中期流传于世的古、齐、鲁三家之外的一种文本。

---

① 参见余嘉锡《古书通例》，上海古籍出版社 1985 年版；李零《关于〈孙子兵法〉研究整理的新认识》，《〈孙子〉古本研究》，北京大学出版社 1995 年版；廖名春《梁启超古书辨伪方法的再认识》，《汉学研究》1998 年第 1 期。
② 胡平生、韩自强：《阜阳汉简〈诗经〉简论》，《阜阳汉简〈诗经〉研究》，上海古籍出版社 1988 年版，第 31 页。

第四章　简帛道家文献考辨

第一节　论《太一生水》与《老子》当为二书

　　郭店简中的《太一生水》，其"竹简两端平齐，简长二六·五厘米，上下两道编线的间距为一〇·八厘米。其形制及书体均与《老子》丙相同，原来可能与《老子》丙合编一册"①。

　　由此，在学界引发了《太一生水》是否为古本《老子》的一部分的争论。②

　　《郭店楚墓竹简》一书初稿曾经裘锡圭先生审定。承裘先生告知，该书初稿乃是以《老子》三篇与《太一生水》合编为一书，以现今编序的《老子》甲本第八简为全书的第一简，并取该简分章符号上的两字"事好"为其书命名。荆门的邹安华先生还指责现在的编排："令人不解的是《郭店楚墓竹简》不知为何故，将《太一生水》篇单独立篇，并未归入到竹简《老子》之列。"③

---

　　①　荆门市博物馆：《郭店楚墓竹简》，文物出版社 1998 年版，第 125 页。

　　②　参见崔仁义《荆门郭店楚简老子研究》，科学出版社 1998 年版；李存山《从郭店楚简看早期道儒关系》，载姜广辉主编《郭店楚简研究》，《中国哲学》第 12 辑，辽宁教育出版社 1999 年版；侯才《郭店楚墓竹简老子校读》，大连出版社 1999 年版；陈伟《〈太一生水〉校读并论与〈老子〉的关系》，载安徽大学古文字研究室编《古文字研究》第 22 辑，中华书局 2000 年版；邹安华《楚简与帛书老子》，民族出版社 2000 年版；李颖、姚小鸥《出土文献与史记老子列传》，载姚小鸥主编《出土文献与中国文学研究》，北京广播学院出版社 2000 年版；何新《古本老子"道德经"新解》，时事出版社 2002 年版；李尔重《〈老子〉研究新编》，华中科技大学出版社 2003 年版。

　　③　邹安华：《楚简与帛书老子》，民族出版社 2000 年版，前言第 2 页。

其后，对于《太一生水》为古本《老子》一部分的论证，主要集中在《太一生水》与《老子》丙篇同书一册，以及二者有着文字与思想两个方面的相通相似。例如美国学者艾兰（Sarah Allan）女士就说：

> 就竹简的形制而言，把这些材料与同组中见于《道德经》的材料区别开来，是没有依据的。竹简的长度相同，书体相同；竹简编线的痕迹表明，这些竹简是作为共同的一篇单独编联的。……以下，我要提出两个内在相关的论点。一是文献的。我要论证《太一生水》在语义学上与《老子道德经》内在相关。这种关联并见于郭店《老子》的甲组与乙组，以及不见于郭店简文的《道德经》的其他章节。这种关联表明，在已经发现的郭店简文之外，已经有一个更为完整的底本，或至少是更多一些的文字材料。这同时说明，《太一生水》是《老子》的一个部分。另一点，则是概念的。这里，我要论证《太一生水》能帮助解读《老子道德经》中一些令人困惑的章节。在郭店所见的传统中，太一是道之名。在宇宙中，它是北极星，是"天门"，是宇宙之水流出的不竭的源泉。在式盘上，它是"一"，是不动的中心，所有其他的东西围绕它旋转。如此，它同时是初祖与神，所以，无法被命名。在哲学上，道是一个抽象的概念，以这些隐喻为原型。①

实则在出土简帛中，有不少并非同书甚至内容关系不大的篇章同抄于一卷的现象。李学勤先生就指出："如马王堆帛书《老子》乙本，以《老子》两篇同《五行》《九主》《明君》《德圣》四篇抄在一起，成了一卷书。这些内容思想倾向很不相同，虽然有某些联系，却分属不

① ［美］艾兰：《太一·水·郭店老子》，载武汉大学中国文化研究院编《郭店楚简国际学术研讨会论文集》，湖北人民出版社 2000 年版，第 526 页。

同学派。尤其《五行》出于子思、孟子一派之手，和《老子》不能同日而语。① 传世古书也有这一类混编的情形，如《逸周书》《管子》之类，各篇年代和思想多有差异。《管子》中收入《弟子规》，尤为明显。帛书《老子》甲本，以《黄帝书》（可能即《汉志》的《黄帝四经》，发表时称《经法》等）同《老子》合写，虽同属道家，有'黄老'之称，究竟不出于同时同人。不加区别地抄为一书，总是易滋误会的。"②

除李先生所举之外，我们还可以补充一些。马王堆帛书中以《足臂十一脉灸经》、《阴阳十一脉灸经》甲本、《脉法》、《阴阳脉死候》、《五十二病方》五种合为一卷帛书。以《却谷食气》、《阴阳十一脉灸经》乙本、《导引图》、古地图四种合为一卷帛书。其中《阴阳十一脉灸经》甲乙本的文字基本相同。按：在 1983 年底至 1984 年初发掘的湖北江陵张家山 247 号墓中，出土有自身题名为《脉书》的竹书一种，其内容相当于马王堆帛书的《阴阳十一脉灸经》《脉法》《阴阳脉死候》三种。③ 可见，这两卷帛书虽然都是医书，但其中各篇毕竟不属一书。由是观之，不同内容的文章被同抄于一卷，是十分常见的。因此，同抄一卷不能证明《太一生水》和《老子》丙本同为一书。

另一方面，《老子》和《太一生水》在思想上的差异也是十分明显的。《老子》第四十二章所说的宇宙生成论为："道生一，一生二，二生三，三生万物。"④ 任继愈先生的译文是："'道'产生统一的事物，统一的事物分裂为对立的两个方面，对立的两个方面产

---

① 按：马王堆帛书《老子》甲本是同《五行》《九主》《明君》《德圣》四篇抄在一起，成为一卷书的；帛书《老子》乙本才是以《经法》等四篇同《老子》合写的。先生盖偶失检。

② 李学勤：《对古书的反思》，《当代学者自选文库·李学勤卷》，安徽教育出版社1999 年版，第 18 页。

③ 张家山汉墓竹简整理小组：《江陵张家山汉简概述》，《文物》1985 年第 1 期。

④ 《老子道德经》，载浙江书局编《二十二子》，上海古籍出版社 1986 年版，第 5 页。

生新生的第三者，新生的第三者产生千差万别的东西。"① 这是一种
哲理性、抽象性很强的理论。在冯友兰先生看来，"在《老子》中，
有一句话，可以把《老子》有关于宇宙观的各章都贯穿起来。'天
下万物生于有，有生于无'（第四十章），从这句话的字面来看，各
章都是这样说的。'道'就是无，也是各章都承认的。这样说起来，
《老子》的宇宙观当中，有三个主要的范畴：道、有、无。因为道
就是无，实际上只有两个重要范畴：有、无。……问题在于，对于
有、无可以有不同的理解和解释。实际上《老子》中有三种不同的
理解和解释，形成三种说法。第一种是，带有原始宗教性的说法"。
例如"谷神不死，是谓玄牝，玄牝之门，是谓天地根"（第六
章）②；"天地之间，其犹橐籥乎，虚而不屈，动而愈出"（第五
章）③，它们"都是认为有一个中间空虚的东西，可以生出无穷无尽
的东西。中间的空虚是'无'，无穷无尽的东西是'有'。这种说
法的意思，也是说'有'生于'无'，但是说法比较粗糙，有点像
原始的宗教。……第二种说法，有了'有''无'这两个概念，这
就进步得多了。第三种说法，把'无'理解为无名，'无'就是无
名。不能说道是什么，只能说它不是什么"。④ 反之，"《太一生水》
云太一生水生天生地生神明生阴阳生四时生沧热生湿燥而成岁，反
过来说其实也是为了解释岁的成因及岁的构成，作者为此进行了宇
宙生成论体系的探究与连缀"⑤。因此，《太一生水》的抽象性与哲
理性远不及《老子》。由此可见，二者必非同书。裘锡圭先生也指
出：《太一生水》"其思想和语言虽然有跟《老子》相合之处，但

---

① 任继愈：《老子全译》，巴蜀书社 1992 年版，第 49 页。
② 《老子道德经》，载浙江书局编《二十二子》，上海古籍出版社 1986 年版，第 1 页。
"玄"原避圣祖讳作"元"，今改。
③ 《老子道德经》，载浙江书局编《二十二子》，上海古籍出版社 1986 年版，第 1 页。
④ 冯友兰：《中国哲学史新编》第 2 册，《三松堂全集》第 8 卷，河南人民出版社
2001 年版，第 284—285 页。
⑤ 丁四新：《郭店楚墓竹简思想研究》，东方出版社 2000 年版，第 109 页。

也有明显不合之处。例如，所用'太一''君子'等词不见于《老子》；又如虽然'太一'可以认为就指'道'，但是作为此篇主要内容的由'太一生水'到'成岁而止'的宇宙生成模式，跟《老子》第四十二章的'道生一，一生二，二生三，三生万物'的模式仍有明显差异"①。李学勤先生也明确指出："太一生水这一章晚于传世本《老子》各章，证据是'太一'一词在《老子》中并未出现。《老子》不少地方讲'一'，如第十章、第二十二章'抱一'，第三十九章'得一'，却不见'太一'。同样，《老子》很推尚水，如第八章'上善若水'，第七十八章'天下莫柔弱于水'，但也不曾有'太一藏于水'的观点。《太一生水》在思想上，和《老子》殊有不同，只能理解为《老子》之后的一种发展。"② 此外，裘锡圭先生还指出："由'太一生水'到'天地者太一之所生也'这一大段的文风，也显然跟《老子》不同。所以郭店楚墓竹简的整理者，虽曾一度将《太一生水》的内容编入《老子》丙组，最后还是将它们分成了两篇。"③

还有一些学者认为《太一生水》是对《老子》某些内容的解释和发挥。如李学勤先生就曾指出《太一生水》第1—8号简文"显然是对《老子》（王弼注本）第四十二章的引申解说"④。陈伟先生认为《太一生水》的内容可以分成三部分，"依次与传世本《老子》第四十二章、第二十五章和第七十七章对应，似为阐述《老子》这几章大义的传"⑤。裘锡圭先生据以认为："按照这种观点，

---

① 裘锡圭：《〈太一生水〉"名字"章解释——兼论〈太一生水〉的分章问题》，载安徽大学古文字研究室编《古文字研究》第22辑，中华书局2000年版，第219页。

② 李学勤：《荆门郭店楚简所见关尹遗说》，载姜广辉主编《郭店楚简研究》，《中国哲学》第20辑，辽宁教育出版社1999年版，第161页。

③ 裘锡圭：《〈太一生水〉"名字"章解释——兼论〈太一生水〉的分章问题》，载安徽大学古文字研究室编《古文字研究》第22辑，中华书局2000年版，第219页。

④ 李学勤：《荆门郭店楚简所见关尹遗说》，载姜广辉主编《郭店楚简研究》，为《中国哲学》第20辑，辽宁教育出版社1999年版，第161页。

⑤ 陈伟：《〈太一生水〉考释》，《古文字与古文献》试刊号，"台湾楚文化研究会"1999年版，第65—66页。

可以把《太一生水》并入《老子》丙组，但仍应对它们加以区分，也许可以在原来的《老子》丙组前标'一'，在原来的《太一生水》前标'二'。这样处理，可能要比把它们分成两篇妥当一些。"① 其实正如陈伟先生所说的，《太一生水》乃是"属于阐发大义的传，而不是训释字词名物的注"②。而在先秦两汉，类似这样的传与原书各自独立成篇的情况极多。例如《墨子》的《墨经》和《经说》，《管子》既有《牧民》《形势》《立政》《版法》《明法》，又有《牧民解》《形势解》《立政九败解》《版法解》《明法解》，韩非有《解老》《喻老》，也不必与《老子》同书。余杭章先生曾言："古之为传，异于章句。章句不离经而空发，传则有异。《左氏》事多离经，《公羊》《谷梁》二传，亦空记孔子生。夫章句始西京，以传比厕经下，萌芽于郑、王二师。自是为法，便于习读，非古之成则。世人以是疑周人旧传，此一蔽也。"③ 可见古书本经传别行。因此，即使以《太一生水》为《老子》之传，也没有必要将二者合为一篇。

第二节　由《汉书·艺文志》推测古本《文子》之面貌

《汉书·艺文志》诸子略道家类著录《文子》九篇，自注云："老子弟子，与孔子并时，而称周平王问，似依托者也。"④

---

① 裘锡圭：《〈太一生水〉"名字"章解释——兼论〈太一生水〉的分章问题》，载安徽大学古文字研究室编《古文字研究》第 22 辑，中华书局 2000 年版，第 219 页。

② 陈伟：《〈太一生水〉校读并论与〈老子〉的关系》，载安徽大学古文字研究室编《古文字研究》第 22 辑，中华书局 2000 年版，第 230 页。

③ 章太炎：《国故论衡》，上海古籍出版社 2003 年版，第 70 页。

④ （东汉）班固：《汉书》，中华书局 1962 年版，第 6 册，第 1729 页。

　　首先，关于《文子》书中的"平王"，除周平王外，尚有楚平王①、齐平公②等说。但王博先生据竹简《文子》指出："2391 号简云：'（辞曰：道者，先圣人之传）也。天王不（赍不□）。'观此简语气，乃是文子答平王之语，其中出现'天王'一词，当是文子对平王的称号。考'天王'之称，约出于周平王东迁之后，是时南方楚吴等国君称王，为区而别之，故尊称周天子为天王。《春秋》隐公六年'秋七月，天王使宰咺来归惠公仲子之赗'，及隐公三年'三月庚戌，天王崩'，'天王'均指周平王。此书及《左传》中多有称周天子为天王之例，而从不见诸侯国君得称天王者。因此，从文子称平王为天王之例看，平王必为处天子之位之周平王，楚平王固不足以当之。"③

　　按：王说甚是。检《公羊传》成公八年《经》："秋七月，天子使召伯来锡公命。"何休《注》："或言王，或言天王，或言天子，皆相通矣，以见刺讥是非也。"④ 陈立《公羊义疏》云："杜云：天子、天王，王者之通称。孔《疏》：天子之见经者三十有二，称天王者二十五，称王者六，称天子者一，即此事是也。三称并行，传无异说，故知天子、天王，王者之通称也。其不同者，史异辞耳。引《公羊》此传云云。杜用彼说也。按，何云皆相通矣者，以见刺讥是非，则与杜义殊。《谷梁传》：曰天子何也，曰，见一称也。范注：天子、天

---

　　① 参见（元）马端临《文献通考》卷二一一引《周氏涉笔》，中华书局 2011 年版，第 10 册；（清）孙星衍《问字堂集》卷四《文子序》，中华书局 1996 年版；蔡靖泉《文学史上的〈文子〉》，《江汉论坛》1995 年第 5 期。

　　② 李定生：《文子其人考》，载陈鼓应主编《道家文化研究》第 4 辑，上海古籍出版社 1994 年版，第 440—441 页；李定生：《韩非读过〈文子〉——谈〈文子〉的年代与原始道家的关系》，《哲学与文化》1996 年第 9 期。葛刚岩等有驳议，参见葛刚岩《韩非子读过〈文子〉吗？——兼谈〈文子〉的成书与流传》，《图书与情报》2004 年第 6 期；张丰乾《关于"韩非读过〈文子〉"及其他》，《管子学刊》1999 年第 4 期。

　　③ 王博：《关于〈文子〉的几个问题》，《哲学与文化》1996 年第 8 期；参见魏启鹏《〈文子〉学术探微》，载《道家文化研究》第 18 辑，生活·读书·新知三联书店 2000 年版。

　　④ （东汉）何休注、（唐）徐彦疏：《春秋公羊传注疏》，载（清）阮元《十三经注疏》，台北：艺文印书馆 2007 年版，第 7 册，第 221 页。

王，王者之通称，自此以上，未有言天子者，今言天子，是更见一称
其义。以称天子与称天王、王者同，亦不以为褒贬所系也。《左疏》
引贾逵云：诸夏称天王，畿内曰王，夷狄曰天子，王使荣叔归含且
赗，以恩深加礼妾母，恩同畿内，故称王。成公八年乃得赐命，与夷
狄同，故称天子。与《公羊》义不合。……或言天王，或言天子，
并是至尊之称，犹《觐礼》曰，王使人皮弁用璧劳，又曰，天子赐
含，临文随称，无有意义。"①

　　但要证明"天王"只能指周天子，还必须澄清先秦文献中的两个
疑例。

　　其一，1978年4月—1979年4月，河南省文化局、淅川县文物
管理委员会等单位在河南省淅川县发掘了春秋楚墓24座，出土了
大量青铜器。② 其中下寺M1出土编钟1套，共9枚，由于铭文文首
作器者人名已被铲去，故只能以"下寺M1钮钟"名之。此钟铭文
有云："唯王正月初吉庚申，□□□□，自作永令，其眉寿无疆。
敬事天王，至于父兄，以乐君子，江汉之阴阳，百岁之外，以之大
行。"③ 由于此器为楚器④，因而其中"天王"一语，极易让人误以
为指楚王。但我们只要对照一下下寺M2所出的"王孙诰甬钟"就
可以明白了："唯正月初吉丁亥，王孙诰择其吉金，自作和钟，终
翰且扬，元鸣孔皇，有严穆穆，敬事楚王……闻闻龢钟，用宴以
喜，以乐楚王、诸侯、嘉宾及我父兄诸士。"此钟称"唯正月初吉
丁亥""敬事楚王"，"下寺M1钮钟"则称"唯王正月初吉庚申"
"敬事天王"，两相比较，天王显然指的不是楚王，而只能是周天

　　① （清）陈立：《公羊义疏》，载（清）王先谦编《清经解续编》，上海书店1988年
版，第5册，第395页。
　　② 参见河南省文物研究所、河南省丹江库区考发掘队、淅川县博物馆《淅川下寺春
秋楚墓》，文物出版社1991年版。
　　③ 参见赵世纲《淅川下寺春秋楚墓青铜器铭文考索》，载河南省文物研究所、河南省
丹江库区考发掘队、淅川县博物馆《淅川下寺春秋楚墓》，文物出版社1991年版，附录一，
第360—361页。按，此器学界亦名"敬事天王钟"。
　　④ 参见李零《再论淅川下寺楚墓》，《文物》1996年第1期。

子。赵世纲先生已正确地指出了这一点。① 在下寺同出器物中，称
"王正月"的，还有《蔿中姬丹会匜》《东姬会匜》，前者为蔡侯所
作，赵世纲先生云："'唯王正月'中的'王'，很可能指的是周
王。春秋时各诸侯国用历不同，蔡为姬姓小国，可能用的是周历，
故在'正月'前冠以'王'字。"② 后者称"宣王之孙"，赵世纲先
生指出："两周称宣王者有四，即周宣王、楚宣王、齐宣王和韩宣
惠王。除周宣王外，其余三人均为战国时人。下寺 M7：1 号铜匜为
春秋中期物，铭文中所指宣王当为周宣王。"③ 当时各诸侯国都有自
己的纪年，楚国的历法尤其复杂④，因此，当作器者针对周天子时，
就用周历而称"唯王正月"，由是可知孔子修《春秋》而大书"春
王正月"，也是前有所本的。

其二，吴王夫差伐越，越王勾践命诸稽郢行成于吴，《国语·吴
语》载其辞曰："昔者越国见祸，得罪于天王。"⑤ 那么，是否可以以
此证明诸侯也可以称"天王"呢？清儒俞樾感受到了这一危机，因
此竭力消除它。其所著《群经平议》云："天王，犹大王也。《广
雅·释诂》，天，大也。《尚书·多士篇》曰，肆予敢求尔于天邑商。
《孟子·滕文公》下篇云，惟臣附于大邑周。天邑与大邑，文异而义
同。此传越人称吴为天王，至战国时无不称大王者，天王与大王，亦
文异而义同。然则《春秋》书天王，其义亦如此而已。"⑥ 但这样一

① 赵世纲：《淅川下寺春秋楚墓青铜器铭文考索》，载河南省文物研究所、河南省丹
江库区考发掘队、淅川县博物馆《淅川下寺春秋楚墓》，文物出版社 1991 年版，第 361 页。
② 赵世纲：《淅川下寺春秋楚墓青铜器铭文考索》，载河南省文物研究所、河南省丹
江库区考发掘队、淅川县博物馆《淅川下寺春秋楚墓》，文物出版社 1991 年版，第 369 页。
③ 赵世纲：《淅川下寺春秋楚墓青铜器铭文考索》，载河南省文物研究所、河南省丹
江库区考发掘队、淅川县博物馆《淅川下寺春秋楚墓》，文物出版社 1991 年版，第 370—
371 页。
④ 参见陈伟《包山楚简初探》，武汉大学出版社 1996 年版。
⑤ 《国语》，上海古籍出版社 1988 年版，下册，第 593 页。
⑥ （清）俞樾：《群经平议》，载（清）王先谦编《清经解续编》，第 5 册，第 1198
页。葛刚岩采俞樾说，非。葛刚岩：《〈文子〉成书及其思想》，巴蜀书社 2005 年版，第
19—20 页。

来，岂不是将"天王"一语的特殊意义也一笔勾销了？而且俞氏也找不出春秋时期称"大王"，尤其是"周天子"称"大王"的例证。其实，《国语》韦《注》早有说明："言天王，尊之以名。"① 就是说，勾践用一个虚名来奉承夫差。再进而言之，在现存史料中，我们也没有发现楚徐吴越等国内部呼其君为"天王"的例证，可见这并不是诸侯的正式称号。

实际上，说"平王"为周平王，竹简《文子》中并不只"天王"一证。王博先生还指出："平王与文子问答中，文子之答语也多能显示出对方之天子身份……文子多言'天子''贵为天子''天下'等，显然由于对方具有'天子'的身份。否则，诸如'诸侯倍（背）反（叛）''百国之君'的提法便属无稽之谈。"②

《汉志》称文子为"老子弟子"，并厕其书于《老子》之后，《蜎子》之前。检《蜎子》下自注云："名渊，楚人，老子弟子。"③是《汉志》确以文子为老子弟子。学者研究老子弟子者，就笔者所见，似从未提及文子。④ 钱穆先生也指出："今按庄子好言老子，其所称老子弟子，如南荣趎庚桑楚扬子居之徒，虽云空言无事实，亦述之详矣。顾独不及文子。其他诸子亦无言文子者。太史公载诸子，亦缺文子。"⑤ 因此早有学者指出："班固等以文子为老子弟子，实无证据。"⑥ 由是，我们可以做出两个假设：其一，向歆父子另有所据，只是这些文献资料已经佚失，不为我辈所见了；其二，向歆父子并未见到文子为老子弟子的明确记载，只是根据其所见资料做

① 《国语》，上海古籍出版社 1988 年版，下册，第 593 页。

② 王博：《关于〈文子〉的几个问题》，《哲学与文化》1996 年第 8 期。

③ （东汉）班固：《汉书》，中华书局 1962 年版，第 6 册，第 1730 页。

④ 参见（清）吴蒲：《老子别录》，载王德毅主编《丛书集成续编》，台北：新文丰出版公司 1989 年版，第 38 册；詹剑峰《老子其人其书及其道论》，湖北人民出版社 1982 年版；黄钊主编《道家思想史纲》，湖南师范大学出版社 1991 年版；熊铁基、马良怀、刘韶军《中国老学史》，福建人民出版社 1995 年版。

⑤ 钱穆：《先秦诸子系年》，商务印书馆 2001 年版，第 253 页。

⑥ 王博：《关于〈文子〉的几个问题》，《哲学与文化》1996 年第 8 期。

出推测。

第一种假设的可能性似乎不大。文子在道家与道教中的地位虽不能与庄列相埒，但也非无名之辈。检《旧唐书》卷九《玄宗本纪》下，开元二十九年（741）春正月丁丑，"制两京、诸州各置玄元皇帝庙并崇玄学，置生徒，令习《老子》《庄子》《列子》《文子》，每年准明经例考试"。又天宝元年（742）二月丙申，制"庄子号为南华真人，文子号为通玄真人，列子号为冲虚真人，庚桑子号为洞虚真人。其四子所著书改为真经"①。其时有王士元者即自造《亢仓子》二卷以进。②《资治通鉴》卷二一四《唐纪》三十玄宗开元二十五年（737）："春，正月，初置玄学博士，每岁依明经举。"胡三省《音注》："崇玄学，习《老子》《庄子》《文子》《列子》，亦曰道举。"③《七略》《别录》大概亡于唐安史之乱④，但在开元年间有部分篇章尚可为人所见。《史记》卷七四《孟子荀卿列传》唐司马贞《索隐》即引及《文子叙录》（详下引），可见开元中学者仍能见到这篇文字。而《别录》正为叙传之体⑤，倘使向歆父子别有所据，一定会在其书中予以详述，而为后人所称引。然考之唐人所述，《隋书》卷三四《经籍志》三子部道家类，《文子》下注："文子，老子弟子。"⑥马总《意林》卷一："《文子》十二卷，周平王时人，师老君。"⑦徐灵府《通玄真经序》："文子者，周平王时

① （后晋）刘昫等：《旧唐书》，中华书局1975年版，第1册，第213、215页。
② 参见张心澂《伪书通考》，上海书店1998年版。
③ （北宋）司马光：《资治通鉴》，中华书局1956年版，第14册，第6826页。
④ 参见钟肇鹏《七略别录考》，《求是斋丛稿》，巴蜀书社2001年版，上册。
⑤ 参见章炳麟《国故论衡》中《明解故》上，上海大共和日报馆1912年第3版；章炳麟《訄书》，载徐复《訄书详注》，上海古籍出版社2000年版；章炳麟《七略别录佚文征序》，载上海人民出版社编《章太炎全集》第1卷，上海人民出版社1982年版；徐复《〈史记文献学丛稿〉序》，载赵生群《〈史记〉文献学丛稿》，江苏古籍出版社2000年版；徐复《訄书详注》，上海古籍出版社2000年版。
⑥ （唐）魏征：《隋书》，中华书局1973年版，第4册，第1001页。
⑦ （唐）马总：《意林》，载《道藏》，文物出版社、上海书店、天津古籍出版社1988年版，第32册，第484页。

人也。"自注："老子弟子也。"① 皆可见其仅步趋《汉志》，别无所据。由此可推知《七略》《别录》必然是把文子作为周平王时人予以叙述，且《汉书》卷二〇《古今人表》将文子列于秦襄公后、周平王前，而不是老子之后，也可为一证。② 此外，《史记》卷七四《孟子荀卿列传》云，墨子"或曰并孔子时，或曰在其后"。唐司马贞《索隐》："按《别录》云'今按《墨子》书有文子，文子即子夏之弟子，问于墨子'。如此，则墨子在七十子之后也。"③ 此文子非彼文子，自不待言④，但由此也可见刘氏父子在旧籍之中遍寻与孔子并时之文子不获，不得不牵引此子夏弟子之文子，聊以塞责。那么，向歆父子究竟是根据什么说文子是老子弟子呢？由《汉志》体例来看，应当就是根据其所见《文子》之书。如《汉志》诸子略法家类《慎子》下自注云："名到，先申、韩，申、韩称之。"⑤ 但正如钱穆先生指出的："夫到与孟子同时，而按《盐铁论》，慎子以愍王末年亡去，则慎子辈行犹较孟子稍后，岂得先申子？"⑥ 邵蓓先生曾考察《汉志》，其中类似体例的还有七条。（一）《列子》8 篇。名御寇，先庄子，庄子称之。（二）《公子牟》4 篇。魏之公子也，先庄子，庄子称之。（三）《郑长者》1 篇。六国时。先韩子，韩子称之。（四）《闾丘子》13 篇。名快，魏人，在南公前。（五）《将巨子》5 篇。六国时。先南公，南公称之。（六）《尹文子》1 篇。说齐宣王。先公孙龙。（七）《田俅子》3 篇。先韩子。"可见这是《汉书·艺文志》通行的一个体例。考察现存的《庄子》《韩非子》《公孙龙子》，就会发现班固所称的先庄子、韩

① （唐）徐灵府：《通玄真经注》，载《道藏》，文物出版社、上海书店、天津古籍出版社 1988 年版，第 16 册，第 673 页。

② （东汉）班固：《汉书》，中华书局 1962 年版，第 3 册，第 902—903 页。参见张丰乾《竹简〈文子〉探微》，博士学位论文，中国社会科学院研究生院，2002 年 3 月。

③ （西汉）司马迁：《史记》，中华书局 2013 年版，第 7 册，第 2841 页。

④ 参见钱穆《先秦诸子系年》，商务印书馆 2001 年版。

⑤ （东汉）班固：《汉书》，中华书局 1962 年版，第 6 册，第 1735 页。

⑥ 钱穆：《先秦诸子系年》，商务印书馆 2001 年版，第 492 页。

子、公孙龙的这些人都有言论事迹见于这几部书中。……因此，班固之所以得出某人先另一人的结论，正是因为他所见到的另一人书中提到了该人。"① 循此例以观，可知上文的第二个推测可以成立，并且向歆父子据以推定文子为老子弟子的资料，正是他们所见到的古本《文子》。② 至若《汉志》又言文子"与孔子并时"，则当系由"老子弟子"推测而来。③ 张舜徽先生曾归纳《汉志》条例，中有"标注作者时世例"："校录群书，固当致详于作者时世，能明定为何时人，斯固善之善者；如其不然，可取他人与同时者论定之。《汉志》道家《文子》九篇，注云：'老子弟子，与孔子并时。'《老莱子》十六篇，注云：'楚人，与孔子同时。'名家《邓析》二篇，注云：'郑人，与子产并时。'《惠施》一篇，注云：'名施，与庄子同时。'是其例也。"④

由此可见，向歆父子与班固所见到的《文子》，是同时有着文子与周平王、老子问答的内容的。

但1973年河北定县所出汉简《文子》有文子与平王问答的内容，并无文子与老子的问答。这应当保留了古本《文子》的面貌。⑤ 李学勤先生据以认为，八角廊墓的年代同刘向、刘歆父子校书接近，竹简《文子》与《七略》及《汉书·艺文志》所著录的本子，应当相同，至少是相似。⑥ 我们与李学勤先生的看法略有不同。正

---

① 邵蓓：《关于慎到"先申、韩，申、韩称之"》，《中国史研究》2001 年第 3 期。

② 《论衡·自然》以文子为老子弟子，（东汉）王充：《论衡》，载黄晖《论衡校释》，中华书局 1990 年版，第 3 册，第 783 页。但并无具体论述，因此显然是受到向歆父子及班固的影响，而非别有所据。

③ 钱穆先生曰："宋鈃尹文并称，汉人以宋鈃为黄老，故伪为《尹文》书者，亦引老子为言，而以尹文为其弟子。班氏本其书为说，故云既为老子弟子，则与孔子同时，而称周平王，乃依托。非别有据，而真谓是老子弟子也。"（钱穆：《先秦诸子系年》，商务印书馆 2001 年版，第 253—254 页）其以文子为尹文为本书所未允，余皆可参。

④ 张舜徽：《汉书艺文志释例》，《广校雠略》，华中师范大学出版社 2004 年版，第 129 页。

⑤ 参见胡文辉《〈文子〉的再考辨》，《中国早期方术与文献丛考》，中山大学出版社 2000 年版。

⑥ 李学勤：《试论八角廊简〈文子〉》，《文物》1996 年第 1 期。

如上文所论，向歆父子校书时所见到的本子是既有文子与周平王的问答，又有文子与老子问答的内容。清儒章学诚曾曰："刘向校雠中秘，有所谓中书，有所谓外书，有所谓太常书，有所谓太史书，有所谓臣向书、臣某书。夫中书与太常、太史，则官守之书不一本也；外书与臣向、臣某，则家藏之书不一本也。"① 检刘向《管子叙录》曰："所校雠中《管子》书三百八十九篇，太中大夫卜圭书二十七篇，臣富参书四十一篇，射声校尉立书十一篇，太史书九十六篇，凡中外书五百六十四篇，以校，除复重四百八十四篇，定著八十六篇，杀青而书，可缮写也。"② 《晏子叙录》曰："所校中书《晏子》十一篇，臣向谨与长社尉臣参校雠，太史书五篇，臣向书一篇，参书十三篇，凡中外书三十篇，为八百三十八章，除复重二十二篇六百三十八章，定著八篇二百一十五章。外书无有三十六章，中书无有七十一章；中外皆有，以相定。"③ 则定县简本《文子》或与之相类似的文本，即使为向歆父子所见，那也只是其所见众多副本中的一种而已。简本《文子》中，并无老子的痕迹，王博先生指出："今本《文子·道德》中有'平王问文子曰：吾闻子得道于老聃，今贤人虽有道，而遭淫乱之世'，可为文子师从老子之证，但遗憾的是，竹简《文子》适有此段，0880 号：'王曰：人主唯（虽）贤，而曹（遭）淫暴之世……'而无'吾闻子得道于老聃'句，可知此为后人增益，非原文之旧。"④ 我们当然不能断定今本的"吾闻子得道于老聃"一语已为向歆父子所见，但他们所见到的《文子》中已有与老子的问答，则可以肯定。⑤ 因此，杂糅了文

---

① （清）章学诚：《校雠通义》卷一"校雠条理"，载王重民《校雠通义通解》，上海古籍出版社 1987 年版，第 37 页。

② 黎翔凤：《管子校注》，中华书局 2004 年版，上册，卷首第 3 页。

③ 吴则虞：《晏子春秋集释》，中华书局 1962 年版，上册，第 49 页。

④ 王博：《关于〈文子〉的几个问题》，《哲学与文化》1996 年第 8 期。

⑤ 张丰乾先生据上引王博先生说，认为"由此可以推断，班固所见到的《文子》中，与八角廊竹简不同"，极是。但张氏又云，"有'吾闻子得道于老聃'的字眼"，则不敢必。参见张丰乾《出土文献与文子公案》，社会科学文献出版社 2007 年版。

子与平王、老子问答的《文子》可能在向歆父子校书前就已出现，但这种糅杂文本成为官方定本，则当始于向歆校书。

那么，为什么会发生老子替代平王，以及由此而来的全书问答角色的转换呢？这个问题首先是，为什么是平王与文子问答？王博先生的解答是："道家之书，本多依托之言，如《伊尹》设为伊尹、商汤问答，《鹖子》设为鹖子、周文王问答，以及帛书《黄帝四经》设为黄帝与太山稽、果童、力黑问答等，其言行事迹历史中虽无有，然人物关系从不混乱，并无'关公战秦琼'之例。以此知平王固为依托，文子亦然。"① 可见在先秦诸子中，贤士为帝师，与圣王明君畅谈大道，既是永恒的理想，也是写作的母题。如果说在古本《文子》中，文子扮演了一个高士的角色，那么平王则被视为一代明君。因为"说起来平王也算是开创了东周五百余年基业的第一代天子"②。从竹简《文子》来看，平王是一位"遭淫暴之世"，"欲化久乱之民"，"匡邪民以为正，振乱世以为治"的君主。因此王博先生将简本的成书年代定为楚汉之际，认为其"所反映的应是经过了暴秦统治及楚汉相争后之社会情形及要努力之方向"③。但到了西汉后期，人们开始对周平王表现出越来越强烈的不满，到了班固作《古今人表》，干脆把他列入第九等"下下愚人"之列④，可谓鄙视之极了。梁玉绳解释其理由，认为："《学林》三讥《表》不当列平王在愚人之等，非也。避戎东徙，不得谓之中兴；而始奔于申，既立于申，复为之戌申；借手叛人，无殊推刃；弃父奉雠，不孝莫大。班氏置之下愚，宜矣！"⑤ 我们还可以以对于《诗·小雅·小弁》的解说为例，来看西汉前后期对平王的评价。《孟子·告子下》认为："《小弁》之怨，亲亲也。

---

① 王博：《关于〈文子〉的几个问题》，《哲学与文化》1996 年第 8 期。
② 王博：《关于〈文子〉的几个问题》，《哲学与文化》1996 年第 8 期。
③ 王博：《关于〈文子〉的几个问题》，《哲学与文化》1996 年第 8 期。
④ （东汉）班固：《汉书》，中华书局 1962 年版，第 3 册，第 903 页。
⑤ （清）梁玉绳：《人表考》，载二十五史刊行委员会编《二十五史补编》，中华书局 1955 年版，第 1 册，第 354 页。

亲亲，仁也。"① 汉代诗说，基本未越出"仁"之一字，但对于诗作者及所咏之事，则有较大分歧。《诗·小雅·小弁》小序："《小弁》，刺幽王也。大子之傅作焉。"诗云："民莫不谷，我独于罹。"毛《传》："幽王取申女，生大子宜咎。又说褒姒，生子伯服，立以为后，而放宜咎，将杀之。"② 但今文则以为是宣王时代，尹吉甫之子伯奇为后母所谮，遭父放逐所作。今文之说在汉代颇为兴盛，如《汉书》卷六三《武五子传》载武帝时壶关三老茂上书曰："孝已被谤，伯奇放流，骨肉至亲，父子相疑。"③《易林·讼之大有》："尹氏伯奇，父子生离。无罪被辜，长舌所为。"《巽之观》："谗言乱国，覆是为非。伯奇流离，恭子忧哀。"④ 在后汉古文学昌明之世，作为古文学家的班固却偏要用今文家之说，《汉书》卷七九《冯奉世传》赞："谗邪交乱，贞良被害，自古而然。故伯奇放流，孟子宫刑，申生雉经，屈原赴湘，《小弁》之诗作，《离骚》之辞兴。经曰：'心之忧矣，涕既陨之。'"⑤ 赵岐《孟子章句》亦曰："《小弁》，《小雅》之篇，伯奇之诗也……伯奇仁人而父虐之，故作《小弁》之诗曰'何辜于天'，亲亲而悲怨之辞也。"⑥ 这其中固然有师说家法等因素，但也未尝不透露着汉人不以"仁人"许平王的意思。

反之，老子的地位却在不断上升，先是汉初的尊崇黄老，后被道教奉为至尊，因此汉人在传抄《文子》时，就逐渐将其中的平王改为老子，并随之颠倒了二者的问答关系，使之成为向歆父子所看到的样子。至于今本《文子》的编定，许多学者认为当在东汉，大体

---

① （清）焦循《孟子正义》，中华书局 1987 年版，下册，第 818 页。

② （西汉）毛公传、（东汉）郑玄笺、（唐）孔颖达疏：《毛诗注疏》，载（清）阮元《十三经注疏》，台北：艺文印书馆 2007 年版，第 2 册，第 420 页。

③ （东汉）班固：《汉书》，中华书局 1962 年版，第 9 册，第 2744 页。

④ 《焦氏易林原文》，载刘殿爵、陈方正主编《焦氏易林逐字索引》，香港：商务印书馆（香港）有限公司 1995 年版，第 25、275 页。

⑤ （东汉）班固：《汉书》，中华书局 1962 年版，第 10 册，第 3308 页。

⑥ （东汉）赵岐：《孟子章句》，载（清）焦循《孟子正义》，中华书局 1987 年版，下册，第 817—818 页。

可信。

但有的学者提出今本《文子》出于北魏。如曾达辉先生即言："有关老子语录式《文子》的伪造，我推测是在北魏之时，但不敢必。北魏时僧、道俱有依附国主者，佛道二教从互相包容变为在朝廷上针锋相对。天师道为了对抗佛教和宣传道教造出了不少托附老子的伪经……伪经之所以层出不穷，在于老子所言所书都是道教的护法，《文子》被改为老子语录相信是在此思潮下应运而生。"① 其实关于这类所谓伪经，陈寅恪先生的看法很值得借鉴。在《武曌与佛教》这篇论文中，陈先生首先依据敦煌写本《大方等大云经》残卷，论证史籍所言武后时伪造《大云经》之说为诬枉，重译说亦非事实。"此佛教经典若为新译或伪造，则必假托译主，或别撰经文。其事既不甚易作，其书更难取信于人。仍不如即取前代旧译之原本，曲为比附，较之伪造或重译者，尤为事半而功倍。由此观之，近世学者往往以新莽篡汉之故，辄谓古文诸经及太史公书等悉为刘歆所伪造或窜改者，其说殆不尽然。寅恪不敢观三代两汉之书，固不足以判决其是非。而其事亦轶出本篇范围之外，尤不必涉及。但武曌之颁行大云经与王莽之班符命四十二篇，其事正复相类，自可取与并论。"② 我们认为，李暹注《文子》，即便是为了与佛教相争，也当是使用的两汉旧本，而不必另起炉灶，改易古本。

第三节　马王堆帛书黄帝书的性质

1973 年，马王堆三号墓出土了一批帛书，其中《经法》等四篇

---

① 曾达辉：《今本〈文子〉真伪考》，载陈鼓应主编《道家文化研究》第 18 辑，生活·读书·新知三联书店 2000 年版，第 259—260 页。
② 陈寅恪：《武曌与佛教》，《金明馆丛稿二编》，生活·读书·新知三联书店 2001 年版，第 167—168 页。

是否就是《汉书·艺文志》所著录而又早已亡佚的《黄帝四经》，学界一直存在争议。有的学者径以之为《黄帝四经》①，但裘锡圭先生则一直没有放弃自己的观点。本书尝试从古书流传的角度，就此问题提出自己的看法。

　　唐兰先生曾提出马王堆帛书《老子》乙本卷前的四篇古佚书就是《汉书·艺文志》著录的《黄帝四经》。②裘锡圭先生则认为这四篇文字并非《黄帝四经》，其理由之一即是："唐先生自己也承认'四篇体裁各别'。"③从古书流传的角度来看，在古代，既有因文章篇幅过长而抄成数卷的，也有因篇幅短小而以数篇抄于一卷的。检张舜徽先生《广校雠略》云："惟古书篇幅长短不齐，故编书之人于篇幅甚短者，恒合数篇以成一卷。《诗》三百篇，每篇文字最简，《汉书·艺文志》著录鲁、齐、韩三家经文为二十八卷，《尔雅》十九篇，《汉志》著录为三卷，是其例也。若夫篇幅过长者，又每分为上下卷，或上中下卷。《汉书》本为百篇，而应劭注本作一百十五卷，颜师古注本作一百二十卷，是其例也。④盖自简策既废，易篇为卷⑤，太长则卷舒不便，过短则不能自成一轴，故编次者辄依文辞繁简，有所进退

---

　　① 例如白奚《稷下学研究》，生活·读书·新知三联书店1998年版，第97页。

　　② 参见唐兰《马王堆出土〈老子〉乙本卷前古佚书的研究》，《考古学报》1975年第1期。

　　③ 裘锡圭：《马王堆帛书〈老子〉乙本卷前古佚书并非〈黄帝四经〉》，《文史丛稿——上古思想、民俗与古文字学史》，上海远东出版社1996年版，第83页。

　　④ 李学勤先生曾指出："按先秦到汉初的书籍，常有篇分上下的情形。例如《墨子》有《经上》《经下》《经说上》《经说下》，《管子》有《君臣上》《君臣下》《心术上》《心术下》，今传本《系辞》也分为上、下，都是内容衔接而分作两篇，每篇的字数也不很多。"李学勤《帛书〈周易〉的几点研究》，《简帛佚籍与学术史》，江西教育出版社2001年版，第246页。

　　⑤ 张先生此语基于篇谓简册，卷指缣帛，不当。潘菽《简册杂记》："称篇或称卷并不是以竹或帛分的。帛可以卷，但简册又何尝不可以卷呢？"载中国科学院心理研究所、中国心理学会编《潘菽全集》第16卷，人民教育出版社2007年版，第151。劳榦《居延汉简考释·考证之部》曰："居延简广地南部候兵物册共七十七简，以麻绳二道编之如竹帘状，可以舒卷。故简编则为册，卷则为卷。《后汉书·杜林传》：'前于西州得漆书《古文尚书》一卷。'缣帛非可以漆书者，则此所言一卷，当指可以舒卷之册矣。"台北："中央研究院历史语言研究所"1944年版，卷一，页77b。

离合于其间。"① 余嘉锡先生《书册制度补考》并考之实事，曰："岛田氏引《尚书故实》谓率以一丈二尺为轴，马氏谓长短无定制。案：马说是也。《东观汉记·桓谭传》曰'谭著书，号曰新论，光武读之，敕言卷大，令皆别为上下'，则其长可知。《挚虞传》曰'《丧服》一卷，卷不盈握'，则其短可知。然则卷之长短，亦视其文之多寡也。但太长，则不便卷舒，故有分一卷为上下者；太短，则不能成轴，故有合数篇为一卷者。"② 甚是。

古书多单篇别行。余嘉锡先生《古书通例》卷三《论编次》有"古书单篇别行之例"："古之诸子，即后世之文集，前篇已论之详矣。既是因事为文，则其书不作于一时，其先后亦都无次第。随时所作，即以行世。论政之文，则藏之于故府；论学之文，则为学者所传录。迨及暮年或其身后，乃聚而编次之。其编次也，或出于手定，或出于门弟子及其子孙，甚或迟至数十百年，乃由后人收拾丛残为之定著。后世之文集亦多如此，其例不胜枚举。姑以人人所悉知之唐、宋诗文集言之：韩集编于门人李汉，柳集编自友人刘禹锡。李太白《草堂集》为李阳冰所编，而今本则出于宋敏求。欧阳修文惟《居士集》为修所自编，而今本则出于周必大。苏轼《东坡集》，自其生时已有刻本，而大全集则不知出自何人。③ 秦、汉诸子，惟《吕氏春秋》《淮南子》之类为有系统条理，乃一时所成，且并自定篇目④，其他则多是散篇杂著，其初原无一定之本也。"⑤

诸子即后世之文集。余嘉锡先生曰："章学诚曰：'周衰文弊，六

---

① 张舜徽：《广校雠略》，华中师范大学出版社 2004 年版，第 49—50 页。

② 余嘉锡：《书册制度补考》，《余嘉锡论学杂著》，中华书局 2007 年版，下册，第 543 页。

③ 原注：《东坡七集》中之《续集》为明人所编。

④ 原注：《吕氏春秋·序意篇》曰"惟秦八年，岁在涒滩，秋，甲子朔，朔之日，良人请问《十二纪》"。《淮南子·要略篇》，详载 20 篇篇名。

⑤ 余嘉锡：《古书通例》，上海古籍出版社 1985 年版，第 93—94 页。张舜徽先生《汉书艺文志释例》二"著录"亦有"单篇别行例"，可参看。载张舜徽《广校雠略》，华中师范大学出版社 2004 年版，第 116—117 页。

艺道息，而诸子争鸣。盖至战国而文章之变尽，至战国而著述之事专，至战国而后世之文体备。故论文于战国，而升降盛衰之故可知也。'又曰：'后世之文，其体皆备于战国，何谓也？曰子史衰而文集之体盛，著作衰而辞章之学兴。文集者，辞章不专家，而萃聚文墨以为蛇龙之菹也。'① 此其言是矣。周、秦、西汉之人，学问既由专门传授，故其生平各有主张，其发于言而见于文者，皆其道术之所寄，'九家之说，各引一端，崇其所善'②，'不能相通，皆有所长，时有所短'③。则虽其平日因人事之肆应，作为书疏论说，亦所以发明其学理，语百变而不离其宗，承其学者，聚而编之，又以其所见闻，及后师之所讲习，相与发明其义者，附入其中，以成一家之学。故西汉以前无文集，而诸子即其文集。"④ 其下，余先生复"取子书中诸文体，略依《文选》分类序次，胪举于后，皆就其确为古人手著，体制业已成立者言之"。计有赋、诗、诏、策、令、教、上书、疏、书、设论、序、颂、论、箴、铭、对。⑤ 即使是在同一书中，各篇的文体也往往不同。例如《荀子》中有赋，有诗，有论。余嘉锡先生曰："《汉志·诗赋略》，有《孙卿赋》十篇。儒家有《孙卿子》三十三篇⑥。本是二书。然今《荀子》书内有《赋篇》⑦，凡《礼》《知》《云》《蚕》《箴》五篇，《遗春申君赋》一篇。又有《成相

---

① 原注：《文史通义·诗教》上。

② 原注：三语见《汉志·艺文略》。

③ 原注：见《庄子·天下篇》。

④ 余嘉锡：《古书通例》，上海古籍出版社 1985 年版，第 51—52 页。

⑤ 参见余嘉锡《古书通例》，上海古籍出版社 1985 年版。

⑥ 原注：王应麟《考证》云，当作三十二篇。笔者按：沈钦韩《汉书疏证》曰："刘向上云……定著三十二篇。按，此云三十三篇，或连向叙与。"沈钦韩：《汉书疏证》，上海古籍出版社 2006 年版，上册，第 679 页。然若如沈言，是《汉志》著录篇数皆当除叙录一篇计与？卢文弨于《荀子》所附刘向《叙录》"荀卿新书三十二篇"下注曰："作三十二篇为是。今本《汉书·艺文志》作三十三篇误也。"卢文弨校、谢墉刻：《荀子》，上海古籍出版社 1986 年影印浙江书局《二十二子》，第 362 页。顾实先生谓今本《汉志》"盖传刊之误也"，较得其实。参见顾实《汉书艺文志讲疏》，上海古籍出版社 1987 年版。

⑦ 原注：刘向原目第三十二，杨倞移入卷十八。

篇》，亦赋之流①，胡元仪按其文义，分为五篇②，较《汉志》反多一篇。是孙卿所作赋，刘向定著新书之时，皆已收入矣。《诗赋略》所著录，盖别本单行者也。"③ 是《荀子》书中有赋。余嘉锡先生又以为《荀子》中有诗："《赋篇》内有《佹诗》一篇，前后皆四言，中

---

① 原注：《汉志》杂赋内有《成相杂辞》11 篇。笔者按：余氏此言盖本诸杨倞。《成相》篇题下杨倞《注》曰："以初发语名篇，杂论君臣治乱之事，以自见其意，故下云'托于成相以喻意。'《汉书·艺文志》谓之《成相杂辞》，盖亦赋之流也。"（清）王先谦：《荀子集解》，中华书局 1988 年版，下册，第 455 页。朱熹亦从杨说，其《楚辞后语》卷一《成相》曰："此篇在《汉志》号《成相杂辞》"，载（南宋）朱熹《楚辞集注》，上海古籍出版社 1979 年版，第 209 页（王天海《荀子校释》与《成相篇》解题引朱熹语，将《朱子语类》卷一三七之语与《楚辞后语》此言牵合为一，不加分别，不当。参见王天海《荀子校释》，上海古籍出版社 2005 年版，下册。《朱子语类》语载《朱子全书》，上海古籍出版社、安徽教育出版社 2002 年版，第 18 册，第 4237 页）。然苏东坡云："《孙卿子书》有韵语者，其言鄙近，多云'成相'，莫晓其义。《前汉·艺文志》诗赋类中有《成相杂词》十一篇，则成相者，古讴谣之名也。"（北宋）苏轼：《仇池笔记》，华东师范大学出版社 1983 年版，第 218—219 页。以《汉志》之《杂辞》为古歌，是不以其为荀卿之作也。考卢文弨云："《汉艺文志》，《成相杂辞》十一篇。惜不传。大约托于瞽蒙讽诵之词，亦古诗之流也。"卢文弨校、谢墉刻：《荀子》，上海古籍出版社 1986 年影印浙江书局《二十二子》，第 349 页。既曰"不传"，可见卢氏雅不以《荀子》之《成相》即《汉志》之《成相杂辞》也。王引之曰："《志》所载《成相杂辞》，在汉人杂赋之末，非谓《荀子》之《成相篇》也。"（清）王念孙：《读书杂志》，江苏古籍出版社 2000 年版，第 730 页。俞樾则谓："《汉志》有《成相杂辞》，足征古有此体。"（清）俞樾：《诸子平议》，中华书局 1954 年版，第 289 页。是其亦不以二者为一也。近年向仍旦先生据云梦睡虎地出土秦简《为吏之道》文末 8 首韵文，体制与《成相》篇相同，皆三、三、七、四、四、三句式，以为其"当属《成相杂辞》的文学形式。由此可见，在秦汉之际采用'成相'这种形式写作的人当不在少数。《成相杂辞》11 篇作为一种类型的文体著录，理应包括荀子的《成相》篇在内，故称'杂辞'"。向仍旦：《荀子通论》，福建教育出版社 1987 年版，第 192 页。说《为吏之道》末文与《成相》采用同一文体当是，但没有任何证据表明这一类文体被统称为"成相"。

② 原注：参见王先谦《集解》卷首胡氏《荀卿别传考异》。笔者按：杜国庠先生于胡氏之说颇为不满："胡元仪曾把它分为五篇，去附会《汉志》著录孙卿赋十篇之数，既不自然，结局也不能自圆其说。"杜氏分《成相》为三篇，每篇都以"请成相"的套语作开头语，共 56 章。上篇自"请成相，世之殃"起，至"宗其贤良辨其殃孽"止，计 22 章；中篇自"请成相，道圣王"起，至"托于成相以喻意"止，也 22 章；下篇自"请成相，言治方"起，至"后世法之成律贯"止，只 12 章，共 56 章。参见杜国庠《论荀子的〈成相篇〉——介绍二千余年前的一篇通俗文学》，《杜国庠文集》，人民出版社 1962 年版。骆瑞鹤先生也认为："《成相篇》中凡三言'请成相'；疑每言'请成相'为一篇，则《成相》为三篇。"然未提及杜氏之名。参见骆瑞鹤《荀子补正》，武汉大学出版社 1997 年版。

③ 余嘉锡：《古书通例》，上海古籍出版社 1985 年版，第 53 页。

杂长句，其体盖在诗赋之间。"① 至于《荀子》中之论，褚斌杰先生
说："《庄》《荀》《韩》等各家著作，不仅多数篇章都已以论文的形
式出现，而且有的篇章还直接以'论'名题，如《庄子·齐物论》
《荀子·天论》等。"② 按：《荀子》中以"论"名篇者，除《天论》
外，尚有《正论》《礼论》《乐论》。唐杨倞于《正论》首句下注曰：
"此一篇皆论世俗之乖谬，荀卿以正论辩之。"又于《礼论》篇题下
注曰："旧目录第二十三，今升在论议之中，于文为比。"③《韩非子》
之体亦驳。有上书，余嘉锡先生曰："《韩非子·存韩篇》云：'诏以
韩客所上书，书言韩之未可举，下臣斯甚以为不然。'案此乃附载李
斯驳议韩客所上书，即指《存韩篇》也。非书内《初见秦》《言难》，
亦皆所上秦王书④。"⑤ 有说，《史记》卷六三《老子韩非列传》：韩
非"作《孤愤》《五蠹》《内外储》《说林》《说难》十余万言"。
《索隐》："《说林》者，广说诸事，其多若林，故曰'说林'也。今
《韩子》有《说林》上下二篇。"⑥ 有解，孙钦善先生说："韩非很重
视《老子》，把《老子》作为思想资料加以继承。《韩非子》中有
《解老》《喻老》两篇，相当于《老子》的选注，只是两篇体例不同，
《解老》侧重训解诠释，《喻老》则以事类例释。这两篇当为最早的
诸子注释之作。"⑦ 再看篇幅小一些的古书。《汉书·艺文志》二《诸
子略》一《儒家类》有《庄助》四篇⑧，姚振宗曰："本传载《谕意

① 余嘉锡：《古书通例》，上海古籍出版社1985年版，第54页。
② 褚斌杰：《中国古代文体概论》（增订本），北京大学出版社1990年版，第336页。
③ （清）王先谦：《荀子集解》，中华书局1988年版，下册，第321、346页。《荀子》
卷一四（《乐论》即在此卷）大题下卢文弨注曰："此卷各本皆无注。"卢文弨校、谢墉刻：
《荀子》，上海古籍出版社1986年影印浙江书局《二十二子》，第338页。余嘉锡先生《古
书通例》卷二"明体例"亦于"论"下列有"《荀子·天论》第十七，《正论》第十八，
《礼论》第十九，《乐论》第二十"。参见余嘉锡《古书通例》，上海古籍出版社1985年版。
④ 原注：《言难篇》首云："臣非非难言也。"末云："愿大王熟察之也。"
⑤ 余嘉锡：《古书通例》，上海古籍出版社1985年版，第55页。
⑥ （西汉）司马迁：《史记》，中华书局2013年版，第7册，第2599页。
⑦ 孙钦善：《中国古文献学史简编》，高等教育出版社2001年版，第31页。
⑧ （东汉）班固：《汉书》，中华书局1962年版，第6册，第1727页。

淮南王》一篇,《上书谢罪》一篇,又《淮南王谏伐闽越》一篇。古书多有附载他人文字,此三篇或当在是书四篇中。"① 又《名家类》有《黄公》四篇,班氏自注:"名疵,为秦博士,作歌诗,在秦时歌诗中。"② 周寿昌《汉书注校补》云:"为博士必在始皇时。惜《驷铁》《车邻》后,秦诗无传。顾此四篇,《七略》不入歌诗家,而以入名家,必是别有文,注特指其一端也。"③ 若如周说,则《黄公》四篇就是有诗有文,其体不纯了。④

由上述可知,裘先生"体裁各别"这一理由并不具有决定意义。裘锡圭先生认为马王堆帛书《老子》乙本卷前的四篇古佚书不是《黄帝四经》的又一理由是:"除第一、二两篇字数相近外,它们的篇幅也长短悬殊。第一篇《经法》长达五千字,末一篇《道原》只有四百六十四字(据各篇末尾原来所记的字数)。这跟作为《老子》上下篇的《道经》和《德经》,体裁既同,篇幅也相差不远的情况,截然不同。很难想象与《老子》二篇齐名的《黄帝四经》,竟会由这样四篇在体裁和篇幅上如此不一致的文章组成。"⑤ 孙福喜先生对裘说有不同看法:"长期以来学者们认为《鹖冠子》是伪书的一个原因是它……各篇长短很不一样,字数最少的《夜行》篇全文仅 124 个

---

① 姚振宗:《汉书艺文志条理》,《二十五史补编》,中华书局 1955 年版,第 2 册,第 1596 页。

② 考《汉志·名家类》又有《成公生》五篇,班氏自注:"与黄公等同时。"师古曰:"姓成公。刘向云:与李斯子由同时。由为三川守,成公生游谈不仕。"中华书局 1962 年版,第 6 册,第 1737 页。则黄公应当也是秦朝人。

③ (清)周寿昌:《汉书注校补》,载徐蜀选编《二十四史订补》,书目文献出版社 1996 年版,第 2 册,第 780 页。

④ 又《汉志·杂家类》有《臣说》三篇,班固自注:"武帝时作赋。"中华书局 1962 年版,第 6 册,第 1741 页。沈涛《铜熨斗斋随笔》卷四"臣说"条曰:"《志》所列杂家诸书,如《吕氏》《淮南》之类,皆非词赋,则此'赋'字误衍。下文诗赋家别有《臣说》九篇,则其人所作赋,此处因相涉而误耳。"载中华书局古籍编辑部编《清人考订笔记》,中华书局 2004 年版,第 702 页。笔者按:若例以《黄公》,则此杂家《臣说》三篇亦当有赋有文,沈说非。

⑤ 裘锡圭:《马王堆帛书〈老子〉乙本卷前古佚书并非〈黄帝四经〉》,《文史丛稿——上古思想、民俗与古文字学史》,上海远东出版社 1996 年版,第 83 页。

字，而字数多的《王斧》篇全文近 2400 字。因而有人怀疑《王斧》
是几篇的混合体，而《夜行》或者是佚落了一部分段落，或者是本
应与其他篇合而为一的。其实，一部作品中各篇文章的篇幅不一定要
完全相同或相近，如《史记》中的《秦始皇本纪》与《季布栾布列
传》的字数就相差很多，但没有人认为它们的字数如此悬殊有何不
妥。因为文以载道，无论字数多少，只要能说明一件事情或一个道
理，就可以成为一个独立的个体。从这个意义上来讲，《鹖冠子》与
帛书《黄帝四经》遵循的是同样的行文原则。"① 按：孙说有理。《文
心雕龙·章句篇》有言："夫裁文匠笔，篇有小大。"② 正此之谓。
《老子》是语录或格言汇编③，与《经法》等四篇的论述体截然不同。
因此《老子》的分篇可以大致求得字数的均衡，但《经法》等四篇
却不可能削足适履。余嘉锡先生曾说："凡以事与义分篇者，文之长
短自著书时既已固定，虽仅数简，亦可自为一篇。其他则编次之时，
大抵量其字之多寡，度丝韦之所能胜，断而为篇。"④ 这也正是《老
子》与《经法》等四篇的区别所在。

关于《老子》的分篇，释道宣《集古今佛道论衡》卷丙 "（唐）
高祖幸国学当集三教问僧道是佛师事" 第二：胜光寺慧乘 "先问道
云，先生广位道宗，高迈宇宙，向释《道德》云，上卷明道，下卷
明德，未知此道更有大此道者，为更无大于道者?"⑤ 宋董逌《广川

---

① 孙福喜：《〈鹖冠子〉研究》，陕西人民出版社 2002 年版，第 227—228 页。

② （南朝·梁）刘勰：《文心雕龙》，载范文澜《文心雕龙注》，人民文学出版社 1958
年版，下册，第 570 页。

③ 如武内义雄认为："从他底内容来推测，似是老聃死后经过了一百二三十年之后，
老子底后学集合那依据口诵而传述的话编纂了的，其中很有后来的思想混杂了进去。"参见
［日］武内义雄《中国哲学思想史》，汪馥泉译，商务印书馆 1939 年版。另参见顾颉刚
《从吕氏春秋推测老子之成书年代》，载罗根泽编《古史辨》，上海古籍出版社 1982 年版，
第 4 册；冯友兰《中国哲学史》，商务印书馆 1935 年版第 3 版；侯外庐《中国古代思想学
说史》，国际文化服务社 1950 年修正版。近年，宁镇疆先生也认为，《老子》"不会是一气
呵成的，更可能是断断续续地写一些章，最后总辑而成"。参见宁镇疆《老子 "同文复出"
现象的初步研究》，《齐鲁学刊》2001 年第 4 期。

④ 余嘉锡：《目录学发微》，台北：艺文印书馆 1987 年版，第 29 页。

⑤ （唐）释道宣：《集古今佛道论衡》，载［日］高楠顺次郎等主编《大正新修大藏
经》第 52 卷，史传部四，东京：大正一切经刊行会，昭和二年五月，第 381 页。

藏书志》曰："唐元（玄）宗既注《老子》，始改定章句，言道者类之上卷，言德者类之下卷。"① 高华平先生认为《老子》两篇名为"道经""德经"，其命名方式乃是概括通篇文意，因此高氏甚至改呼其篇名为"德论""道论"，然后括注"德经""道经"。高氏曰："实际上，不论先秦《老子》的编定状况如何，它的《德经》在前，《道经》在后的事实本身，已表明其中包含着某种儒者'尊德'之'义'。先秦原始儒家虽也重'道'……但由于'性'与'天道'本十分玄远幽深，可体悟而不可闻见，故先秦儒家在实际生活中更重视的是'德'。……先秦《老子》把《德论》（《德经》）置于《道论》（《道经》）之前，说明编订者实有崇儒抑道或至少有调和儒道的倾向。"② 关于帛书《老子》的篇序，学者们曾有过种种猜测，但都不能使人信服。因此，我们比较赞赏韩禄伯先生的谨慎态度，承认"我们至今无法确知如此排序的原因"③。实际上，与篇序密切相关的内容分篇，我们也无法确知其原因。至于"道""德"的篇名，却并无深意，不过取各篇首句之字命名罢了。《唐玄宗御制道德真经疏·释题》曰："经分上下者，先明道而德之次也。然体用之名可散也，体用之实不可散也，故经曰，同出而异名，同谓之玄。语其出则分而为二，咨其同则混而为一，故曰，可散而不可散也。则上经曰，是谓玄

---

① （南宋）董逌：《广川藏书志》，转引自（南宋）董思靖《道德真经集解》卷首《序说》，载《道藏》，文物出版社、上海书店、天津古籍出版社 1988 年版，第 12 册，第 821 页。胡玉缙《四库未收书目提要续编》卷三《子部·道家类》"道德经集解二卷"下云："宋董思靖撰。……书分上卷为《道经》，下卷为《德经》。所载经文，往往与龙兴石本合，盖用唐玄宗御注本。考陆德明《经典释文》，上卷题'道经音义'，下卷题'德经音义'。贾公彦疏《周礼》，颜师古注《汉书》，李贤注《后汉书》，其人在唐初，所引《老子》语，皆'道''德'分见（详武忆《授堂金石跋》），必晋、宋旧本如是。而晁说之、熊克跋王弼本，皆称不分《道经》《德经》，非特与公彦等所引不合，尤与《释文》之明用王本者舛背，此必后人窜乱。《四库提要》乃谓《释文》遭妄改；董逌《藏书志》又谓玄宗《注》成，始改定章句为《道德经》，凡言'道'者类之上卷，言'德'者类之下卷。皆非也。思靖在晁、董、熊后，独能不惑其说，洵为有见。"载胡玉缙《续四库提要三种》，上海书店出版社 2002 年版，第 235 页。王昶说略同。参见（清）王昶《金石萃编》卷八三，中国书店 1985 年影印 1921 年扫叶山房本，第 2 册。

② 高华平：《楚简本、帛书本、河上公注本三种〈老子〉仁义观念之比较》，《中国历史文物》2003 年第 1 期。

③ ［美］韩禄伯：《简帛老子研究》，余瑾译，学苑出版社 2002 年版，第 32 页。

德，又曰孔德之容，又曰德者同于德，又曰常德不离；下经曰，失道而后德，又曰反者道之动，又曰道生一，又曰大道甚夷：是知体用互陈，递明精要，不必定名于上下也。"① 后世申明此意者多有之，如宋邵若愚《道德真经直解·叙事》："缘其史有上下篇目之文，后人因之，上卷说道，下卷说德——今以理考，道德混说无上下篇，此史辞之流言，今以除去。"② 宋司马光《道德真经论》卷一："太史公曰，老子著书上下篇，言道德之意，后人因其篇首之文，名上篇曰道，下篇曰德。夫道德连体，不可偏举，今从本名。"③ 元吴澄《道德真经注》卷一，篇题"道经上"下注曰："上篇之首句曰道可道，故以道字名篇；尊之，而曰经。"又于卷二，篇题"德经上"下注曰："下篇之首句曰上德不德，故以德字名篇。篇名非有意义，释者乃谓上篇专言道，下篇专言德，其失甚矣。他本或作道德经下，今按，道德经云者，各以篇首一字名其篇，后人因合二篇之名而称为道德经，非以道德二字名其书也。"④ 今人尹振环先生也认为："《老子》一书，'道'字共出现在三十六个章里，出现七十二次。'德'篇、'道'篇各有十八个章谈到'道'。可见，'道'篇、'德'篇都是说的'道德'。为什么偏偏要定哪一篇为'道'或为'德'呢？"⑤ 尹先生还指出："《老子》始初并无《道德经》之名，亦无篇名。帛书老子甲本就没有篇名，乙本篇末有'道'的篇题，'德'系据'道'而补［见 1975 年《马王堆汉墓帛书（壹）》，12 页，252 行下］。1976 年文物出版社出版之简本帛书老子释文，于篇前冠以'德经'

① （唐）李隆基：《唐玄宗御制道德真经疏·释题》，载《道藏》，文物出版社、上海书店、天津古籍出版社 1988 年版，第 11 册，第 749 页。
② （北宋）邵若愚：《道德真经直解·叙事》，载《道藏》，文物出版社、上海书店、天津古籍出版社 1988 年版，第 12 册，第 236 页。
③ （北宋）司马光：《道德真经论》，载《道藏》，文物出版社、上海书店、天津古籍出版社 1988 年版，第 12 册，第 262 页。
④ （元）吴澄：《道德真经注》，载《道藏》，文物出版社、上海书店、天津古籍出版社 1988 年版，第 12 册，第 780、799 页。
⑤ 尹振环：《帛书老子与老子术》，贵州人民出版社 2000 年版，第 10 页。

'道经'之篇名，是帛书整理者所加，并不妥当。所以'道经''德经'之篇名属后人所为，这再次证明《史记》所言'老子著书上下篇'是正确的。如果用'道德'二字来命名《老子》这部书，还不走调，但用'德经''道经'命名篇名，则名实不符。因为上篇下篇都通论道德，并非哪个篇专论道，或专论德。"① 余嘉锡先生曰："古之经典，书于简策，而编之以韦若丝，名之为篇。简策厚重，不能过多，亦书即分为若干篇，则各为之名，题之篇首，以为识别。其用特以便检查，如今本之题书根耳。其有古人手著之书，为记一事或明一义自为起讫者，则以事与义题篇，如《书》之《尧典》《舜典》，《春秋》之十二公，《尔雅》之《释诂》《释言》等是也。其有杂记言行，积章为篇，《论语》之《学而》《为政》，《孟子》之《梁惠王》《公孙丑》是也。"② 《老子》与《经法》等四篇的区别也正是如此。因此，以《老子》的情况来模拟《经法》等四篇并不妥当。

古书中如果有的篇章字数太少，往往就和其他篇章合抄在同一卷上。日本学者岛田翰《书册装潢考》曰："古者以一篇为一编策、一卷轴，《汉志》云'《春秋古经》十二篇'，是左氏经文，以十二公为十二篇，又以数篇为一编策、一卷轴。《汉志》云'经十一卷'，班注云：'《公羊》《谷梁》二家。'说者云，《公》《谷》经，以闵公系于庄公下③。又云：'《尔雅》三卷二十篇。'乃知篇卷过少者④，即以数篇为一编策、一卷轴矣⑤。"⑥ 但岛田氏所举的例子，都是同一书

---

① 尹振环：《〈帛书老子校注〉考评》，《文献》1998 年第 2 期。

② 余嘉锡：《目录学发微》，台北：艺文印书馆 1987 年版，第 28 页。

③ 原注：案：或云，《左氏经》亦然。但以"续经"，别为一卷。

④ 笔者按：此为清儒沈钦韩《汉书疏证》说。参见（清）沈钦韩《汉书疏证》，载《续修四库全书·史部》，上海古籍出版社 1996 年版，第 266 册。

⑤ 原注：案：《汉志》以篇与卷并称，就《尚书》而言，经曰卷，传曰篇。《易》尽云篇，《诗》则皆称卷。而于《尚书》则云："《尚书》古文经四十六卷。"班注曰："为五十七篇。"由是而观，《汉志》之例，名数篇合者为卷也。然亦不能一概论之，盖分而言之，则竹书曰篇，帛书曰卷；通言之，则竹书亦曰卷，帛书亦曰篇也。

⑥ ［日］岛田翰：《书册装潢考》，《古文旧书考》，出版者改名《汉籍善本考》，北京图书馆出版社 2003 年版，第 52—53 页。

的几篇抄于一卷的，我们在出土简帛中，还发现了不少并非同书甚至内容关系不大的篇章同抄于一卷的现象。李学勤先生就指出："如马王堆帛书《老子》乙本，以《老子》两篇同《五行》《九主》《明君》《德圣》四篇抄在一起，成了一卷书。这些内容思想倾向很不相同，虽然有某些联系，却分隶不同学派。尤其《五行》出于子思、孟子一派之手，和《老子》不能同日而语。① 传世古书也有这一类混编的情形，如《逸周书》《管子》之类，各篇年代和思想多有差异。《管子》中收入《弟子规》，尤为明显。帛书《老子》甲本，以《黄帝书》（可能即《汉志》的《黄帝四经》，发表时称《经法》等）同《老子》合写，虽同属道家，有'黄老'之称，究竟不出于同时同人。不加区别地抄为一书，总是易滋误会的。"②

马王堆帛书以《足臂十一脉灸经》、《阴阳十一脉灸经》甲本、《脉法》、《阴阳脉死候》、《五十二病方》五种合为一卷，以《却谷食气》、《阴阳十一脉灸经》乙本、《导引图》、古地图四种合为一卷，自然也就是以异书篇章合书一卷。类似于这样虽非出自同书，但内容却密切相关的文献抄于同一写卷上的做法，久而久之，很可能使后世的传抄者、研习者、整理者直接将其视为同书，从而促使杂纂之书出现③，李学勤先

---

① 按：马王堆帛书《老子》甲本同《五行》《九主》《明君》《德圣》四篇抄在一起，成为一卷书；帛书《老子》乙本才以《经法》等四篇同《老子》合写。先生盖偶失检。

② 李学勤：《对古书的反思》，《当代学者自选文库·李学勤卷》，安徽教育出版社1999年版，第18页。魏启鹏先生认为："这四篇虽然内在的思想体系比较一致，但不是一本书，也不是一时一地一人之作，而是由齐国稷下学者整理汇编为《黄帝四经》。"参见魏启鹏《〈黄帝四经〉思想探源》，载包遵信主编《中国哲学》第4辑，生活·读书·新知三联书店1980年版。可见魏先生也认为《经法》等四篇并非《黄帝四经》，但惜其仍不能破除旧说。另王锦民先生也认为"必指为《黄帝四经》一书，是难以令人信服的"，参见王锦民《古学经子——十一朝学术史述林》，华夏出版社2008年版。另可参见钟肇鹏《简帛札记》，载李学勤、谢桂华主编《简帛研究二〇〇一》，广西师范大学出版社2001年版，下册。

③ 《四库全书总目》卷一一七《子部》二七《杂家类》小序曰："类辑旧文，涂兼众轨者谓之杂纂。"卷一二三《子部》二七之其七"杂纂之属"小序曰："案以上诸书，皆采撷众说以成编者。以其源不一，故悉列之杂家。《吕览》《淮南子》《韩诗外传》《说苑》《新序》亦皆缀缉群言，然不得其所出矣，故不入此类焉。"中华书局1965年版，下册，第1006、1063页。

生就曾指出："传世古书也有这一类混编的情形，如《逸周书》《管子》之类，各篇年代和思想多有差异。《管子》收入《弟子规》，尤为明显。"①

　　这也说明古书流传的复杂，它们或分合无定，或单篇别行。余嘉锡先生曾言："秦焚书之后，图籍既散乱失次，汉兴复出，自必加以编定。高祖之时，张良、韩信尝序次兵法。② 序次者，次第其篇章之先后，使之有序也。刘向校书，亦先从事于此。编次之法，其别有二。凡经书皆以中古文校今文。其篇数多寡不同，则两本并存，不删除复重。……凡诸子传记，皆以各本相校，删除重复，著为定本。古人著书，既多单篇别行，不自编次，则其本多寡不同。加以暴秦焚书，图籍散乱，老屋坏壁，久无全书，故有以数篇为一本者，有以数十篇为一本者，此有彼无，纷然不一。分之则残缺，合之则复重。成帝既诏向校中秘书，又求遗书于天下。天下之书既集，向乃用各本雠对，互相除补，别为编次：先书竹简，刊定讹谬，然后缮写上素，著为目录，谓之定著。《晏子书录》曰：'所校中书《晏子》十一篇。臣向谨与长社尉臣参校雠，太史书五篇，臣向书一篇，参书十三篇。凡中外书三十篇，为八百三十八章。除复重二十二篇，六百三十八章。定著八篇二百一十五章。外书无有三十六章，中书无有七十章，中外皆有以相定。'《孙卿书录》云：'所校雠中《孙卿书》凡三百二十二篇。以相校除复重二百九十篇，定著二十二篇，皆已定。'《列子书录》云：'所校中书《列子》五篇。臣向谨与长社尉臣参校雠，太常书三篇，太史书四篇，臣向书六篇，臣参书二篇，内外书凡二十篇，以校除复重十二篇，定著八篇，中书多，外书少，章乱布在诸篇。'《邓析子书录》曰：'中《邓析》四篇，臣叙书一篇，凡中外书五篇，以相校，除复重为一篇。'《初学记》卷二十一引刘向《别录》

---

　　① 李学勤：《对古书的反思》，载《当代学者自选文库·李学勤卷》，安徽教育出版社1999年版，第18页。

　　② 原注：见《汉志》。

云：'所校雠中《易传》，《淮南①九师道训》，除复重，定著十二篇。'又云：'所校雠中《易传》古五子书，除复重，定著十八篇，分六十四卦著之。'此可见刘向未校书之前，除古文经之外，其余诸子传记，非残缺即重复。今日所传之本，大抵为刘向之所编次②，使后人得见周、秦诸子学说之全者，向之力也③。"④ 诸子传记既经刘向父子重加编次，则《汉志》及此后诸书所记篇数，当不可径施之于校书之前。今考唐兰先生论证马王堆帛书《经法》等四篇就是《汉书·艺文志》所著录的《黄帝四经》时，所依据的就是《汉书·艺文志》所著录的篇数和《隋书·经籍志》所提到的篇数。唐先生说，《经法》等四篇"就是《汉书·艺文志》的《黄帝四经》四篇。《隋书·经籍志》说汉代道书三十七种中只有'《黄帝》四篇，《老子》两篇，最得深旨'，是有力的证据"⑤。既然《汉志》称其书为"黄帝四经"，《隋志》则径称为"黄帝"，可见"黄帝四经"乃是向歆父子所命名，其书四篇，也当是向歆父子所编定。那么，马王堆帛书中《经法》等篇正好是四篇，虽然也有可能是向歆校书未更动篇次，但更可能只是一种巧合，因此不能拿来论证它们就是《汉志》著录的《黄帝四经》。

至于《隋志》特别提出的《黄帝》四篇，顾实先生以为"盖悬揣之谈，《黄帝四经》，《隋志》已不著录也"⑥。按：南朝梁阮孝绪《七录序目》曰："《七略》书三十八种，六百三家，一万三千二百一十九卷。五百七十二家亡，三十一家存。《汉书·艺文志》书三十八种，五百九十六家，一万三千三百六十九卷。五百五十二家亡，四十

---

① 原注：二字原本无，据《玉海》卷三五引《初学记》补。

② 原注：诸子中如《吕氏春秋》，当是吕不韦原本，非向所复位。然古书似此者，盖居极少数。

③ 原注：惟兵书曾经韩信、杨仆两次编订。

④ 余嘉锡：《古书通例》，上海古籍出版社 1985 年版，第 101—104 页。

⑤ 唐兰：《马王堆出土〈老子〉乙本卷前古佚书的研究》，《考古学报》1975 年第 1 期。

⑥ 顾实：《汉书艺文志讲疏》，上海古籍出版社 1987 年版，第 123 页。

四家存。"① 可见《汉志》诸子，亡失甚重。《隋志》既不著录，则魏征当亦未见。② 据王承文先生考证，《隋志》之《道经序》乃采东晋末之古《灵宝经》、北齐魏收《魏书》卷一一四《释老志》、北周宇文逌《道教实花序》而成。③ 六朝时期道教开始建立并完善其神谱系统，于是元始天尊出现并最终确立了教主地位。"隋书经籍志《道经序》的开首，即以极为简洁而恢宏的语言，叙述了道教教主元始天尊磅礴于天地宇宙之间的形象及其开劫度人的经历。……元始天尊是道教的最高神。以上《道经序》对元始天尊的描述，是直接以东晋安帝隆安年间开始问世的一批古灵宝经为依据的。"④ 今考《道教实花序》云："汉史亦载道有三十七家，九十三篇。斯止略序宗途，匪采奥赜，讵详金液之异，未悟石函之奇。见之者尚迷，闻之者犹豫，非有天尊之说，曾无大圣之言，岂下四蕊之丹，罕识五光之彩，区区琐琐，盍各而言？"⑤ 这是以《汉志》所载诸书并无元始天尊之言而予以贬斥的。而《隋志·道经序》一方面接受六朝道教神谱，以元始天尊为道教教主，开篇即说"道经者，云有元始天尊，生于太元之先，禀自然之气，冲虚凝远，莫知其极"；另一方面却又从文士的角度吹捧黄老，说："推寻事迹，汉时诸子，道书之流有三十七家，大旨皆去健羡，处冲虚而已，无上天官符箓之事。其《黄帝》四篇，《老子》二篇，最得深旨。"⑥ 这就造成了理论上的矛盾。而且，魏征还改宇文逌的"汉史"为"汉时"，虽道书三十七家载于汉史，但其时代却并非都在汉时。例如魏征津津乐道的"《黄帝》四篇，《老子》

---

① （南朝·梁）阮孝绪：《七录序目》，载任莉莉《七录辑证》，上海古籍出版社 2011 年版，第 5 页。

② 《隋书·经籍志》为魏征所撰，参见（清）永瑢等《四库全书总目》，中华书局 1965 年版，上册。

③ 参见王承文《敦煌古灵宝经与晋唐道教》，中华书局 2002 年版。

④ 王承文：《敦煌古灵宝经与晋唐道教》，中华书局 2002 年版，第 632—633 页。

⑤ （唐）徐坚编：《初学记》卷二三，中华书局 1962 年版，下册，第 549 页。

⑥ （唐）魏征：《隋书》，中华书局 1973 年版，第 4 册，第 1091—1093 页。

二篇"，恰恰决非"汉时诸子"。诚可谓失之毫厘，谬以千里了。[①] 至于对道家的评价，"去健羡"一语，则抄自司马谈的《论六家要旨》[②]，可见魏征确实未曾亲见《黄帝四经》。

综上所述，马王堆帛书《黄帝书》确非《汉志》所著录的《黄帝四经》，但唐兰先生和裘锡圭先生关于其是与不是的论证皆有可商。

第四节　马王堆帛书《式法·刑日》式图初探

在2000年8月召开的"新出简帛研讨会"上，与会学者就《马王堆帛书〈式法〉释文摘要》进行了讨论。其中该文第七部分《刑日》[③]，文有残缺，但其所附式图（见图4-1）则引起了争议。李学勤先生代表帛书整理小组向大会介绍《式法》时将该式图中的"壶"读为"孟"，释为《月令》之"孟月"，"中"则读为"仲"，相当于《月令》之"仲月"。其后陈松长先生在介绍香港中文大学藏简时也指出该简中同样有将"孟月"写作"壶月"的情况。但此说无法解释式图中为什么没有《月令》的"季月"，而以"壶中、中中"命月。在会上，日本东京大学池田知久教授宣读了他与日本二松学舍大学佐川英淄博士合作撰写的《马王堆汉墓帛书整理小组著〈马王堆帛书《式法》释文摘要〉研究》一文。该文认为，"壶"与"中""台（始）"组合，也许是与之相对应的"亡"之假借字，为"无"或"终"之意。此说虽注意到了三字之

① 四库馆臣评《隋书》曰："惟《经籍志》编次无法，述经学源流，每多舛误。如以《尚书》二十八篇为伏生口传，而不知伏生自有书教齐鲁间。以《诗序》为卫宏所润益，而不知传自毛亨。以《小戴礼记》有《月令》《明堂位》《乐记》三篇为马融所增益，而不知刘向《别录》，《礼记》已载此三篇，在十志中为最下。然后汉以后之艺文，惟藉是以考见源流，辨别真伪，亦不以小疵为病矣。"参见（清）永瑢等《四库全书总目》，中华书局1965年版，上册。

② 日本学者兴膳宏先生等已指出了这一点，参见［日］兴膳宏、川合康三《隋书经籍志详考》，东京：汲古书院1995年版。

③ 马王堆汉墓帛书整理小组：《马王堆帛书〈式法〉释文摘要》，《文物》2000年第7期。

间的关系，却忽视了三者在式图中的位置。依其说，式图中固然有"始中亡"的理想型，更有"中始亡"与"中亡始"的破坏型。况且，"始"字在式图中也仅仅标示着一季之始，并无与之相对应的月份，因而此说也难以成立。

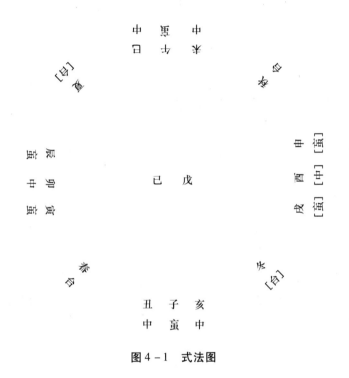

图 4-1 式法图

由于迄今尚未发现类似式图，因此本书在别无参照的情况下，只能尝试提出一个在此式图中无内在矛盾的假说，以就正于诸大方之家。"蚩"当从李、陈二先生说读"孟"，但它不同于《月令》的"孟月"，而是表示六十甲子之始。再经过了一月三十日之后，六十甲子也过了一半，因而第二个月开始时，适逢六十甲子之中，故书"中"字。这就可以解释为什么该式图中只有"孟""仲"而无"季"。假使此说不误，则此式图月份当读为"孟仲、孟仲、孟仲……"这也与《刑日》一篇重在卜日相合。

第五章　简帛书体研究

第一节　先秦文字中"＝"符作用浅析

"＝"符之作用，历来学者多仅视为重文符号。较早对之做较全面概括者，当推山东王献唐先生。其《说棨线》一文有云："古重文例有四，一为叠字，如 ⿱ 。一为合文，如秦刻石 ⿰ 字。一为复姓如 ⿰、⿰、⿰、⿰、⿰ 。一为偏旁复形，如宫下二 ⿰ 作 ⿰ ，相从二目作 ⿰ ，此为第四例。"[1]

林素清先生对王说甚为不满。其一，"叠字、合文、复姓和偏旁复形是四种不同性质的类别"，不当并列而统称"重文"。其二，复姓未重相同之字。其三，偏旁复形不宜与叠字、重文等量齐观，且王氏所举二例皆误释。[2] 其四，"上述分类法最主要的缺点在于无法涵盖所有'＝'符的使用范围"[3]。尽管如此，王氏筚路蓝缕，仍功不可没。且其所论，盖以学界仅以"＝"为重文符，沿用既久，故姑仍以名之；以"叠字"立类，则有以区分于"重文"之总

---

[1]　王献唐：《说棨线》，《中国文字》第 34 期，台北：台湾大学文学院中国文学系编印，1969 年，第 3558 页附注。

[2]　林素清先生释"⿰"为"公"，释"⿰"为"相"。笔者谨按，释"相"甚是。唯"⿰"字上部之"∧"未分书，与"公"作"⿱"者迥异。王先生释作"宫"，以为从"宀"，是。若然，则此字当释为"向"。

[3]　林素清：《论先秦文字中的"＝"符》，载《"中央研究院历史语言研究所"集刊》第 56 本，台北："中央研究院历史语言研究所"1985 年版，第 4 分册，第 801—826 页。下引林说均出自此文，不再注。

称；复音词连写加以" ＝ "符者，亦以复姓为伙，因以称焉；至若偏旁复形，则其例多有，如"宜"，《宜王玺》作"🀄"①，《宜善玺》作"🀄"②；"继"，《说文》十三上《纟部》作"繼"③，《拍敦盖》作"🀄"④。

林素清先生进而认为，先秦" ＝ "符基本上应分三大类：一为代表重复意义的"重文"，即叠字；二为代表文字合书形式的"合文"；"第三类强调两字关系密切的复合连词类，如：🀄（司马）、🀄（司寇），前者两字合书但不省笔，我们或亦称为不省笔合文，而后者则根本分书，且不省笔，其' ＝ '符都只在于表示其为连文，故称为连文符"。

但林先生分类于王说所举偏旁复形例未能包含，仅于考释上揭"🀄""🀄"二字之注释中云："笔者以为两字下的' ＝ '都是战国文字的繁饰。"

至何琳仪先生著《战国文字通论》，于第四章《战国文字形体演变》中列有"特殊符号"一节，其中，"一、重文符号"，"二、合文符号"，"三、省形符号"，"四、对称符号"，"七、装饰符号"下均曾举" ＝ "符为例，是其以" ＝ "有此五用。⑤ 不过对称亦为装饰方式之一，故其"对称符号"下云："所谓'对称'与下面'装饰'并没有本质区别。"若然，则可将其分类并而为四。至若王献唐先生之"偏旁省形"一类，则可包含于"省形符号"中矣。

其后，郑廷植先生认为："' ＝ '这个符号除用以表示合文之外，

---

① 《宜王玺》，载罗福颐主编《古玺汇编》，文物出版社 1981 年版，第 391 页，第 4263 号。

② 《宜王玺》，载罗福颐主编《古玺汇编》，文物出版社 1981 年版，第 414 页，第 4539 号。

③ （东汉）许慎：《说文解字》，中华书局 1963 年版，第 272 页。

④ 《拍敦盖》，载罗振玉《三代吉金文存》，中华书局 1983 年版，中册，第 1172 页：11·33·3，原作尊。

⑤ 何琳仪：《战国文字通论》（订补），江苏教育出版社 2003 年版，第 202—265 页。

还用以表示重文，表示省略，或用以平衡笔画布局。"① 所论大致不出何书范围。唯其论表示省形部分乃举"**𨛭**"为例，意之为"邯郸两字的简化，其中'＝'这个符号，表示邑旁应重写"②。实则"＝"符乃表示合文者，郑说未允。

综合诸家之说而稍加调整，"＝"符当有"重文""合文""连文""省形""装饰"五用。其中，"重文""合文""连文"三类标示之语词，其范围已超出单字字形之外，可统称"语词符号"；而"省形""区别""装饰"三类标示范围仅限于单字字形，可统称"字形符号"。另"＝"符偶尔也作断句分章之用，施于语篇，可名之为"语篇符号"，但此类情形当是作为分章符之"▄"号分两笔书写时有所错位所致，并非"＝"符有此一用。③ 又古文字中"＝"符或作"一"，兹并论之。

一　重文

重文，一般认为指"两字连用，后一字不重写，而用某种符号代替"④。这种用来代替的符号，一般就是"＝"符。但在甲骨文中"还存在另一种比较原始的省略重文的方法，那就是不加任何记号直接将重文省去。也就是说，直接让一个字顶两个字用"⑤。其实文献中也有此例。梁玉绳《瞥记》卷一："许周生云，古经文不作重文，

---

① 郑廷植：《汉字学通论》，福建人民出版社 1997 年版，第 217 页。

② 郑廷植：《汉字学通论》，福建人民出版社 1997 年版，第 76 页。

③ 参看郭店简《缁衣》2、3、5 等简。

④ 罗邦柱主编：《古汉语知识辞典》，武汉大学出版社 1988 年版，第 25 页。

⑤ 裘锡圭：《甲骨文中重文和合文重复偏旁的省略》，载裘锡圭《古文字论集》，中华书局 1992 年版，第 141 页。参看同文，第 141—143 页，又裘锡圭《再谈甲骨文中重文的省略》，载《古文字论集》，第 147—150 页。吴振武先生认为这是"合文"："这种情况有时候有点像重文，但和真正的重文又不完全相同。"参见吴振武《古文字中的借笔字》，载《古文字研究》第 20 辑，中华书局 2000 年版。但其对于重文发展的影响显然大于合文。胡小石先生以为"卜辞尚未有以为重文之例，凡上下两文同形相接者，皆全书原字而不消也"（参见胡小石《甲骨文例》，载《胡小石论文集三编》，上海古籍出版社 1995 年版）。则是囿于重文必有重文符之论，非是。下文有详论。

有宜重者，但就一字重读之。或云，凡重文于本字下作＝，亦不尽然。……《考工记》：'辀注则利准，利准则久，和则安。'郑注，故书'准'作'水'，郑司农云，注则利水，谓辕脊上两注，令水去利也。玄谓利水重读，似非。贾释云，依后郑读当云：'辀注则利也，准则久也，和则安也。''利准'不重读。据此观之，则前郑亦只重读，而于经文并未增加；且后郑可以不重读，则经文重字，并不作＝为识矣。"①

这一用法，前揭王献唐先生文改称"叠字"，盖以避其用"重文"为"＝"符之总称。李运富先生则改称"叠文"②，盖以避"《说文》把附在正篆后面的古文、籀文等各种异体字统称为重文"③之名。

"＝"为重文符，使用既久且广，前人措意亦早。《后汉书》卷一六《邓寇列传》："时遭元二之灾，人士荒饥，死者相望，盗贼群起，四夷侵畔。"李贤《注》："元二即元元也，古书字当再读者，即于上字之下为小'二'字，言此字当两度言之。后人不晓，遂读为元二，或同之阳九，或附之百六，良由不悟，致斯乖舛。今岐州《石鼓铭》，凡重言者皆为'二'字，明验也。"④洪适《隶释》卷四《汉司隶校尉杨君石门颂》下亦云："《北海相景君》及《李翊夫人碑》之类，凡重文皆以小二字赘其下，此碑有'蒸蒸''明明''荡荡''世世''勤勤'，亦不再出上一字。"⑤杨慎《书品》"篆书重迭字"条云："古钟鼎铭文，子＝孙＝字，皆不复书。汉石经改篆为八

---

① （清）梁玉绳：《瞥记》，《续修四库全书·子部》，上海古籍出版社1996年版，第1157册，第4—5页。

② 李运富：《楚国简帛文字构形系统研究》，岳麓书社1997年版，第22页。

③ 李国瑛、章琼：《〈说文〉学名词简释》，河南人民出版社1994年版，第7页。

④ （南朝·宋）《后汉书》，中华书局1965年版，第3册，第614—615页。但章怀对于《后汉书》原文的理解却是错误的，其意仍当从旧说释为数术之说，参见戴蕃豫《稿本后汉书疏记》，书目文献出版社1995年版。

⑤ （南宋）洪适：《隶释》卷四，洪氏晦木斋刻本，页六a—七b；中华书局影印本，1985年，第51页。

分，如《易》之'乾='、《书》之'安='，亦如之，今行草皆然，竟不知其何义也。尝质之李文正公，公曰：'=乃古文上字，言字同于上，省复书也。'千古书流，习而不察，关系虽小，亦所当知。"①至于清季，俞樾于其所撰《古书疑义举例》一书中，作"重文作二画而致误例"，以《诗经》《庄子》等书为例，说明"古文遇重文，止于字下加二画以识之，传写乃有致误者"②。其后重文益为学界所重。1949 年，于省吾先生撰《重文例》一文，探讨重文之理论、源流，并历举"近代学者补正古籍脱漏"及"载籍之误读与误脱而为前人所未及知，或知之而语焉不详者"诸例，详为说明，结以"重文之攸关，不亦重乎！"③

学者或进而将重文厘分类别，今谨折中众说，试将重文分类。

（一）依重文字数可分为二类

1. 单字重文

即仅一个字单独重叠者，如《中山王鼎》："吴人并雩 = 人修教备信"④，读为"吴人并雩（越），雩（越）人修教备信"。

2. 多字重文

即重文有多字重叠者。如《裘卫盉》之"裘卫乃龢告于白 = 邑 = 父 = 荣 = 白 = 定 = 白 = 夗京 = 白 = 单 = 白 = 乃令参有司……"⑤ 读为"裘卫乃龢告于白（伯）邑父、荣（荣）白（伯）、定白（伯）、夗京白（伯）、单白（伯）、白（伯）邑父、荣（荣）白（伯）、定白（伯）、夗京白（伯）、单白（伯）乃

---

① （明）杨慎：《书品》，载王文才、万光治主编《杨升庵丛书》，天地出版社 2002 年版，第 2 册，第 845 页。

② （清）俞樾：《古书疑义举例》，《古书疑义举例五种》，中华书局 1956 年版，第 105 页。

③ 于省吾：《重文例》，《燕京学报》1949 年第 37 期。唯此文中以为重文必有重文符乃可，不当。

④ 《中山王鼎》，载中国社会科学院考古研究所编《殷周金文集成》，中华书局 2008 年版修订增补版，第 2 册，第 1528 页：2840·A·4。

⑤ 《裘卫盉》，《文物》1976 年第 5 期。

令参有司……"

旧说或将多字重文依重读顺序分为顺读与互读二类。顺读，即重文重读时当依次将每字读两次，如《兮中簋》"其万年子＝孙＝永宝用"①，"子＝孙＝"顺读为"子子孙孙"。但如逐字检视，此与单字重文绝无二致。郭店简中《五行》20—21 有"不圣不—智—不—仁—不—安—不—乐—亡德"之语，读为"不圣不智，不智不仁，不仁不安，不安不乐，不乐亡（无）德"②。此当以互读视之，而不当以全句为整体，以各词顺读。如是，则是多字重文均为互读，即全词重复二次。如《憂卣》"王姜命作册憂安夷＝白＝宾憂贝"③，读为"王姜命作册憂安夷白（伯），夷白（伯）宾憂贝"。又如郭店简《六德》39 之"男女不卞父—子—不—新—君臣亡宜"，读为"男女不卞（辨），父子不新（亲）；父子不新（亲），君臣亡宜（义）"④。

在形式上，多字重文之互读、顺读往往无别，于是异解遂生。孙志祖《读书脞录》卷七"古书重文"条云："《大戴礼记·诰志篇》：'此为表里时合。'杨慈湖《先圣大训》'表里'作'表表里里'，盖当是'此谓表里，表里时合'也。丁小山云，古书重文'表＝里＝'，如今人书'何＝如＝''千＝万＝'之例。此篇上文'动众'，及《四代篇》之'庶虞'，《虞戴德篇》之'诸侯之教士'，皆其例也。校者不知，或误删其重文。志祖案：《诗·羔羊》'委蛇'，《释文》云，读此句，当云'委蛇委蛇'，沈读作

---

① 《兮中簋》，载罗振玉编《三代吉金文存》，中华书局 1983 年版，中册，第 749 页：7·32·1。

② 武汉大学简帛研究中心、荆门市博物馆编著：《楚地出土战国简册合集》（一）《郭店楚墓竹书》，文物出版社 2011 年版，图版：第 41 页，释文：第 48 页。

③ 《憂卣》，载罗振玉编《三代吉金文存》，中华书局 1983 年版，中册，第 1404 页：13·40·3。

④ 武汉大学简帛研究中心、荆门市博物馆编著：《楚地出土战国简册合集》（一）《郭店楚墓竹书》，文物出版社 2011 年版，图版：第 92 页，释文：第 125 页。

'委委蛇蛇'。盖其所书必本作'委=蛇='，故沈得异读也。"①
孙氏所论《诗》见《召南·羔羊》，梁玉绳《瞥记》卷一亦云：
"《诗·羔羊》'委蛇'，《释文》引郑云，读此句者，当云'委蛇
委蛇'。沈读作'委委蛇蛇'。盖本文止书'委蛇'二字，故沈郑
异读也。"②马瑞辰《毛诗传笺通释》卷三云："古书凡重读者，每
于各字下叠小二③，故此诗旧本盖作'委委蛇蛇'④，或遂读为
'委委蛇蛇'，《释文》云，沉重读作'委委蛇蛇'⑤是也。《尔
雅》，委委蛇蛇，美也。"孙、马之说近是。石鼓文中也有类似争
论。钱大昕《潜研堂金石文跋尾·三代·石鼓文》云："古文籀
文，学者不能尽通，诸家释音，不无傅会之失。如'君子员员邋
邋员斿'，郑、潘说皆不了。按：古文'斿''游'本一字，'云'
与'员'亦相通，杨［慎］读为'君子云猎，云猎云游'，盖得
之矣。"⑥

---

① （清）孙志祖：《读书脞录》，载《续修四库全书·子部》，上海古籍出版社1996年
版，第1152册，第288—289页。

② （清）梁玉绳：《瞥记》，载《续修四库全书·子部》，上海古籍出版社1996年版，
第1157册，第4—5页。

③ 陈金生先生点校《毛诗传笺通释》改"二"字为重文符"="，曰："'='原作
'二'，按此字为重文符号，今正。"［（清）马瑞辰：《毛诗传笺通释》，陈金生点校，中华
书局1989年版，上册，第90页］。但马氏既曰"小二"，则字不当再作"="。

④ 笔者谨按：此处当作"委=蛇="，若作"委委蛇蛇"，则不唯其下句"或遂读为
'委委蛇蛇'"全无着落，且与此处论重读之作"="不符。但余核检《通释》诸本，如清
道光十五年（1835）马氏学古堂刻本（《续修四库全书·经部》影印本，上海古籍出版社
1996年版，第68册，第375页）、清光绪十三年（1887）南菁书院刻《皇清经解续编》本
（第十三函册九十四《通释》卷三页一十五b——十六a）、清光绪十三年（1887）广雅书
局《广雅丛书》本（册六《通释》卷三页一十五b）、北京中华书局1989年陈金生先生点
校本（上册，第90页）皆作"委委蛇蛇"，则盖马氏手稿本作"委=蛇="，初刻之时，
手民误解其意而径刻作"委委蛇蛇"，后之诸本遂仅据以翻刻而不之觉耳。

⑤ 检《释文》无"重"字［（唐）陆德明：《经典释文》，上海古籍出版社1985年版
影印宋刻宋元递修本，上册，第216页］，黄焯先生《经典释文汇校》亦无说（中华书局
1980年版，第48—49页），则此盖马氏意引。《释文·序录》："近吴兴沈重亦撰《诗音
义》。"

⑥ （清）钱大昕：《潜研堂金石文跋尾》，载陈文和主编《嘉定钱大昕全集》，江苏古
籍出版社1997年版，第6册，第3—4页。

（二）依据变读与否，可分为两类

1. 同义重文

即重文重读时两次均同义。如郭店简《老子》甲 19 之"名＝"在句中重读为："始制有名。名亦既有。" 22 之"大＝"在句中重读为："吾强为之名曰大。大曰逝。"①

2. 异义重读

即重文重读时两次异义。此当由于重文重形不重音之故。兹例又可分两类。

（1）同字异义重文

即重读时虽均作同一字，但两次所表示之意义则相异。如郭店简《缁衣》1"亚＝如亚巷白"，读为"恶恶如恶巷白（伯）"②，"亚"虽均作"恶"字用，但上"恶"字音乌路反，义为厌恶；下"恶"字如字，义为丑恶。③

（2）异字重文

重读时读为不同之字。如郭店简《老子》乙 15"清＝为天下定"，读为"清静为天下正"④。裘锡圭先生按语谓："简文'清＝'似当读为'清青（静）'或'青（清）清（静）。'"⑤是以"清＝"为省字合文。然如是则略嫌绞绕，不若径作重文异读之直接。

二　合文

林素清先生云："汉字基本上是一个字构成一个单位，并以这样

---

① 武汉大学简帛研究中心、荆门市博物馆编著：《楚地出土战国简册合集》（一）《郭店楚墓竹书》，文物出版社 2011 年版，图版：第 5、6 页，释文：第 2、3 页。

② 武汉大学简帛研究中心、荆门市博物馆编著：《楚地出土战国简册合集》（一）《郭店楚墓竹书》，文物出版社 2011 年版，图版：第 21 页，释文：第 26 页。

③ 先秦有变调构词例，参见孙玉文《汉语变调构词研究》，北京大学出版社 2000 年版。

④ 武汉大学简帛研究中心、荆门市博物馆编著：《楚地出土战国简册合集》（一）《郭店楚墓竹书》，文物出版社 2011 年版，图版：第 10 页，释文：第 13 页。

⑤ 荆门市博物馆编：《郭店楚墓竹简》，文物出版社 1998 年版，第 120 页。

一个构形单位，代表汉语的一个音节，但有时却将词的两个字合写在一起，形式上是一个构形单位，却不仅代表一个音节，这种书写方式，叫作合文。"吴振武先生指出："在甲骨文中，所有的合文都不用合文符号。可知当时尚未发明合文符号。"① 胡小石先生则归纳合文出现的语境为六种：一为数名，若《盂鼎》之五十；二为人名，如《妣乙爵》之妣乙；三为官名，如古玺之司马；四为常语，如《宗周钟》之上帝；五为对语，如《毛公鼎》之上下；六为复姓，如古玺之公孙。②

（一）根据词序分类

陈梦家先生曾依据合文文字的排列位置分为横列、顺列、逆列、内含四类③，显系借鉴汉字结构分析而来。今则由合文徒具一字之形而无一字之实之特征，据其文字所表示之词语之语序，将其分为六类。

1. 上下合文，如"十月"作"𦩻"。④

2. 下上合文，如"八十"作"八"。⑤

3. 左右合文，如"相如"作"𧱏"。⑥

———————————

① 吴振武：《古文字中的借笔字》，《古文字研究》第 20 辑，中华书局 2000 年版，第 315 页。曹锦炎先生以《甲骨文合集》36524"𣂤"字为"禹印"合文，并进而认为："过去对甲骨文习语'受又又'之'又又'写作＝亻，其下之'＝'是否合文符号曾有不同看法，现在我又找到这个新例，可以证实甲骨文确已存在合文符号。"参见曹锦炎《甲骨文合文新释》，载《古文字研究》第 22 辑，中华书局 2000 年版。但其字之释似仍以阙疑为是，合文之说亦待考。

② 参见胡小石《甲骨文例》，载《胡小石论文集三编》，上海古籍出版社 1995 年版。曹锦炎先生则归纳为四项，即：数目字，称谓，地名、方国名或人名，术语或习惯用语。参见曹锦炎《甲骨文合文研究》，载《古文字研究》第 19 辑，中华书局 1992 年版。

③ 陈梦家：《殷虚卜辞综述》，科学出版社 1956 年版，第 81 页。

④ 湖北省荆沙铁路考古队：《包山楚简》，文物出版社 1991 年版，图版三一，第 71 简。

⑤ 郭沫若主编：《甲骨文合集》，中华书局 1983 年版，第 12 册，第 4652 页，第 37471 号。参见郑慧生《上读法——中国典籍读法之谜》，《历史研究》1997 年第 3 期。

⑥ 《长相如玺》，载罗福颐主编《古玺汇编》，文物出版社 1981 年版，第 99 页，第 788 号。

4. 右左合文，如"榆即"作"🐎"。①

5. 外内合文，如"报丁"作"可"。②

6. 内外合文，如"公区"作"🔳"。③

（二）依省变程度分类

林素清先生以合文字形有无省变将其分为不省变合文、省笔划合文、省字合文，今在其基础上再细分为五类。

1. 全形合文

此即林素清先生所谓不省变合文，为明确其自身意旨，今更此名。林先生定义为："两个构形单位在书写时，仅占一个字的空间，两字的笔画、形体并不因合书而有所改变。"不过合书亦有多于两字者，如甲骨刻辞有"🔳"④，即"十二月"三字合文；又古币中有"🔳"⑤，即"北九门"三字合文。

2. 共享笔画合文

林素清先生称之为"省笔画合文"，定义为："所省略的是两个字相同或相近的笔画，并将两字写成一个构形单位。"吴振武先生则谓之"借笔"。⑥ 实则此类合文难以质言究系何字笔画省略，而是两字共享同一笔画，故不若称之为"共享笔画合文"，亦可省称为"共笔合文"。如"工师"合书作"🔳"⑦。郭店简中常见"之所"二字合书作"🔳"，"之"字末笔与"所"字上笔重合，见于《老子》乙5、

---

① 《榆次□布》，载丁福保编《古钱大辞典》，中华书局1982年版，上册，第412页，第455号。

② 郭沫若主编：《甲骨文合集》，中华书局1982年版，第8册，第2947页，第22701号。

③ 高明编著：《古陶文汇编》，中华书局1990年版，第112页：3·279。

④ 郭沫若主编：《甲骨文合集》，中华书局1982年版，第11册，第4077页，第33083号。

⑤ 《北九门布》，载高汉铭编著《简明古钱辞典》，中州古籍出版社2007年增订版，第37页。

⑥ 吴振武：《古文字中的借笔字》，载《古文字研究》第20辑，中华书局2000年版，第308、318—322页。

⑦ 《十六年喜令戈》，载罗振玉编《三代吉金文存》，中华书局1983年版，下册，第2084页：20·27·2。

丙 13 等，《太一生水》犹多，共 9 见。另《穷达以时》5 之 "𠂇" 即 "七十" 合文，"七" 与 "十" 共一竖。①

3. 共享构件合文

林素清先生以此类入于省笔画合文中，如 "公子" 作 "𡥀"。今由汉字构形系统考虑而分立。如郭店简中 "君子" 可合书作 "𦕠"，见《成之闻之》3、13、16、19、34、37，《性自命出》20、65，《六德》38、42 等。又《忠信之道》3 合书而无 " ＝ " 符。② 而《成之闻之》篇中 "君子" 曾一简之内两次分书（第 6 简）③，可见合书与否任意性极大。

4. 省形合文

林素清先生云："此类合文指前后两个字（通常是复合词），其中一字的笔画包含另一字，当两个字合书时，可以将后者整个省略掉，而加上 ' ＝ ' 符为标志。"吴振武先生称之为 "借字"④。前两类为合二字共一笔划或构件，且两字仍各有其形体在，此类则由一字完全融于另一字中，故可视为省略。吴振武先生指出："古文字中的合文往往可以不加合文符号 ' ＝ '，但就目前所掌握的材料来看，这种借笔合文除甲骨文外，均加合文符号 ' ＝ '，无一例外。这当是这种合文的特殊性所决定的。"⑤

前人于此亦曾留意。如赵彦卫《云麓漫钞》卷三："古碑有重字，多作叠画，今人或写 '又' 字，不若作叠画为雅驯。秦《峄山

---

① 参见张光裕《郭店楚简研究》第 1 卷《文字编》，台北：艺文印书馆 1999 年版；张守中、张小沧、郝建文撰集《郭店楚简文字编》，文物出版社 2000 年版。

② 参见张光裕《郭店楚简研究》第 1 卷《文字编》，台北：艺文印书馆 1999 年版；张守中、张小沧、郝建文撰集《郭店楚简文字编》，文物出版社 2000 年版。

③ 武汉大学简帛研究中心、荆门市博物馆编著：《楚地出土战国简册合集》（一）《郭店楚墓竹书》，文物出版社 2011 年版，图版：第 59 页。

④ 吴振武：《古文字中的借笔字》，载《古文字研究》第 20 辑，中华书局 2000 年版，第 308、315—317 页。

⑤ 吴振武：《古文字中的借笔字》，载《古文字研究》第 20 辑，中华书局 2000 年版，第 315 页。

碑》，李斯小篆所题御史大夫有夫而不著大，但于下作叠画。卫宏说：'夫，大夫也。'古一字有两名者，因就注之。孔子作'大夫'及'千人'字如此。'夫'字从'大'从'一'。盖'夫'中有'大'字；'千'字从'十'从'人'，'千'中有'人'字。古人从简，每遇此二字则作叠画。"① 何琇《樵香小记》卷下"叠字"条云："石鼓文于叠字皆作'='，'='即'二'字，言此字有二，文义甚明。秦刻石于'夫'字下作'='，云是'大夫'；钟繇帖于'祖'字下作'='，云重'且'字，其例虽古，似未可行用。"② 杭世骏《订讹类编》卷三《字讹》"重字不可作="③ 条云："篆书凡重迭字皆不复书，但作=，偏于字右，乃古文上字，言同于上也。今作两点者非是。又秦刻石鼓文旭日杲杲，日字但于旭之下作=，借旭之日为下日字也。又是=之变例。"④ 如郭店简中《老子》乙16之"𦥑"乃"子孙"合文，《太一生水》12之"𰀀"乃"并立"合文，《缁衣》23、26之"𣏌"乃"大夫"合文。⑤

此类合文极易误为重文。如"夫="，即曾被误释作"夫夫"。《山海经·中山经》："又东一百五十里，曰夫夫之山。"郝懿行《笺疏》："吴氏云：《释义》本作'大夫之山'，《续通考》引此亦'大夫山'。又案秦《绎山碑》及汉印篆文'大夫'，都作'夫夫'，则二字古通也。余案：《宋景文笔记》曰：古者'大夫'字便用叠划写之，以'夫'有'大'音故也。《庄子》、李斯《峄山碑》如此。"⑥ 林素清先生及胡文辉先生均指出："本当作'大夫之山'，后世抄书

---

① （南宋）赵彦卫：《云麓漫钞》，中华书局1996年版，第42页。

② （清）何琇：《樵香小记》，载《丛书集成》初编，商务印书馆1937年版，第0351册，第23页。

③ 据文义，当是"重字不可作"。

④ （清）杭世骏：《订讹类编》，中华书局1997年版，第99—100页。

⑤ 参见张光裕《郭店楚简研究》第1卷《文字编》，台北：艺文印书馆1999年版；张守中、张小沧、郝建文撰集《郭店楚简文字编》，文物出版社2000年版。

⑥ （清）郝懿行：《山海经笺疏》，载安作璋主编《郝懿行集》，齐鲁书社2010年版，第6册，第4878页。

误将'夫='的'='理解为表示重文，遂抄成'夫夫之山'。"①
《庄子·外篇·田子方》："于是旦而属之大夫。"② 陆德明《释文》
作"夫夫"，云："皆方于反。司马云：夫夫，大夫也。一云：夫夫，
古读为大夫。"③ "方于反"即如字。王利器先生认为当作"大夫"，
且云："近人罗振玉《秦金石刻辞》卷上第八页十八年大良軄方量，
有铭云：'十八年，齐遣卿夫=来聘。''卿夫='亦即'卿大夫'
也。"④ 至于《庄子音义》引一云"夫夫，古读为大夫"，则是所谓以
作音校误字，而非谓"夫"可音"大"。黄焯先生《关于〈经典释
文〉》即云，《释文》有"用注音方式表示异文或误字"者："例如
《礼记·檀弓上》有'公叔木'，《释文》：'木音式树反，又音朱。
徐之树反。'这是表示公叔木就是《春秋·定公十四年》的公叔戍，
也就是《世本》上的公叔朱。郑玄注：'木当为朱。《春秋》作戍。'
这是陆氏以'音'字包含了汉人传注中术语'当为'的功能。又如
《仪礼·丧服》：'庶孙之中殇。'郑玄注：'庶孙者，成人大功；其
殇，中从上。此当为下殇。言中殇者字之误耳。'《释文》：'依注，
中音下。'这更表明陆氏是有意识地用'音'字表达汉人'当为'的
意思。总计《释文》中这种有不同读音但不标出异文或误字的情况
有一百来处。这是翻阅《释文》时应该知道的条例。"⑤《列子·力
命》："若何滴滴去此国而死乎？"殷敬顺《列子释文》："滴滴或作滂
滂，并音普朗切，流荡貌。"杨伯峻先生《列子集释》："任大椿曰：

---

① 胡文辉：《〈山海经〉札记》，《中国早期方术与文献丛考》，中山大学出版社2000
年版11月，第27页。
② 《庄子》，载（清）郭庆藩《庄子集释》，中华书局1961年版，第3册，第720页。
③ （唐）陆德明：《经典释文》，上海古籍出版社1985年版，下册，第1521页。
④ 王利器：《校雠学方法论——古书旧式》，《王利器学述》，浙江人民出版社1999年
版，第278—280页。又王棠《燕在阁知新录》卷二七"印章重字加二画"条亦指出古玺
"夫="即"大夫"合文，参见（清）王棠《燕在阁知新录》，《续修四库全书·子部》影
印清康熙刻本，上海古籍出版社1995年版，第1147册，第205页。
⑤ 黄焯：《关于〈经典释文〉》，载《黄焯文集》，湖北教育出版社1989年版，第
139—140页。参见黄侃《文字声韵训诂笔记》，上海古籍出版社1983年版；黄焯《〈经典
释文汇校〉前言》，《经典释文汇校》，中华书局1980年版。

'滴'无普朗反。'滴'字疑'洿'字之误。伯峻案：《列子释文》之例，甲字应作乙字，或者义同乙字者，即以乙字音之，不论两字之音理可通假不也。下文云，行假音何暇，盖谓行当作何，非谓行字有何字之音。滴之与潒同音亦同此例。任氏之说未了。"① 张涌泉先生也指出释行均"《龙龛手镜》有以正字为俗字注音的通例。在很多情况下，俗字下标注的直音字就是编者认为的正字"②。因此，《庄子音义》引"一云：夫夫，古读为大夫"，并非谓"夫"有"大"音，而是说"夫夫"为"大夫"之讹。吴任臣著《山海经广注》既误解合文为重文，又据以谓"夫"有"大"音，更于其所撰《字汇补》中补"夫"音"度奈切"，可谓一误再误。③《汉语大词典》也袭其误为"夫"音"dà"立有专条。④

5. 特殊合文

这类合文的省略极其特殊。如"𥁕"⑤ 为"公子孟"三字合文，"'子'字的上半部分是借用了'公'字所从的〇（厶），而'孟'字所从的'子'，则又借用了'公子'合文中的𡥀"⑥。

三　连文

林素清先生认为："两字虽各自独立成字，而由于第二字的下方添加'＝'记号，两者皆不省笔且不合书，其'＝'既不表示重文，也不具备合文的意义，其用意似乎只在说明两字不同于一般单字，是

---

①　杨伯峻：《列子集释》，中华书局1979年版，第213页。

②　张涌泉：《〈龙龛手镜〉读法四题》，《旧学新知》，浙江大学出版社1999年版，第104页，参看第103—105页。

③　张涌泉先生已指出《字汇补》有"注音之误"，其举例即有误认字形而误音者（例四）。参见张涌泉《论吴任臣的〈字汇补〉》，《旧学新知》，浙江大学出版社1999年版。

④　《汉语大词典》第2卷，汉语大词典出版社1988年版，第1455页。

⑤　《伯家父作姜孟簋》，载罗振玉编《三代吉金文存》，中华书局1983年版，上册，第757页：7·36·1。

⑥　吴振武：《古文字中的借笔字》，载《古文字研究》第20辑，中华书局2000年版，第310页。

个复合词，因此，不妨称这类'＝'符为连文符。连文符仅见于春
秋战国时代，而以玺印文字出现得最多。"如职官"司马"作"🔲"①，
复姓"其毋"作"🔲"②。但连文符也有添加在第一字下方者，林文所
举连文例证中即有其例，如"胥于"《古玺汇编》3260 作"🔲"，
"＝"符位于"于"字下，然 3261 作"🔲"，则位于"胥"字下矣。
又如《楚缯书》"🔲"，林文亦以为"鱼人"连文，则"＝"符亦位
于第一字下。考汉语词汇由以单音词为主，过渡到以双音词为主，始
于两周时期。③ 春秋战国时期，词汇复音形式尚不固定，因之连文符
可起标明、强调复音词作用。

四　省形

何琳仪先生云，"省形符号'＝'，表示文字的笔画或偏旁有所
省略"，并认为此类与战国文字由"复笔简化、删减形符、删减音
符、删减同形等方式所造成的简化，是完全相同的。所不同的是，这
类省形符号是用'＝'号填补了其省删的笔画或偏旁"④。由是观之，
则省形符号与其谓之标示省删，不若谓为用以装饰，起填补空白，以
臻美观之用。但省形符号所分布之环境为字形有省变，且其笔画为字
形之有机部分，省之则不成其字；而装饰符号则纯为赘笔，故二者仍
应分立。省形可分两类：

（一）偏旁复形

即一字之偏旁如有重复，可予省略，而以"＝"符标示。前引

---

① 《司马癰玺》，载罗福颐主编《古玺汇编》，文物出版社 1981 年版，第 352 页，第
3801 号。

② 《其毋□玺》，载罗福颐主编《古玺汇编》，文物出版社 1981 年版，第 369 页，第
4002 号。

③ 参见程湘清《先秦双音词研究》，《先秦汉语研究》，山东教育出版社 1992 年版；
郭锡良《先秦汉语构词法的发展》，《汉语史论集》，商务印书馆 1997 年版；张联荣《汉语
词汇的流变》第五章第三节"汉语词汇的复音化"，大象出版社 1997 年版。

④ 何琳仪：《战国文字通论》（订补），江苏教育出版社 2003 年版，第 253 页。

"宜"作"🔲""继"作"🔲"即其例。王利器先生云："一字偏旁，遇有重文时，又可省作小＝，今俗书'枣'作'枣'之类，亦当一例视之耳。"①

（二）填补空白

即在字形删省之后，以"＝"符填补空白，平衡字体结构。如郭店简中，"则"字作"🔲"，见《五行》6，或更省作"🔲"，见《老子》甲1"侧"字；"为"字作"🔲"（《缁衣》3）；"马"字作"🔲"（《尊德义》7）等。②

五 装饰

何琳仪先生云："这类笔画对原有文字的表意功能毫无影响，纯属装饰作用。因此，也可以称为'赘笔''羡笔'，或'乘隙加点'等。"③ 如郭店简《老子》甲16"相"字作"🔲"，《缁衣》22"令"字作"🔲"、24"齐"字作"🔲"，《语丛》一2"令"字作"🔲"、4"令"字作"🔲"等。④

综上所述，先秦文字中"＝（一）"符有重文、合文、连文三种语词符号之用，省形、装饰两种字形符号之用，凡五用。

"＝"符本即依附性符号，自身无独立存在之价值。而字形符号往往不再表示其所指，其作为符号实不足以存在为自身。因之，此类符号除个别因融于字形得以存留尸身外，均归于湮灭。

至若语词符号，虽有"＝""一"二形，然二者分布相同，无对立关系，故可视而为一。唯其一身而兼数任，"一"符且兼字形、

① 王利器：《校雠学方法论——古书旧式》，《王利器学述》，浙江人民出版社1999年版，第280页。
② 武汉大学简帛研究中心、荆门市博物馆编著：《楚地出土战国简册合集》（一）《郭店楚墓竹书》，文物出版社2011年版，图版：第39、3、21、67页。
③ 何琳仪：《战国文字通论》（订补），江苏教育出版社2003年版，第257页。
④ 武汉大学简帛研究中心、荆门市博物馆编著：《楚地出土战国简册合集》（一）《郭店楚墓竹书》，文物出版社2011年版，图版：第5、24、97页。

语词、篇章三类，是益增其乱，因而未能形成系统结构，进而与自身相分离，终成诗意符号①，其意义则由语境决定。然如重文、省字合文、连文三类之间形式相同，无区别作用②，卒致歧义丛生，讼争迭兴③，是以"＝"符之合文、连文二用虽盛极一时，如林素清先生所言，"平常日用的陶玺、货币文字，和比较正式的符节、盟约及宗庙彝器铭文，皆见到合文符及连文符例"，但均暴兴而猝亡。合文符号"秦汉以后，也极少见到这种现象，可谓当时特有的用法"，连文符号"亦仅见于春秋、战国时期"。

第二节　释篇卷

关于"篇"和"卷"二语的含义，有不少学者认为"篇"是对竹简而言，"卷"则是对帛书而言。例如清金鹗《求古录礼说》卷一五《汉唐以来书籍制度考》云："《汉书·艺文志》欧阳、大小夏侯三家经文《酒诰》脱简一，《召诰》脱简二，可知其书于竹也。然古书有篇无卷，而《艺文志》所载如《尚书》古文经四十六卷，经二十九卷，可知其书有用帛者矣。篇字从竹，故竹书曰篇；帛可卷舒，故帛书曰卷。通言之，则竹书亦曰卷，帛书亦曰篇也。"④ 岛田翰袭曰："盖分而言之，则竹书曰篇，帛书曰卷；通言之，则竹书亦曰卷，帛书亦曰篇也。"⑤ 此犹未严于简篇帛卷之分。曾朴《补后汉书艺文志叙录》乃曰：

---

① "诗意符号"，参见［英］皮埃尔·吉罗《符号学概论》，怀宇译，四川人民出版社1988年版。

② ［美］罗曼·雅柯布森、［美］C. G. M. 范特、［美］M. 哈勒《语音分析初探——区别特征及其相互关系》中说明："区别特征所传递的唯一信息就是它的区别作用。"载［美］罗曼·雅柯布森《雅柯布森文集》，钱军选编、译注，湖南教育出版社2001年版，第197页。

③ 参见李幼蒸《理论符号学导论》，中国社会科学出版社1993年版。

④ （清）金鹗：《求古录礼说》，载《续修四库全书·经部》，上海古籍出版社1996年版，第110册，第440页。

⑤ ［日］岛田翰：《古文旧书考》（出版者更名《汉籍善本考》），北京图书馆出版社2003年版，第53页。

"古书著之简册者为篇，写之绢素者为卷。"① 为后世截然二分之先河。叶德辉《书林清话》卷一"书之称卷"条亦曰："卷子因于竹帛之帛。竹谓简，帛谓纸也②。……帛之为书，便于舒卷，故一书谓之几卷。凡古书，以一篇作一卷。"自注："《汉书·艺文志》有称若干篇者，竹也；有称若干卷者，帛也。"③ 马先醒以为"篇、卷之称与竹、帛之用，到底有无特定意义存乎其间，论者不一。谓二者间有关系者，始自叶德辉"④。按：曾氏书初刊于光绪二十一年（1895），岛田《古文旧书考》初刊于日明治三十七年（1904），叶氏《书林清话》初刊于1917年，但序作于清宣统辛亥岁除（1912年初），盖其书之作期与观堂《简牍检署考》相仲伯（王国维书作于1912年春，最初以日文刊于1913年之《艺文》⑤）。且叶书明引岛田，如卷一"书有刻板之始"条"而岛田翰必欲傅合陆说"⑥。马说非是。

　　学者多有从是说者。如马先醒认为王国维"亦有此意，或尚不敢遽断，故文辞较为隐晦"⑦。根据王国维《简牍检署考》云："刘向叙录诸书，皆云定以杀青，是书籍多用简也。《汉书·艺文志》所录各书，以卷计者不及以篇计者之半。"实则王氏书中对此有更明确的表

---

　　① 曾朴：《补后汉书艺文志叙录》，载二十五史刊行委员会编《二十五史补编》，中华书局1955年版，第2册，第2450页。

　　② 按：这个"纸"就是指的缣帛，张舜徽先生说："缣亦谓之纸。《释名》云：'纸，砥也，谓平滑如砥石也。'（《释书契篇》）王隐《晋书》云：'魏太和六年，博士河间张揖上《古今字诂》，其《巾部》云："纸，今帋也"，其字从巾。古以缣帛，依书长短，随事截绢，枚数重沓，即名幡纸，字从纟，此形声也。后和帝元兴中，中常侍蔡伦以故布捣剉作纸，故字从巾。是其声虽同，纟巾为殊，不得以古之纸为今纸。'（《御览》六百五引）据此，可知汉人称纸，皆指帛言，迨有捣布而成之纸，始别造帋字区分之。则凡史传中以简纸二字连用者，自晋以上，皆谓竹与帛耳。"张舜徽《广校雠略》，华中师范大学出版社2004年版，第49页。

　　③ 叶德辉：《书林清话》，中华书局1957年版，第12页。

　　④ 马先醒：《篇卷与竹帛》，载《简牍学报》第7期，台北：简牍学会1980年版，第125页。

　　⑤ 参见胡平生、马月华《简牍检署考校注》，上海古籍出版社2004年版。

　　⑥ 叶德辉：《书林清话》，中华书局1957年版，第20页。

　　⑦ 马先醒：《篇卷与竹帛》，载《简牍学报》第7期，台北：简牍学会1980年版，第125页。

述。其"简策之文"一节自注引《后汉书·杜林传》"林前于西州得漆书《古文尚书》一卷"，王氏论曰："杜林所得《古文尚书》，云'卷'而不云'篇'，则其书当为缣帛而非简策。"[①] 显以"篇"指简而"卷"为帛。其后钱基博[②]、马衡[③]、余嘉锡[④]、张舜徽[⑤]、屈万里和昌彼得[⑥]、钱存训[⑦]、王欣夫[⑧]、余召勋[⑨]、李致忠[⑩]、余自汗[⑪]、王世伟[⑫]、刘国进[⑬]、暴希明[⑭]等大抵皆从此说。

迨佚简日出，学者始疑旧说。笔者所知最早提出异议者为潘菽。潘氏于《青年中国季刊》1941 年第 2 卷第 2 期发表《简册杂记》，明确质疑王国维《简牍检署考》："王氏以为古籍用帛写的称卷，用简册写的称篇。这也是很需要商量的。……称篇或称卷并不是以竹或帛分的。帛可以卷，但简册又何尝不可以卷呢？"[⑮] 劳榦 1944 年出版之

---

① 王国维：《简牍检署考》，载赵万里编《王国维遗书》，上海书店出版社 1983 年版，第 6 册，第 93—94 页。

② 钱基博：《版本通义》，上海古籍出版社 2007 年版，第 1 页。

③ 马衡：《中国书籍制度变迁之研究》，《凡将斋金石丛稿》，中华书局 1977 年版，第 262 页。

④ 余嘉锡：《目录学发微》，台北：艺文印书馆 1987 年版，第 29、31 页。

⑤ 张舜徽：《中国文献学》，华中师范大学出版社 2004 年版，第 11 页；张舜徽：《爱晚庐随笔》，华中师范大学出版社 2005 年版，第 508 页。

⑥ 屈万里、昌彼得：《图书版本学要略》，台北：中国文化大学出版部 1986 年增订版，第 9 页。

⑦ 钱存训：《中国古代的简牍制度》，《中国古代书籍纸墨及印刷术》，北京图书馆出版社 2002 年版，第 19、32 页。

⑧ 王欣夫：《文献学讲义》，上海古籍出版社 1986 年版，第 183—184 页。

⑨ 徐召勋：《学点目录学》，安徽教育出版社 1983 年版，第 56 页。

⑩ 李致忠：《古书版本学概论》，北京图书馆出版社 1990 年版，第 123 页。又李致忠、周少川、张木早《中国典籍史》亦持此说，上海人民出版社 2004 年版，第 269 页。

⑪ 余自汗等：《内经灵素考》，中国中医药出版社 1992 年版，第 4 页。

⑫ 王世伟：《一组与书籍有关的汉字》，载王世伟《图书馆学文献学论丛》，上海书店出版社 2000 年版，第 394 页。

⑬ 刘国进：《中国上古图书源流》，新华出版社 2003 年版，第 255 页。

⑭ 暴希明：《篇、卷、册和中国古代书籍制度的变迁》，《安阳师范学院学报》2006 年第 1 期。

⑮ 潘菽：《简册杂记》，载中国科学院心理研究所、中国心理学会编《潘菽全集》第 10 卷，人民教育出版社 2007 年版，第 151 页。

《居延汉简考释·考证之部》曰:"居延简广地南部候兵物册共七十七简,以麻绳二道编之如竹帘状,可以舒卷。故简编则为册,卷则为卷。《后汉书·杜林传》:'前于西州得漆书《古文尚书》一卷。'缣帛非可以漆书者,则此所言一卷,当指可以舒卷之册矣。"① 马先醒认为新说最早出于劳榦,且称之为"神解"②,而不知劳氏并非首创。

钱存训所著《书于竹帛》一书则对此说加以批驳:

> 至于"卷",通常认为是指缣帛和纸卷的单位而言,是否可用为简牍书籍的单位,意见不一。劳榦谓居延"兵物册"77简,以麻绳二道编之,如竹帘状,可以舒卷,故"简编则为册,卷则为卷"③。陈槃于其《先秦两汉简牍考》一文中,曾试图证明这一理论,不过所提出之例证,均无一在汉代以前,而汉时"卷"已被广泛应用为纸及缣帛的单位。陈氏并指出,《汉书·艺文志》书序称今文《尚书》二十九"篇",而其目录则曰经二十九"卷"。孔安国古文《尚书》序有云:"并序凡五十九篇,为四十六卷。"陈氏以为此处既曰篇,复曰卷,据此可以证明一"篇"或数"篇"可以卷而为"卷"。④ 按《汉志》既有"篇",复有"卷",反足以证明陈说之非。若"卷而为卷",则不必用"篇"字。我对此二例证的意见是:"篇"和"卷"既然分列,当系材料和单位不同。按应劭谓:"刘向为孝成皇帝典校书籍二十余年,皆先书竹,改易刊定,可缮写者以上素也。"⑤ 以书序所称之古文和今文《尚书》,原分别是五十九"篇"及二十九"篇",经

---

① 劳榦:《居延汉简考释·考证之部》,台北:"中央研究院历史语言研究所"1944年版,卷一,页77b。

② 马先醒:《篇卷与竹帛》,载《简牍学报》第7期,台北:简牍学会1980年版,第126、127页。

③ 原注:劳榦:《居延汉简考释》:考证之部,卷1,页74。

④ 原注:陈槃:《先秦两汉简牍考》,《学术季刊》1953第1卷第4期,"篇""卷"附考。

⑤ 原注:《太平御览》卷六〇六引。

抄录于缣帛后，乃为四十六"卷"及二十九"卷"，因此列于目录中的"卷"，是皇家图书馆中的帛书，为卷轴的单位，而见于书序中之"篇"，则为原本简牍的单位。实际说来，卷简原较编简为易。故居延"兵物册"的数捆简册，即使卷起，相信仍应称"篇"，而不应称"卷"。①

按：钱先生的论证，是以《风俗通》为据，证明刘向校书是先书于竹简，在校订后再缮写到帛书上，著录时就将竹简本与帛书本一起著录了。实则正如余嘉锡所指出的："案此则向之校书，皆先书之竹简，取其易于改治。逮校雠既竟，已无讹字，乃登之油素。"② 也就是说，在写成定本之前的简本，乃是校雠之时的工作本，应当不会著录于《别录》《七略》。另一方面，就现存典籍考察，至少刘氏校书的定本也有写在竹简上的。《太平御览》卷六〇六引《刘向别传》曰："《孙子》书以杀青简，编以缥丝绳。"③

检章学诚《文史通义》卷三《内篇》三《篇卷》云：

> 古人之于言，求其有章有序而已矣。著之于书，则有简策。标其起讫，是曰篇章。孟子曰："吾于《武成》，取二三策而已矣。"是连策为篇之证也。《易·大传》曰："二篇之策，万有一千五百二十。"是首尾为篇之证也。左氏引《诗》，举其篇名，

---

① ［美］钱存训：《书于竹帛——中国古代的文字记录》第4次增订本，上海书店出版社2002年版，第86页。

② 余嘉锡：《目录学发微》，台北：艺文印书馆1987年版，第32页。

③ （北宋）李昉等：《太平御览》，中华书局1960年版，第3册，第2725页。《訄书》卷五七《征七略》："《御览》引刘氏书，或云刘向《别传》，或云《七略别传》。今观诸子叙录，皆撮举爵里事状，其体与《老韩》《孟荀》《儒林》诸传相类。盖淮南王安为《离骚传》，太史公尝直举其文以传屈原，在古有征。（班孟坚《离骚序》引淮南《离骚传》文，与《屈原列传》正同，知斯传非大史自篡也）而晚近为学案者，往往效之，兼得传称，有以也。"参见徐复《訄书详注》，上海古籍出版社2000年版。参见章炳麟《七略别录佚文征序》，载上海人民出版社编《章太炎全集》第1卷，上海人民出版社1982年版；徐复《〈史记文献学丛稿〉序》，载赵生群《〈史记〉文献学丛稿》，江苏古籍出版社2000年版。

而次第引之，则曰某章云云。是篇为大成，而章为分阕之证也。……大约篇从竹简，卷从缣素，因物定名，无他义也。而缣素为书，后于竹简，故周秦称篇，入汉始有卷也。第彼时竹素并行，而名篇必有起讫；卷无起讫之称，往往因篇以为之卷；故《汉志》所著录几篇，即为后世几卷，其大较也。然《诗经》为篇三百，而为卷不过二十有八；《尚书》《礼经》，亦皆卷少篇多，则又知彼时书入缣素，亦称为篇。篇之为名，专主文义起讫，而卷则系乎缀帛短长，此无他义，盖取篇之名书，古于卷也。故异篇可以同卷，而分卷不闻用以标起讫。至班氏《五行》之志、《元后》之传①，篇长卷短，则分子卷。② 是篇不可易，而卷可分合也。③

实斋所论"篇"的含义十分正确。《说文解字·五上·竹部》："篇，书也。"④ 东汉王充《论衡·正说》："夫经之有篇也，犹有章句也；有章句，犹有文字也。文字有意以立句，句有数以连章，章

---

① 程千帆曰："元后当作王莽。这是章氏误记。"参见程千帆、徐有富《校雠通义·目录篇》，载莫砺锋等编《程千帆全集》第 3 卷，河北教育出版社 2001 年版，第 51 页脚注①。

② 陈梦家说："班固《艺文志》本于向、歆父子的《别录》和《七略》，刘录乃成帝时校书以前书籍的著录，而班录有所出入。西汉时典籍，仍以简册为主，因简牍较之缣帛易得而廉，出土西汉一切经籍文书多用此。竹木简而称卷，应有其原因。大凡卷与篇的分别，在篇以其内容自成一单位，而卷以其所用若干简数而可以编卷成一册者为单位。以《仪礼》十七篇言，《乡射》《大射》《士丧》（并《既夕》）、《少牢》（并《有司》）皆长达六千字以上，各六十字为一简，需用百简以上，编写成册，翻检有所不便。因将《士丧》和《少牢》各分为上下篇，即分为二卷二册，渐渐此分出的半篇也独自成篇，如武威简本的《有司》自为起讫，自立篇题。但亦有分卷分册而仍存一个篇题的，如贾疏云：'案《丧服》上下十有一章'，是其所用《丧服》本分为上下篇，而唐开成石经仍作一卷一篇。《仪礼》本是十五篇，分卷后成为十七卷，逐渐成为十七篇，以求篇数与卷数的一致。大小夏侯《尚书》的《经》与《章句》为二十九卷二十九篇，其《解故》仍作二十九篇以保存与《经》《章句》卷数篇数一致，《经》与《章句》则称二十九篇为二十九卷。"参见陈梦家《由实物所见汉代简册制度》，《汉简缀述》，中华书局 1980 年版。是章氏说有所不确。

③ （清）章学诚：《文史通义》，载叶瑛《文史通义校注》，中华书局 1985 年版，上册，第 305—306 页。

④ （东汉）许慎：《说文解字》，中华书局 1963 年版，第 95 页。

有体以成篇，篇则章句之大者也。谓篇有所法，是谓章句复有所法也。"① 刘勰《文心雕龙》三四《章句》："夫人之立言，因字而生句，积句而成章，积章而成篇。篇之彪炳，章无疵也；章之明靡，句无玷也；句之清英，字不妄也；振本而末从，知一而万毕矣。"② 刘洪先生在《从东海尹湾汉墓新出土简牍看我国古代书籍制度》一文中就指出："出土实物多为卷起的，以最后一根尾简为中轴，简上有字的一面在内，背面在外，从左至右像卷竹帘一样，卷成一个卷轴，然后存放起来。做完这一道工序，才算完成了制作简策的全部过程。东海尹湾汉墓竹简《东海郡郡吏巡行起居记》《刑德行时》《行道吉凶》《神乌傅（赋）》出土时，保持原来卷简成卷的形式。③" 据此，刘先生认为："'卷轴'始于简策，'卷'的名称，不始于帛书，也不一定指的就是帛书。过去有的人认为，在帛上面写了字，依着篇幅的长短，剪裁下来而卷成一束，这就出现了'卷'。过去凡说起'卷轴'制度，总以为发源于帛书，'卷'的名称也来源于帛书随意舒卷之意，因此卷又是帛书的计量单位。但是，从东海尹湾汉墓发现的简策编连和保存状况来看，'卷轴'早发生于简策，'卷'的名称也始于简策。编连成策的竹木简，为了便于保存，要把它收卷起来。……帛书的出现并非是'卷'的开始。东海尹湾汉墓出土的实物例证说明，编简成策之后，也需要卷起来保存，卷简成卷之后的'卷'，也是简策的形式。帛书的'卷'实际上是卷

① （东汉）王充：《论衡》，载黄晖《论衡校释》，中华书局1990年版，第4册，第1129页。

② （南朝·梁）刘勰：《文心雕龙》，载范文澜《文心雕龙注》，人民文学出版社1958年版，下册，第570页。黄侃《文心雕龙札记》："若乃篇章之分，一著简册之实，一著声音之节，以一篇所载多章皆同一意，由是谓文义首尾相应为一篇。"中华书局上海编辑所1962年版，第127页。按《晋书》卷三〇《刑法志》："集类为篇，结事为章。"中华书局1974年版，第3册，第923页。斯之谓也。

③ 潘菽《说篇卷》曾致憾于永元兵物薄虽简编完好，"但作者所见到的关于此事的记述都没有讲到这简册在初发现的时候是否是做卷起的形式。否则可以作为现在所讨论的问题的实物证据了。"载中国科学院心理研究所、中国心理学会编《潘菽全集》第10卷，人民教育出版社2007年版，第233—234页。逝者有灵，可无憾矣。

简成卷这一方式方法的沿袭。也就是说，'卷'并不始于帛书，也不一定指的就是帛书。"①

实则陈梦家先生对此早有详考。其《由实物所见汉代简册制度》一文曰：

> 写成的编册，平日存放是成卷的。编册即由编帘式所编缀，其收卷一如卷帘式或卷画式，以最后一简为中轴，有字一面在内，背在外，卷完后首卷在最外一层的头上。这种推断，乃基于以下所述的简本出土的现象。第一，篇题在第二简背而篇次在第一简背，据《燕礼》篇题、篇次在一行而先题后次，可知其他各篇第一、二简背上题字，应从右至左先读篇题，次接篇次，如"士相见之礼""第三"。如此简本的篇题也同时作为此篇的标签。第二，由于此等卷法，所以出土九篇的最后数简保存完整，因其卷在中心；乙本狭简，折断最多，而末二简皆得缀合成为完简。各篇残坏的，多属于每篇前数简，因其暴露在外，如乙本第二简篇题二字几至磨灭不识。第三，由于此等卷法，其随葬时放置棺上，亦是依次放置的，《燕礼》与《泰射》最后，近于侧。此二卷当因受地震地动而滚落，出土时埋于棺侧土中。第四，《燕礼》最后一简的末尾显出"毋自"二字反书墨迹，乃是前一简墨渖未干时被染印上的。此可证写毕即行卷起。编册成卷，而"卷"之起不始于帛书、纸本。《后汉书·杜林传》述"林前于西州得漆书《古文尚书》一卷"，论者以其称卷，断其必非简本。所谓西州，乃指河西，林尝为凉州郡吏，既还三辅，光武"引见问以经书故旧及西凉事"。所谓漆书，犹《后汉书·儒林传》"兰台漆书经字"，乃定本编册

---

① 刘洪：《从东海尹湾汉墓新出土简牍看我国古代书籍制度》，载连云港市博物馆、中国文物研究所编《尹湾汉墓简牍综论》，科学出版社 1999 年版，第 167—168 页。

经书。杜林所得，当乃是简册一卷。① 卷与篇的分别，在于篇是一个篇题或一个内容起讫完整者，如《诗》三百篇之每一篇；卷是册，则指编册成卷，可以包含短章若干篇，可以包含长篇的半篇，可以相当一篇。居延所出永元器物簿编为一册一卷，其中实包含简文中所自称的五个"一编"，一编即《汉书·张良传》"出一编书"之一编，《史记·留侯世家》同，集解云："徐广曰：编一作篇。"② 《汉书·艺文志》一律作篇。刘向称《既夕》为《士丧》下篇，则《士丧》《既夕》是一篇两卷或两册。《汉书·艺文志》大小夏侯的《经》与《章句》都是二十九卷而《解故》二十九篇，则《经》与《章句》均是一卷一篇。《汉书·艺文志》所录各书，以卷计者不及以篇计者之多，学者乃以为"以篇记的是竹木，以卷计的是缣帛"。这种说法是可商榷的。《艺文志》记《尚书》古文经四十六卷，而班固自注云："为五十七篇"，称卷指其卷帙，称篇指其篇题。志记"《尔雅》三卷二十篇"，今本十九篇，另一当是序篇，此是二十篇题而写成三册。二夏侯《尚书》，《经》与《章句》称卷，《解故》称篇，决非《经》与《章句》用帛书而《解故》用简册。《六艺略》中，《诗》皆称卷而不称篇，因《诗》本只三百篇，且多几句短章成篇者，不能一篇为一卷，故三家《诗》经文为二十八卷。《数术略》《方技略》皆称卷，

---

① 笔者按：陈梦家先生此前著《尚书通论》，于第一部《尚书通论》第二章《汉世传本篇》六"杜林本"下云："此漆书称卷，知非竹简本"。（河北教育出版社 2000 年版，第50页）先生此书为 20 世纪 40 年代的授课讲义，1957 年商务印书馆初版。则此乃先生既见汉简实物，而自正旧说。

② 笔者按：《汉书》颜注："编谓联次之也，联简牍以为书，故云一编。"中华书局1962 年版，第 7 册，第 2025 页。泷川资言辑佚存《史记正义》："编，以韦编连简而书之也。"［日］泷川资言考证、［日］水泽利忠校补：《史记会注考证》附《校补》，上海古籍出版社 1986 年版，下册，第 1228 页，参第 1236 页。《论衡·纪妖篇》、《太平御览》卷五一引《史记》及五〇七引皇甫士安《高士传》作"一篇书"。黄晖：《论衡校释》，中华书局 1990 年版，第 3 册，第 927 页；（北宋）李昉等：《太平御览》，中华书局 1960 年版，第1 册，第 248 页，第 3 册，第 2313 页。

而称篇者仅两三种；《诸子略》《诗赋略》《兵书略》皆称篇，而称卷者仅两三种。由是知《艺文志》的六略，或称卷，或称篇，不在于用帛用简而在于其内容性质之以篇计或以卷计如何适当。《六艺略·易》类有"图一"，《数术略》有"耿昌月行帛图二百三十二卷"，《兵书略》中有图若干卷，凡此之图皆是帛图，不能称篇。① 西汉简册称卷，实有充足的证据。居延汉简（8·1及46·7）乃两册簿书的署检，称"吏病及视事书卷"，其一有阳朔二年年号，而吏病及视事记录散见同地所出诸简中，可证簿札之成编者可以称为卷，此类簿书常为一尺木札，而其署检有时为较短圜首的木牌，有孔可穿，可知卷成卷子簿册，系以署检作标签。此与后世卷轴书之牙签一样。居延

---

① 笔者按：姚振宗《汉书艺文志条理》据《续汉书·历志》载贾逵论历曰"甘露二年，大司农中丞耿寿昌奏，以图仪度日月行，考验天运状"云云，认为"贾氏言耿寿昌状日月行，盖即谓此二书。此作耿昌，即耿寿昌。《月行帛图》，据贾氏说'月'上当有'日'字，'帛'是'度'字之误"。载《二十五史补编》，中华书局 1955 年版，第 2 册，第 1671 页。又按：画图并不一定要用帛，简册也能画图。李学勤先生就指出，云梦睡虎地秦简"《日书》又在简上绘有插图，像《艮山图》《人字图》等，这表明制作精好的简书，简面密接成片，能够和帛书一样地写字作画"。李学勤《论新出简帛与学术研究》，载《当代学者自选文库·李学勤卷》，安徽教育出版社 1999 年版，第 355 页。另，银雀山汉简《阴阳时令占候之类·天地八风五行客主五音之居》也是图表形式，"此图表系十二简编联成，从图中心向四方绘八条朱红色线，以代表八种风。一年十二个月分成四组，于图四角由内向外放射状排列"。吴九龙：《银雀山汉简释文》，中华书局 1985 年版，《叙论》第 11 页。又汲冢所出皆为竹书，而有《图诗》一篇，《晋书》卷五一《束皙列传》："画赞之属也。"中华书局 1974 年版，第 5 册，第 1433 页。陈梦家先生谓："《山海经》古本有图，故郭璞注此经往往以图为说，而陶渊明诗曰'流观山海图'，是晋时图犹在也。郭璞因作《图赞》二卷，每赞六句，四言一句，二句一韵，《隋书·经籍志》著录，今存。汲冢《图诗》当属此类，郭璞作赞或仿此。"陈梦家《汲冢竹书考》，《尚书通论》，河北教育出版社 2000 年版，第 613 页。检其篇末识语，乃"一九四四年五月，昆明龙泉镇"（第 617 页），则作于西南联大时。不知此时何以忘之。又敦煌残卷《占云气书》"是一件未完成的抄本，已完成的部分有'观云章'和'占气章'，以彩笔绘出云气图形，彩图下附有注释"。何丙郁、何冠彪《敦煌残卷占云气书研究》，台北：艺文印书馆 1985 年版，第 1 页。陈槃先生认为类似敦煌《占云气书》这样"亦有图，但其书以采绘为主，而附解说其下，不另为卷。……后世以纸为册，便于图绘，图与书说无须各行，故《占云气书》则如此"。陈槃《先秦两汉帛书考》，载《"中央研究院历史语言研究所"集刊》第 24 本，1953 年，第 187 页。由今观之，其说亦不确。以此可见，《汉志》之所以于图称"卷"，当是由于一卷之中有多图，正如一卷之中有多篇而称"卷"。

汉简（208·5）在署卷上端写一"卷"字，这已成为后世档案卷宗的滥觞。《史记·司马相如传》曰"上许令尚书给笔札"，令其写赋，及其临终，帝遣使者取其遗书，其妻曰："长卿未死时为一卷书，曰有使者来求书奏之，无他书。其遗札书言封禅事。"是相如遗书一卷是言封禅事的遗札，乃是编札而称卷。①汲冢所出皆编简竹书，《晋书·束皙传》曰"七十五篇"而王隐《晋书》称"七十五卷"，一卷即一篇。②

奚椿年先生《中国书源流》一书则更进一步指出："帛书未必卷，简册则无一不卷。"奚先生具体论述道：

从实物和其记载考察，"卷"与帛书未必有什么必然的联系，如在"战国时的帛书"一节说过的 1942 年和 1949 年先后在长沙的楚墓中出土的帛书、帛画各一件均是折叠平放的，后面我们在有关章节中还要谈到的马王堆汉墓出土的大批帛书也只有极少数卷在 2 至 3 厘米宽的竹木条上，其余绝大部分也是折叠着平放的，并未卷起来。而出土的战国时的简册，倒无一不卷。其晚的汉简，亦复如是，如 1930 年在甘肃境内出土的"居延汉简"中的《永元兵器簿》共有七十七根木简组成，有两道编绳编连，卷得很完整。1949 年后在同一地区发现的汉简二万余支，有七十

---

① 按：《汉书》颜注："书于札而留之，故云遗札。"中华书局 1962 年版，第 8 册，第 2600 页。此盖陈氏所本。但泷川资言辑佚存《史记正义》驳之曰："封禅，国之大礼，故曰札书，颜云，书于札而留之，故曰遗札，恐非。"〔日〕泷川资言考证、〔日〕水泽利忠校补：《史记会注考证》附《校补》，上海古籍出版社 1986 年版，下册，第 1889 页，参第 1916 页。考相如传既言"上许令尚书给笔札"，则相如所书当是简册。并且相如所作仅为言封禅事，观其文亦不过一赋，初无关于国之大礼。又检《汉书》卷五八《倪宽传》："先是，司马相如病死，有遗书，颂功德，言符瑞，足以封泰山。上奇其书，以问宽。"第 9 册，第 2630 页。不言"札书"，亦可证相如所书确为简册所书之普通遗书，并非缣帛而称札书，颜说是。

② 陈梦家：《由实物所见汉代简册制度》，《汉简缀述》，中华书局 1980 年版，第 305—306 页。

多个簿册，也大多是卷着存放的。其他地区从地下掘得的竹木简
如马王堆的医书，云梦睡虎地的大事记等，也均呈卷状。由此可
以推断：要说"卷"的名称的由来，不是因帛书的可卷，而应是
竹木简，因为竹木简不但同样可卷，而且卷时还有"收卷"这一
名称；至于始用时间也比帛书早。①

　　的确，1942 年长沙子弹库出土的完整楚帛书，"有许多折断之
痕，尺寸适与蔡书所记之竹简相适，可以判断原先是作八折放置"②。
1949 年长沙东南郊陈家大山楚墓出土的楚帛画也"系折叠好另放一
竹筐内"③。钱存训先生也承认："帛书的另一种形式是折叠。长沙楚
墓中的'缯书'，即折为八叠存放于漆盒内。马王堆汉墓中的帛书，
出土时发现有两种不同的形式，用整幅抄写者，折成长方形；用半幅
抄写者，则卷在竹木条上，同放在一个漆盒之内。马王堆出土的古地
图也是折叠于漆盒内。"④

---

　　① 奚椿年：《中国书源流》，江苏古籍出版社 2002 年版，第 32—33 页。
　　② 李零：《长沙子弹库战国楚帛书研究》，中华书局 1985 年版，第 8 页。
　　③ 夏鼐：《1953 年 11 月 11 日致郭沫若信》，载郭沫若《关于晚周帛画的考察·补充说明》，载郭沫若著作编辑出版委员会编《郭沫若全集·考古编》第 10 卷，科学出版社 2002 年版，第 304 页。
　　④ ［美］钱存训：《书于竹帛——中国古代的文字记录》，上海书店出版社 2002 年版，第 101 页。叶德辉《书林清话》卷一"书之称本"条云："吾谓书本由卷子折叠而成。卷不如折本翻阅之便，其制当兴于秦汉间。"中华书局 1957 年版，第 14 页。余嘉锡《书册制度补考》讥之曰："此其说绝可笑……折叠本亦起于唐末，唐人写书皆用卷子，其事班班可考。今敦煌所得六朝唐人书，何尝有一折叠本，而谓其制兴于秦汉之间，不知何据。"载余嘉锡《余嘉锡论学杂著》，中华书局 2007 年版，下册，第 541—542 页。出土帛书可证折叠本早源于先秦。钱存训《中国古代的简牍制度》又以为"古书的藏置，可能有二种不同形式：一为数简编成后，卷成一捆；另一为折页形，每册简面相对，有如现今书籍的册页形式。……折页式编连的简，如今甚少保存；古籍中亦无此法之详细记载。惟公元前 3 世纪的一方西汉墓砖上有一图像，其中一人手捧简册形之书，看来似是竹简编连后卷成的形状"。载钱存训《中国古代书籍纸墨及印刷术》，北京图书馆出版社 2002 年版，第 32 页。马先醒则颇不满："关系书籍演进如此重大之形式，似于史无征，唯凭一墓砖图像……当汉魏时期，简牍典籍之处理方式，只卷之成卷，无折之成册者。"马先醒：《简牍之编写次第与编著典藏》，载《简牍学报》第 7 期，台北：简牍学会 1980 年版，第 134—135 页。但钱氏明言"卷成"，则并未以墓砖图像为折页式之证。是其于折页式竟无举证。

潘菽《简册杂记》驳观堂篇卷竹帛之说，以为"至于用帛写成的书籍则至少还很少听到过"[1]，今已可知其非。潘氏《说篇卷》一文又列五证。其一，《汉书·司马相如传》说"上令尚书给笔札"，又说"长卿未死时为一卷书"，"司马相如书写用的材料是朝廷供给的木简……但这种简札之书却称一卷"。其二，"桓谭《新论》说，古文《尚书》旧有四十五卷，为五十八篇。桓谭是光武时人，他所说的旧有古文《尚书》当是简册之书，但也用卷计"。其三为杜林漆书，以为漆书"应该是书于简牍的"，但陈梦家已证"凡此漆书，恐怕仍然是墨书"[2]。此不足为凭。其四，汲冢竹书，《晋书·束皙传》七十五卷，杜预《左传集解后序》七十五篇，正是竹简称卷，"杜预说七十五篇，则又可以证实卷和篇这两个名称原来是可以通用的"。其五，"武梁祠石室汉代画像有一石画孔门弟子十九人，接手捧简册。又一石画孔子见老子像，中有三人在老子后，一人在孔子后，也都手捧简册。其中一人……所捧简册似显其一断之编。各人所捧简册都显作卷轴形"。其结论为："这许多记载都可以使我们确定无疑地知道古代编简之书也和缣纸之书一样都做成卷的形式。并且从历史的观点去看，缣纸之书的卷轴形式应该是袭用简册在怀藏时候的形式而来。"[3] 马先醒《篇卷与简帛》一文分析《汉志》，举八证申论之。但其第一、三证乃基于"图之质材为帛纸"，上已论其不当。第四证谓《蓍龟类》记卜筮而"均称卷，无一称篇"，第六证谓天文家《泰阶六符》一卷，"可知不但竹木之符可称卷，且知积六符即成一卷"，第七证"'历谱十八家'中，竟无一称篇者"，"算之质材亦属竹木，而《艺文志》均以卷称之，是知二者间可互称也"，实则此乃记载卜

---

① 潘菽：《简册杂记》，载中国科学院心理研究所、中国心理学会编《潘菽全集》第10卷，人民教育出版社2007年版，第151页。

② 陈梦家：《由实物所见汉代简册制度》，《汉简缀述》，中华书局1980年版，第300页。

③ 潘菽：《说篇卷》，载中国科学院心理研究所、中国心理学会编《潘菽全集》第10卷，人民教育出版社2007年版，第232—233页。

筮、符箓与历算之用以成书，并非直接捆绑蓍草、竹符或算筹以为书。第五证谓汉代蒙书《六甲篇》，《艺文志》著录"则均称卷"，"亦足证篇、卷可互称"。但此处"篇"为文章内容起讫之称，卷为书籍形制，二者并不相关。若如马说，几曾见"六甲卷"之书名？是其八证中，可信者二则而已。而第八证《尚书》之著录实属老生常谈。第二证卢文弨实已言之，而马氏无一语道及。① 卢氏《钟山札记》卷一"篇卷"条："《汉志》，《易》皆言篇，《诗》皆言卷，其余一类之中，或篇或卷不一。后每种各结之云，凡若干家、若干篇，至末总结其数云，大凡书六略、三十八种、五百九十六家、万三千二百六十九卷，此非篇即卷乎！"② 此外，高大伦发现"有一条大家未注意到的谈及篇卷的文献材料，即王充《论衡·超奇篇》：'通书千篇以上，万卷以下，弘畅雅言，审定文读，而以教授为人师者，通人也。'这段话里篇卷并举，如果我们理解成千篇竹简、万卷帛书，显然是不通的。如果理解成篇指内容，卷为形式，则通了"③。

当然，需要说明的是，正如程千帆先生所说的："篇在最初既是物质材料上的起讫单位，又是意义上的起讫单位。到用帛做书写材料以后，篇渐渐失去作为物质材料上的起讫单位的意义，而逐步变为只代表内容上的起讫，卷却往往只代表物质材料上的起讫了。"④ 历史上，简册的使用远早于缣帛。史树青先生指出："马王堆出土的帛书，每行都有极细的朱丝栏，从形式看，很像编联的简册，可见帛书出现的时期，要晚于竹书，帛书的行格模仿竹书的形

---

① 马先醒：《篇卷与竹帛》，载《简牍学报》第 7 期，台北：简牍学会 1980 年版，第 127—129 页。
② （清）卢文弨：《钟山札记》，载《续修四库全书·子部》，上海古籍出版社 1996 年版，第 1149 册，第 651 页。洪湛侯《中国文献学新编》考察篇卷关系，分为篇卷相等、卷大于篇、卷小于篇三种情况。杭州大学出版社 1994 年版，第 88—89 页。
③ 高大伦：《竹帛书的"篇"和"卷"》，载《文献》第 22 辑，1984 年，第 230 页。
④ 程千帆、徐有复：《校雠广义·目录编》，载莫砺锋编《程千帆全集》第 3 卷，河北教育出版社 2000 年版，第 49 页。

式。"① 但缣帛用于书写 "至迟当在公元前四五世纪"②，而此时 "篇" 指文章起讫之义应当早已确定，不至于因为新的书写工具的出现而改变了意义。

至此，我们可以说，"篇" 是指首尾完整的文章，"卷" 是指由简帛等书籍书写材料的存放方式而形成的书籍计量单位。③

---

① 参见《文物》杂志编辑部《座谈马王堆汉墓帛书》，《文物》1974 年第 9 期，史树青发言。

② ［美］钱存训：《书于竹帛》，上海书店出版社 2002 年版，第 95 页。

③ 奚椿年认为 "'卷' 与 '册' 含义相同"。奚椿年：《中国书源流》，江苏古籍出版社 2002 年版，第 34 页。

第六章　简帛研究学术反思

第一节　评高华平先生论《老子》三本之性质

《中国历史文物》2003 年第 1 期，发表了高华平先生的《楚简本、帛书本、河上公注本三种〈老子〉仁义观念之比较》① 一文。该文通过比较楚简本、帛书本、河上公注本三种《老子》中仁义观念，认为战国时代至少存在两种不同版本的《老子》。帛书本《老子》是战国两个不同版本系统《老子》的拼合；"河上公注本将原有《老子》文本重新编序，分为《道经》（《道论》）和《德经》（《德论》）两大部分"，并且还"第一次去掉了'大道废，有仁义'诸句及'信不足，有不信焉'句中'有'字前的'安'或'案'字，使《老子》全书在'弃绝'、否定或反对'仁''义''礼''圣'（智）观念上达到了内在的一致性，消除了帛书本《老子》中存在的由不同版本粗糙拼合的痕迹——从历史文献学的角度看，也就是创造中国文献学史上第一个《老子》善本"。

姑且先不看高文的论证过程，单就其对河上公注本的定位来看，就存在问题。如果说先秦《老子》就存在两系，那么河上公注本与先秦反仁义一系《老子》文本有什么关系？先秦反仁义一系《老子》在汉代是否全部亡佚了？我们能否证明在先秦绝无与河上公注本篇

---

① 高华平：《楚简本、帛书本、河上公注本三种〈老子〉仁义观念之比较》，《中国历史文物》2003 年第 1 期。以下简称"高文"，以下所引不另出注。

次、文字差不多的《老子》文本？再进而言之，我们能否证明在先秦绝无与帛书本篇次、文字差不多的《老子》文本，从而可以说："一方面照搬这种儒者倾向的编序，另一方面又将坚守道家立场抨击儒家'仁''义''礼''圣'观念的文句兼收并蓄，这就造成了帛书本《老子》自相矛盾的现象？"

可见，高文的观点的确相当新颖，但其论证却未必可信。在许多细节上，高文也存在着种种问题。例如，高文认为："书写《老子》内容的甲、乙、丙三组竹简共71枚，经整理得2046字，约相当于今本《老子》的五分之二。"类似的话，在高文中还出现过1次。但据参与郭店简整理的彭浩先生说，这个数字是将《太一生水》也计算在内的，如除去该篇现存的305字及丙组与甲组重复的第六十四章后半75字，则剩余1666字，为今本的三分之一。① 在附注③中，高文还逐一列举了今本与简本对应的章节，其中并未提到《太一生水》，那么文中所给出的字数、比例就是错误的了。再举一例。高文接着说："据专家测定，该墓的下葬年代约在公元前4世纪末至公元前365年。"明眼人一望即知，这里的时间序列有误。所谓"公元前4世纪末"就是公元前300年，它是在公元前365年之后，怎么能够说"公元前4世纪末至公元前365年。"那岂不是时光倒流了？高文在附注④中给出了资料根据，是李学勤先生《先秦儒家著作的重大发现》和荆门市博物馆的《郭店楚墓竹简》。但检核原文，李先生说："包山一、二号墓及郭店一号墓估计都不晚于公元前三〇〇年。说郭店一号墓是公元前四世纪末的墓葬，是合适的。至于墓中竹简典籍的书写时间，可能还更早一些。"② 《郭店楚墓竹简》一书的"前言"也只说："发掘者推断该墓年代为战国

---

① 参见裘锡圭《郭店老子简初探》，载陈鼓应主编《道家文化研究》第17辑郭店简专号，生活·读书·新知三联书店1999年版。

② 李学勤：《先秦儒家著作的重大发现》，载姜广辉主编《郭店楚简研究》，《中国哲学》第20辑，辽宁教育出版社1999年版，第13—14页。

中期偏晚。"① 再看发掘报告，则是说："从墓葬性质和器物特征判断，郭店 M1 具有战国中期偏晚的特点，其下葬年代当在公元前 4 世纪中期至前 3 世纪初。"② 因此，我们十分希望高先生能赐告"公元前 365 年"的根据是什么。

检视高文，可知其全文的基本观点是战国时期有两个不同版本系统的《老子》，而这一观点则有三个论据。下面我们就来逐条分析。

其一，今本《老子》（高文所谓今本，指河上公注本与王弼注本）第十八章"大道废，有仁义；智慧（惠）出，有大伪；六亲不和，有孝慈；国家昏乱，有忠（贞）臣"，帛书甲本作："故大道废，案有仁义？知快（慧）出，案有大伪？六亲不和，案有畜兹（慈）？国家昏乱，案有贞臣？"帛书乙本同于甲本，仅"案"字作"安"。王弼注本第十八章"信不足焉，有不信焉"。帛书甲乙本皆作"信不足，案有不信"③。这两段在郭店简本中也是作"大道废，安（案）有仁义"和"信不足，安（案）有不信"，从而"证明帛书《老子》甲、乙本中'案'或'安'字，也并非当时文本编者随意书写，而是有所依据的——依据就是郭店简本或至少是郭店本系统的《老子》"。这样，"'案'或'安'该如何解释便成为疑问：是按古汉语的惯例，将'安'或'案'训为反诘疑问词呢？还是依据唐朝傅奕所传古本《老子》，将'案'或'安'视如'焉'，再将'焉'训为'于是'呢"？高氏在正文中认为"将'安'（案）训为'于是'却实属勉强"。在附注⑥中，则做了一点论证："帛书中的'案'或'安'，有训为'乃'的（参见任继愈主编《中国哲学发展史》，人民出版社 1985 年版）；有训为语气词的（参见金景芳、吕绍纲《尚书·虞夏书新解》，辽宁古籍出版社 1996 年版④）；有干脆将'安'

---

① 荆门市博物馆编：《郭店楚墓竹简》，文物出版社 1998 年版，前言第 1 页。
② 湖北省荆门市博物馆：《荆门郭店一号楚墓》，《文物》1997 年第 1 期。
③ 按，检王弼注本，此句在第十七章。
④ 我们在此书中没有找到高文所引用的内容，能否请高先生赐告页码？

等同于'焉'，和'焉'一同训为'于是'的（参见高明《帛书老子校注》）。在古汉语中，如果说'安'（案）训为'乃'或语气词，这一点与'焉'还有相通之处的话，将'安'（案）训为'于是'以求和'焉'一致，实在有些勉强，恐难有第二例。"

那么，这里的"安""案"究竟是何字，读为"焉"呢？在《郭店老子校读记》一文中，李零先生将《老子》甲22的"国中有四大安"改释为"国中有四大焉"，指出："焉，与从宀的'安'字有别，最好统一作'焉'，不作'安'。"① 在其后的增订本中，李先生又将观点略作了修改："焉，与从宀的'安'字相同但字形有别，简文'焉'字多作此体，这里最好统一作'焉'，不作'安'。"② 裘锡圭先生据以指出，《老子》的"往而不害，安平太"，一般理解为"安宁"，但王引之认为应训为"乃"，郭店竹书"此章'安平太'之'安'，正好没有'宀'旁，可以证成王引之的说法"③。细察"信不足"等句所在的郭店《老子》丙1—3简，除了"安有贞臣"句"安"字上部残缺，余均作无"宀"形④，可见此字应当读为"焉"。李零先生也正是隶作"焉"⑤。实则郭店简中读为"焉"的"女"字，董琨先生指出，其字形是"'女'字加一点"⑥。又如，今本《老子》第十三章："爱以身为天下，若可托天下。"吴辛丑先生认为："马王堆帛书《老子》甲本作'爱以身为天下，女可以寄天下'。帛书乙本与甲本同，仅句末多一'矣'字。帛书'女'与王本'若'

---

① 李零：《郭店楚简校读记》，载陈鼓应主编《道家文化研究》第17辑郭店简专号，生活·读书·新知三联书店1999年版，第466页。

② 李零：《郭店楚简校读记》增订本，中国人民大学出版社2002年版，第6页。

③ 裘锡圭：《郭店〈老子〉简初探》，载陈鼓应主编《道家文化研究》第17辑郭店简专号，生活·读书·新知三联书店1999年版，第54页。

④ 荆门市博物馆编：《郭店楚墓竹简》，文物出版社1998年版，第9页。

⑤ 李零：《郭店楚简校读记》，载陈鼓应主编《道家文化研究》第17辑郭店简专号，生活·读书·新知三联书店1999年版，第473—474页；李零：《郭店楚简校读记》增订本，中国人民大学出版社2002年版，第26页。

⑥ 董琨：《郭店楚简〈老子〉的语言学札记》，载中国古文字研究会、中山大学古文字研究所《古文字研究》第24辑，中华书局2002年版，第387页。

为异文。高明先生以为'女'读同'如'①。马王堆汉墓帛书整理小组据《淮南子》《道应》篇引作'爱以身为天下，焉可以寄天下矣'，猜测'女当作安，义犹乃'。② 今按，帛书整理小组的猜测是有道理的，简帛异文可助一证。如帛书《老子》乙本：'浊而静之徐清，女以重之徐生。'王弼本作'孰能浊以静之徐清，孰能安以久动之徐生'。'女''安'异文。郭店简《缁衣》：'君子不自窗女。'今本《缁衣》作'君子不自留焉'。简本'女'读同'安'，与'焉'同义。'安'与'焉'异文同义例，如简本《老子》甲组：'国中又四大安，王尻一安。'帛书《老子》甲本作'国中有四大，而王居一焉'。《郭店楚墓竹简》，《缁衣》释文作'君子不自窗（留）女〈安（焉）〉'③，把'女'作为错字处理，似有不当。"④ 陈剑先生进而认为，吴氏"所揭示的现象和分析基本是正确的，但'女'与'安'两字古音相距甚远，'女'不可能'读同"安"'。这类所表示的词本为'安（或'焉'）'的'女'字，还是如《郭店楚墓竹简》那样'作为（'女丨'的）错字处理'更为妥当。上所引王弼注本《老子》，《道经》第十三章的'若'（郭店《老子》乙本简8同），联系马王堆帛书《老子》甲乙本均作'女'和《淮南子·道应》篇作'焉'，显然本应作'安'，'若'字当是由写作'女丨'的'安'误为'女'，再将'女'理解为'如'，又由于'若'与'如'经常可以换用而来的。这种辗转讹误的情况，很值得注意"。但由郭店《老子》也作"若"来看，这一讹误发生得相当早。"'女丨'像一个敛手跪坐之人的股、胫之间多加了一笔形。我认为，这一笔的意图是要表示跪坐时股、胫相接触，亦即将臀部放在脚后跟上。这种坐姿，古

---

① 原注：高明：《帛书老子校注》，中华书局1996年版，第279页。
② 原注：《马王堆汉墓帛书［壹］》《老子乙本·道经》释文注［一四］，文物出版社1983年版，第96页。
③ 原注：《郭店楚墓竹简》，文物出版社1998年版，第131页。
④ 吴辛丑：《简帛典籍异文与古文字资料的释读》，载中国古文字研究会、中山大学古文字研究所编《古文字研究》第24辑，中华书局2002年版，第366页。

人称为'安坐'。'女丨'字字形表示的这个意义及其引申义，保存在了'安'字中。""安"本从"女丨"，郭店简中读作"安（焉）"的所谓"女"字，实为"女丨"字。①

其实，在简帛《老子》的研究中，虽然大多数学者都认为"安""案"应当训作"于是"②，但也的确有部分学者解作反诘疑问词③。不过，即使是将"安""案"解作反诘疑问词的这部分学者，也基本不否定"安""案"本身有"于是"义。就我们目前所看到的资料，明确否定"安""案"本身有"于是"义的，除了高华平先生，只有杨润根先生。在杨氏所著《发现老子》一书中，杨先生说："我对本章的标点符号和个别文字所做的更动显然是最引人注目的。我之所以做此更动，是由于任何一个注释者都无法使人相信'安有'或'案有''焉有'的意思就是'于是有'的意思——这种解释太违背语言常识了！我们的语言常识在告诉我们，'安有'或'案有''焉有'的意思是'哪里有'，而由它所构成的句型是反问句。因此我们可以有充足的理由在由'安有'或'案有''焉有'所构成的句子后面打

---

① 参见陈剑《说"安"字》，《甲骨金文考释论集》，线装书局 2007 年版。

② 例如国家文物局古文献研究室编：《马王堆汉墓帛书》［壹］，文物出版社 1980 年版，第 14 页注三一；许抗生：《帛书老子注译与研究》，浙江人民出版社 1982 年版，第 89 页；卢育三：《老子释义》，天津古籍出版社 1987 年版，第 92—93 页；高明：《帛书老子校注》，中华书局 1996 年版，第 308、310 页；尹振环：《帛书老子释析》，贵州人民出版社 1998 年版，第 312、318 页；戴维：《帛书老子校释》，岳麓书社 1998 年版，第 118 页（但戴说"安"等三词为"语气词，于是也"，有误，应为顺承连词）；张松如：《老子说解》，齐鲁书社 1998 年版，第 104—105 页；王中江：《郭店竹简老子略说》，载姜广辉主编《中国哲学》第 20 辑，第 112 页；高定彝：《老子道德经研究》，北京广播学院出版社 1999 年版，第 137 页；魏启鹏：《楚简〈老子〉柬释》，载陈鼓应主编《道家文化研究》第 17 辑，第 252 页；徐志钧：《老子帛书校注》，学林出版社 2002 年版，第 212、214 页；［美］韩禄伯：《简帛老子研究》，学苑出版社 2002 年版，第 195 页；孙以楷：《〈老子〉注释三种》，安徽人民出版社 2003 年版，第 61 页。

③ 例如丁原植：《郭店竹简老子释析与研究》增修版，台北：万卷楼图书有限公司 1999 年版，第 340—344 页；陈鼓应：《初读简本老子》，《文物》1998 年第 10 期；陈鼓应：《从郭店简本看老子尚仁及守中思想》，载陈鼓应主编《道家文化研究》第 17 辑郭店简专号，生活·读书·新知三联书店 1999 年版，第 69—74 页；郭沂：《郭店竹简与先秦学术思想》，上海教育出版社 2001 年版，第 501—503 页。另可参见林国雄《老子〈道德经〉的仁义思想》，《孝感学院学报》1997 年第 4 期。

上问号。"① 其实杨、高二先生并没有进行什么有效的论证，他们之所以得出这样的结论，只是根据"我们的语言常识"而已。但问题在于，我们所面对的，并不是我们的语言，而是古人的语言。因此，我们不应当用"我们的语言常识"来理解古书，而应当从古人的语言出发理解古书。

在古汉语研究中，"安""案"可以作为承接连词，训为"于是"，早已是学界共识。② 清代学者王引之在《经传释词》中还为此立有专条论证："安，犹'于是'也；乃也；则也；字或作'案'，或作'焉'，其义一也。"③ 限于篇幅，只选抄几例。

《荀子·劝学》曰："上不能好其人，下不能隆礼，安特将学杂识志，顺《诗》《书》而已耳。"安，犹"则"也。言既不能好其人，又不能隆礼，则但学杂识，顺《诗》《书》而已也。（杨倞《注》曰："安，语助，或作安，或作案，《荀子》多用此字。《礼记·三年问》作'焉'。《战国策》，谓赵王曰：'秦与韩为上交，秦祸案移于梁矣。''秦与梁为上交，秦祸案攘于赵矣。'《吕氏春秋》，吴起谓商文曰：'今日置质为臣，其主安重；今日释玺辞官，其主安

---

① 杨润根：《发现老子》，华夏出版社2003年版，第100—101页；李尔重：《〈老子〉研究新编》，华中科技大学出版社2003年版，第21—22页。

② 参见杨树达《词诠》，上海古籍出版社1986年版；何乐士、敖镜浩、王克仲、麦梅翘《文言虚词浅释》，北京出版社1979年版；韩峥嵘《古汉语虚词手册》，吉林人民出版社1984年版；尹君《文言虚词通释》，广西人民出版社1984年版；何乐士、敖镜浩、王克仲、麦梅翘、王海棻《古代汉语虚词通释》，北京出版社1985年版；高树藩《文言文虚词大词典》，湖北教育出版社1991年版；徐中舒主编《汉语大字典》缩印本，四川辞书出版社、湖北辞书出版社1993年版；余德泉《古汉语同义虚词类释》，湖南教育出版社1993年版；何金松《虚词历时词典》，湖北人民出版社1994年版；余心乐、宋易麟主编《古汉语虚词词典》，江西教育出版社1996年版；王海棻、赵常才、黄珊、吴可颖《古汉语虚词词典》，北京大学出版社1996年版；罗竹风主编《汉语大词典》缩印本上卷，汉语大词典出版社1997年版；杨伯峻《古今汉语词类通解》，北京出版社1998年版；中国社会科学院语言研究所古汉语研究室：《古代汉语虚词词典》，商务印书馆1999年版；迟铎、白玉林主编《古代汉语词典》，陕西人民出版社1999年版；唐子恒《文言语法结构通论》，山东大学出版社2000年版。

③ （清）王引之：《经传释词》，中华书局1956年版，第46页，参看第46—48页。

轻.'盖当时人通以安为语助。")①《魏策》曰："犀首得见齐王,因久坐,安从容谈。"言犀首见齐王而久坐,于是从容与王谈也。其作"案"者:《逸周书·武寤》曰："约期于牧,案用师旅。"言约期于牧野,于是用师旅也。《荀子·荣辱》曰："故先王案为之制礼义以分之。"言于是制礼义也。

最令人百思不得其解的是,高先生虽然竭力反对训"安"为"于是",却认为"安"("案")训为"乃",与"焉"还有相通之处(见上引文)。众所周知,这里的"乃"和"安""案""焉"等一样,都是顺承连词,语法地位也相同,就是"于是"的意思。例如在王引之看来,"安""案"训"于是"、训"乃"、训"则"都没有区别,《马氏文通》也指出:"乃"字"用作'于是'之解者,则为言故之辞"②。可见把"安""案"训作"乃",就是训作"于是"。裘锡圭先生也认为,郭店简的"安","用法同'焉',可训'乃'"③。

其二,高文认为,郭店本的"安""之所以不宜训为'于是'而应训为反诘疑问词,乃是由整个楚简文本对'仁''义''礼''圣'(智)的根本态度决定的。如今本《老子》第十九章云:'绝圣弃智,民利百倍;绝仁弃义,民复孝慈;绝巧弃利,盗贼无有。'楚简本《老子》甲组作:'绝智弃辩,民利百倍;绝巧弃利,盗贼无有;绝伪弃虑,民复孝慈。'——河上公注本和王弼注本中所'弃''绝'的'仁''义''礼''圣'(智)观念,在楚简本中一个也没有否定。又今本第三十八章云:'故失道而后德,失德而后仁,失仁而后礼。夫礼者,忠信之薄而乱之首。'河上公注本和王弼注本都与之相同,

---

① 笔者按:此条尚可参见(清)王先谦《荀子集解》,沈啸寰、王星贤点校,中华书局 1988 年版,上册。

② (清)马建忠:《马氏文通》,吕叔湘、王海棻《马氏文通读本》,上海教育出版社 2005 年版,第 410 页。

③ 裘锡圭:《郭店〈老子〉简初探》,载陈鼓应主编《道家文化研究》第 17 辑郭店简专号,生活·读书·新知三联书店 1999 年版,第 43 页。

但在楚简本中却一句也没有，完全回避了"。

对于这个问题，已有很多学者发表过看法。但不知为什么，这些讨论，特别是对高文明显不利的观点，在高文中丝毫不见踪迹。有鉴于此，我们不妨先介绍一下李学勤先生的看法。李先生认为，"大道废"等句"唯一不可采取的读法，是以'焉'字连下读而作为问句，即'大道废，焉有仁义？'等等。这样读，大道和仁义就在同一范畴里，《老子》此章便成了不需要讲的话了。特别是'六亲不合，焉有孝慈？'简直是同语反复，就看不出智慧所在。原来《老子》的话是一种哲理的机智（wit）。大众无不认为仁义、孝慈、忠臣是好的，宝贵的，《老子》却指出，这些只是大道已废、六亲不和与国家昏乱的产物，从而不属于最高的境界。这明明是贬低或者说是反对儒学的思想。不管是由观点说，还是从语句说，与'绝圣弃智''绝仁弃义'都是相通的"。但接下来，李先生认为，"绝圣弃智"一章，"按照帛书本、今传本，这章在思想上、语气上，均与其他诸章切合无间，而依照简本，则至少与丙组存在的前引一章（按指"大道废"章——引者）显相矛盾。我认为，这只能表明，简本甲组的这种异文是当时有人篡改的。其所以要篡改，目的也不难猜想，就是要削弱或掩盖《老子》与儒学的冲突"①。其实，在我们看来，简本的这组异文未必就与今本思想有着重大对立，尽管的确有许多学者极力鼓吹这一点。下面我们就来逐句分析。

今本第十九章"绝圣弃智，民利百倍"，郭店竹书甲组简 1 作"绝智弃支，民利百倍"②。二句的差异实质上仅仅是作"支"与作"圣"的不同。裘锡圭先生已经正确地指出，郭店简中的"支"字实际上是古"鞭"字，在出土简帛中分别读为"偏""辨""辩"。

---

① 李学勤：《论郭店简〈老子〉非〈老子〉本貌》，载王子今、白建钢、彭卫编《纪念林剑鸣教授史学论文集》，中国社会科学出版社 2002 年版，第 5—6 页。

② 武汉大学简帛研究中心、荆门市博物馆编著：《楚地出土战国简册合集》（一）《郭店楚墓竹书》，文物出版社 2011 年版，图版：第 3 页，释文：第 1 页。

裘先生赞同郭店简整理者的释读，将此字读为"辩"。① 张吉良先生的解释是："'智辩'作为贬词，犹诡词诡辩也。《汉书·扬雄传下》：'大氐诋訾圣人，即为怪迂，析辩诡辞，以挠世事也。'"② 彭浩先生则读为"谝。"曰："《说文》：'使巧言也。'《尚书·秦誓》：'惟截截善谝言。'疏：'犹辩也。'此指辩说、巧言。今本第八十一章：'善者不辩，辩者不善。'故须'弃辩'。"③ 韩禄伯先生刚开始研读郭店简《老子》时所撰的《治国大纲》一文先采用了《郭店楚墓竹简》中的释读，但在下文紧接着指出："既然'知'主要是学会清楚地区分事情，那么那个模糊看待分别的人，我认为至少要'去知（eliminated knowledge）'。如果我们不把'支'读作'辩（argumentation）'，而是读作'辨'——指清楚的区分。"④ 近年则直接将"支"改释为"辨"。⑤ 在李学勤先生的上引文中，也是将此字释为"辨"⑥，不过文中未作说明。笔者曾面谒李先生，承先生答复道，此举并无深意，只是觉得古代"智"有分析意，释作"辨"适与之相应。李先耕先生则为之弥缝，说其字"通'辩'或'辨'，前者是智术之辩，也即儒家抨击之'巧佞'；后者是分辨畛域，实为认识之前提。无论哪一种解释，在老子看来，都在弃绝之

---

① 裘锡圭：《以郭店〈老子〉为例谈谈古文字》，载姜广辉主编《郭店简与儒学研究》，《中国哲学》第 21 辑，辽宁教育出版社 2000 年版，第 185 页；参见荆门市博物馆《郭店楚墓竹简》，文物出版社 1998 年版。

② 张吉良：《老聃〈老子〉太史儋〈道德经〉》，齐鲁书社 2001 年版，第 19 页。

③ 彭浩：《郭店简〈老子〉校读》，湖北人民出版社 2000 年版，第 1 页。

④ ［美］韩禄伯：《治国大纲——试读郭店〈老子〉甲组的第一部分》，载陈鼓应主编《道家文化研究》第 17 辑郭店简专号，生活·读书·新知三联书店 1999 年版，第 182、187 页。

⑤ ［美］韩禄伯：《简帛老子研究》，学苑出版社 2002 年版，第 13 页。在该页谈到这一改读时，曾加括号说："我将在译文注释中详述我的理由。"但是，该书并无译文，并且即便以"译文"为"释文"之误的话，该书"释文注释"部分也没有任何关于这一问题的说明，见第 47—48 页。唯一的说明，只见于第 26 页注释［57］："此即它在《成之闻之》中的含义。"

⑥ 李学勤：《论郭店简〈老子〉非〈老子〉本貌》，载王子今、白建钢、彭卫编《纪念林剑鸣教授史学论文集》，中国社会科学出版社 2002 年版，第 4 页。

列"①。笔者认为，此字当以释"辨"为是。② 在古代，"智"与"辨"是相关的。《庄子·杂篇·盗跖》："知维天地，能辨诸物，此中德也。"③ 此"辩"字即"辨"之假。《墨子·经上》："智，明也。"《墨子·经说上》："智：智也者，以其知论物，而其知之也著，若明。"④ 张岱年先生认为："'论物'即辨别物的条理秩序。"⑤ 检《尚书·虞夏书·尧典》"平章百姓"⑥，王引之《经义述闻》卷三："'平'与'辩''便'古音可通，'平'字古音在耕部，'辩''便'二字古音在真部，真耕二部之字古音最相近……《说文》，辩，治也。何休注《公羊传·隐元年》、高诱注《淮南·时则篇》并曰，平，治也。'平'与'辩'非独声音相近，抑且诂训相同。"⑦《尚子·尧典》又曰"平秩东作"⑧，其中"平与辨、辩通用，辨当训为分。……意思是划分春天万物发生过程的次序"⑨。《礼记·大传》："圣人南面而治天下，必自人道始矣。立权度量，考文章，改正朔，易服色，殊徽号，异器械，别衣服：此其所得与民变革者也。"⑩《荀子·正论》："天下者，至重也，非至强莫之能任；至大也，非至辨莫之能分；至众也，非至明莫之能和——此三至者，非圣人莫之能尽，故非圣人莫之能王。"杨倞于"非至辨莫

① 李先耕：《老子今析》，中国社会科学出版社 2002 年版，第 89 页。

② 当然，"辨"与"辩"古代可以通假，因此释写为其中任何一个都不能算错。但在这里为了便于区别"辩论"与"辨别"这两个词，还是以写作"辨"为好。

③ 《庄子》，载（清）郭庆藩《庄子集释》，中华书局 1961 年版，第 4 册，第 993 页。

④ 《墨子》，载（清）孙诒让《墨子间诂》，中华书局 2001 年版，上册，第 310、334 页。

⑤ 张岱年：《中国古典哲学概念范畴要论》，中国社会科学出版社 1989 年版，第 217 页。

⑥ 旧题（西汉）孔安国注、（唐）孔颖达疏：《尚书注疏》，载（清）阮元校刻《十三经注疏》，台北：艺文印书馆 2007 年版，第 1 册，第 20 页。

⑦ （清）王引之：《经义述闻》，载《四部备要》，中华书局 1989 年版，第 11 册，第 42 页。

⑧ 旧题（西汉）孔安国注、（唐）孔颖达疏：《尚书注疏》，载（清）阮元校刻《十三经注疏》，台北：艺文印书馆 2007 年版，第 1 册，第 21 页。

⑨ 金景芳、吕绍纲：《〈尚书·虞夏书〉新解》，辽宁古籍出版社 1996 年版，第 38 页。

⑩ （东汉）郑玄注、（唐）孔颖达疏：《礼记注疏》，载（清）阮元校刻《十三经注疏》，台北：艺文印书馆 2007 年版，第 5 册，第 617 页。

之能分"句下注曰："至大则难详，故非小智所能分别也。"① 《周易·同人·象传》："君子以类族辨物。"又《未济·象传》："火在水上，未济。君子以慎辨物居方。"王弼注曰："辨物居方，令物各当其所也。"② 可见"辨"就是"圣人"的特性之一，郭店简本之"辨"与传世本之"圣"并不矛盾。

再进而言之，"辨"也自有其哲学意义。在老子思想中，"道"是无形无象，浑然一体，不可感知的。如《老子》第二十五章曰："有物混成，先天地生。寂兮寥兮，独立而不改，周行而不殆，可以为天下母。吾不知其名，字之曰道，强为之名曰大。"③ 又第十四章："视之不见名曰夷，听之不闻名曰希，抟之不得名曰微——此三者，不可致诘，故混而为一。其上不皦，其下不昧，绳绳不可名，复归于无物。是谓无状之状，无物之象，是谓忽恍。迎之不见其首，随之不见其后。"④ 而"辨"则打破了这一混沌，因而在使各种事物从道之中分离出来，具有自身特性的同时，也宣告了道的沦丧。《老子》第三十八章"失道而后德"⑤，正如张岱年先生所指出的，"德指每一物所具有的与众不同的特殊性"⑥。正是由于"辨"的出现，才有"失道而后德"。因此，老子坚决主张"弃辨"。可见，郭店简《老子》虽然没有今本第三十八章的内容，但其思想却是与之密切相关的。

但这样一来，就引发了另一个问题。裘锡圭先生曾说过："第十九章说'绝圣弃智'，而《老子》全书中却经常以'圣人'指称道德最高的人。早在二三十年代之间，唐兰先生就在《老聃的姓名

---

① 《荀子》，载（清）王先谦《荀子集解》，中华书局1988年版，下册，第324—325页。

② （三国·魏）王弼注经、（东晋）韩康伯注传、（唐）孔颖达疏：《周易注疏》，载（清）阮元校刻《十三经注疏》，台北：艺文印书馆2007年版，第1册，第44、137页。

③ 《老子道德经》，载浙江书局编《二十二子》，上海古籍出版社1986年版，第3页。

④ 《老子道德经》，载浙江书局编《二十二子》，上海古籍出版社1986年版，第2页。

⑤ 《老子道德经》，载浙江书局编《二十二子》，上海古籍出版社1986年版，第4页。

⑥ 张岱年：《中国古典哲学概念范畴要论》，中国社会科学出版社1989年版，第157页。

和时代考》中指出：'"圣人"在《老子》里凡二十九见，足见老子是推崇圣人的，而第十七章（引者按：当作"第十九章"）却说"绝圣弃智，民利百倍"，自相矛盾，那一节怕也有后人搀入的。'有人认为'绝圣弃智'的'圣'与'圣人'的'圣'异义，那是为了弥缝矛盾而硬做文章。郭简的出土，使上述那些矛盾都得到了解决。……原来老子既不'绝圣'，也不'绝仁弃义'。他在这一章中所反对的，只是智辩、巧利、伪诈。这是相当朴素的思想，在老子的时代当然是可以有的。显然是简本之后的时代的某个或某些传授《老子》的人，出自反儒墨的要求，把'绝智弃辩'改成'绝圣弃智'。"① 如果我们认为"辨"与"圣"是相因的而非对立的，那么又怎样解释老子对于"圣"的两种截然相反的态度呢？检"圣"在《老子》书中共 32 见，其中 31 次是肯定性的"圣人"，只有 1 次是否定性的"圣"，就是第十九章的这句："绝圣弃智"。但此处的"圣"当与其下文的"智""巧""利""仁""义"等一样，是指人的一种德性、质量，而非指某一种人。从其下文的"绝巧弃利，盗贼无有；绝仁弃义，民复孝慈"来看，这三句"绝弃"的主语应当就是民。杨兴顺先生也指出，这一章表现了"老子反对统治阶级的文化，否认它对人民的意义，并提出一种乌托邦思想——使人民同这种文化隔绝"②。可见，老子主张民应当"绝圣"。而老子所赞赏的"圣人"，却常常与"民"对言。第三章："不尚贤，使民不争；不贵难得之货，使民不为盗；不见可欲，使民心不乱：是以圣人之治，虚其心，实其腹；弱其志，强其骨。常使民无知无欲，使夫知者不敢为也。为无为，则无不治。"③ 第五章："圣人不仁，以百姓为刍狗。"④ 第四十九章："圣人无常心，以百姓心

---

① 裘锡圭：《郭店〈老子〉简初探》，载陈鼓应主编《道家文化研究》第 17 辑，第 42—43 页。

② ［苏］杨兴顺：《中国古代哲学家老子及其学说》，科学出版社 1957 年版，第 67 页。

③ 《老子道德经》，载浙江书局编《二十二子》，上海古籍出版社 1986 年版，第 1 页。

④ 《老子道德经》，载浙江书局编《二十二子》，上海古籍出版社 1986 年版，第 1 页。

为心：善者吾善之，不善者吾亦善之，德善；信者吾信之，不信者吾亦信之，德信。圣人在天下，歙歙，为天下浑其心。百姓皆注其耳目，圣人皆孩之。"① 第五十七章："圣人云，我无为而民自化，我好静而民自正，我无事而民自富，我无欲而民自朴。"② 第六十四章："圣人无为，故无败；无执，故无失。民之从事，常于几成而败之。慎终如始，则无败事。是以圣人欲不欲，不贵难得之货；学不学，复众人之所过，以辅万物之自然，而不敢为。"③ 第六十六章："圣人处上而民不重，处前而民不害，是以天下乐推而不厌。以其不争，故天下莫能与之争。"④ 可见，老子并不一味地否定"圣"，而是认为"圣"应为"圣人"所独有，即所谓"国之利器，不可以示人"（第三十六章）⑤ 是也。至于民，则应"绝圣"。第三章："圣人之治，虚其心，实其腹；弱其志，强其骨。常使民无知无欲，使夫知者不敢为也。"⑥ 正是此意。杨兴顺先生还指出："按照老子的学说，'圣'和'智'对'盗夸'之人来说是个人致富的手段，而对淳朴的人民来说是祸乱的根源。因此，它们对社会是有害的，应该把它们废除。但老子并不完全加以抛弃。'圣'和'智'遵守'道'的法则的圣人是需要它们的。"⑦ 甚是。《庄子·外篇·胠箧》："故跖之徒问于跖曰：'盗亦有道乎？'跖曰：'何适而无有道邪！夫妄意室中之藏，圣也；入先，勇也；出后，义也；知可否，知也；分均，仁也：五者不备而能成大盗者，天下未之有也。'"⑧ 可见"圣""知"等德性如为民所有，则必为大盗。故尔老子要使民"绝圣弃知"。由此可知《庄子》思想与郭店简《老

---

① 《老子道德经》，载浙江书局编《二十二子》，上海古籍出版社1986年版，第6页。
② 《老子道德经》，载浙江书局编《二十二子》，上海古籍出版社1986年版，第7页。
③ 《老子道德经》，载浙江书局编《二十二子》，上海古籍出版社1986年版，第7页。
④ 《老子道德经》，载浙江书局编《二十二子》，上海古籍出版社1986年版，第8页。
⑤ 《老子道德经》，载浙江书局编《二十二子》，上海古籍出版社1986年版，第4页。
⑥ 《老子道德经》，载浙江书局编《二十二子》，上海古籍出版社1986年版，第1页。
⑦ ［苏］杨兴顺：《中国古代哲学家老子及其学说》，科学出版社1957年版，第69页。
⑧ 《庄子》，载（清）郭庆藩《庄子集释》，中华书局1961年版，第2册，第346页。

子》也有相通之处，有学者认为郭店简《老子》不非儒，今本《老子》出于庄子后学篡改①，并不可信。②

"绝巧弃利"一句，郭店简位在第二，而今本在第三。裘锡圭先生认为这是"由于'绝仁弃义'的分量比'绝巧弃利'重，而把'绝仁弃义'句移到'绝巧弃利'句之前的"③。可从。

简本"绝伪弃虑，民复孝慈"，今本作"绝仁弃义，民复孝慈"。竹书"虑"字有学者认为应释为"诈"或"作"，今从裘锡圭、李学勤先生释。④"孝慈"，《郭店楚墓竹简》释文作"民复季〈孝〉子（慈）"⑤，但崔仁义⑥、季旭升⑦、刘信芳⑧、裘锡圭⑨等先生皆以为当作"季子"，意为"婴儿"；丁四新先生则认为"季子"系"排行之少者"⑩。李学勤先生则指出：郭店简"'孝'字原误作'季'，'慈'字原作'子'，同样情形曾见于马王堆帛书医书中的《脉书》部分"⑪。本书从李说。郭店竹书发表之后，吕绍纲先生特为撰文，力主简本与今本《老子》并无重大对立。吕先生说："这问题涉及儒道

---

① 例如许抗生《初读郭店竹简〈老子〉》，载姜广辉主编《中国哲学》第20辑，辽宁教育出版社1999年版，第99页；许抗生：《再读郭店楚简〈老子〉》，《中州学刊》2000年第5期。

② 当然，《庄子》非毁圣人，与《老子》不同，但从今本《老子》并无非毁圣人的文字来看，正可见《老子》并未受《庄子》学派的篡改。

③ 裘锡圭：《郭店〈老子〉初探》，载陈鼓应主编《道家文化研究》第17辑郭店简专号，生活·读书·新知三联书店1999年版，第43—44页。

④ 参见裘锡圭《纠正我在郭店〈老子〉简释读中的一个错误——关于"绝伪弃诈"》，载武汉大学中国文化研究院编《郭店楚简国际学术研讨会论文集》，湖北人民出版社2000年版；李学勤《论郭店简〈老子〉非〈老子〉本貌》，载王子今、白建钢、彭卫编《纪念林剑鸣教授史学论文集》，中国社会科学出版社2002年版。

⑤ 荆门市博物馆编：《郭店楚墓竹简》，文物出版社1998年版，第111页。

⑥ 崔仁义：《荆门郭店楚简〈老子〉研究》，科学出版社1998年版，第62页注227。

⑦ 季旭升：《读郭店楚墓竹简札记》，载《中国文字》新24期，台北：艺文印书馆1998年版，第133—134页。

⑧ 刘信芳：《荆门郭店竹简老子解诂》，艺文印书馆1999年版，第2页。

⑨ 裘锡圭：《纠正我在郭店〈老子〉简释读中的一个错误——关于"绝伪弃诈"》，载武汉大学中国文化研究院编《郭店楚简国际学术研讨会论文集》，湖北人民出版社2000年版，第29页。

⑩ 丁四新：《郭店楚墓竹简思想研究》，东方出版社2000年版，第60页。

⑪ 李学勤：《论郭店简〈老子〉非〈老子〉本貌》，载王子今、白建钢、彭卫编《纪念林剑鸣教授史学论文集》，中国社会科学出版社2002年版，第4页注脚②。

两家根本区别究竟在哪里的问题。人说在仁义，我说不在仁义。仁义
是表面的东西，区别还在更深层。道家的根本是'道法自然'（今本
《老子》第二十五章）……而'见素抱朴，少私寡欲'（今本《老
子》第十九章）才是道家精神的底蕴。说白一点，就是回归自然，
要质不要文。儒家口头上说文质都要，追求'文质彬彬'，实际上是
要文不要质，质是无所谓的。儒道两家在其他方面都可以通融、商
量，一旦往后退到文质问题上，就各不相让了，一个要自然、质朴，
一个追求人为、文化。因此，在人伦关系上道家主张做到父慈子孝已
经足够了。再更多地追求仁义礼智等，不但无益，而且有害。只有把
仁义礼智这些虚假的东西全去掉，人的自然本色才能显露。而自然
的、本色的东西于人最为宝贵。儒家津津乐道仁是什么义是什么，而
道家不讲这些，只一言以蔽之说仁义是虚假的拉倒。所以，千万不要
看见《老子》讲'绝伪弃诈，民复孝慈'，就惊呼：呀，道家原来不
反对仁义。须知道家的道是一以贯之的。道家从来不曾忘记对儒家仁
义的轻蔑、嘲弄。"① 当然，吕先生将"虑"释为"诈"，但"伪"
"虑""诈""作"都有后天矫饰之意，因而在某种程度上可视为"义
异思同异文"②，并不影响我们对《老子》思想的探究。

至此，我们可以说，郭店简本《老子》与今本的差异，更多的是
在字句上而不是思想上。简本仍然是一个道家的、反仁义的《老子》
文本，无论是高华平先生的"两系说"，还是郭沂先生的"篡改说"，
都是站不住脚的。

其三，高文以帛书《老子》，《德篇》在前，《道篇》在后为据，
认为："实际上，不论先秦《老子》的编定状况如何，它的《德经》
在前，《道经》在后的事实本身，已表明其中包含着某种儒者'尊

---

① 吕绍纲：《〈郭店楚墓竹简〉辨疑两题》，载吕绍纲《庚辰存稿》，上海古籍出版社
2000年版，第234—235页。
② 参见李若晖《〈老子〉异文例释——以郭店简本为中心》，载饶宗颐主编《华学》
第5辑，中山大学出版社2001年版。

德'之'义'。先秦原始儒家虽也重'道'……但由于'性'与
'天道'本十分玄远幽深，可体悟而不可闻见，故先秦儒家在实际生
活中更重视的是'德'。……先秦《老子》把《德论》(《德经》)置
于《道论》(《道经》)之前，说明编订者实有崇儒抑道或至少有调和
儒道的倾向。帛书本《老子》的编定者未看到这一点，他一方面照
搬这种儒者倾向的编序；另一方面又将坚守道家立场抨击儒家'仁'
'义''礼''圣'观念的文句兼收并蓄，这就造成了帛书本《老子》
自相矛盾的现象。先秦文本中的这种矛盾现象，即使在《韩非子》
所引用的《老子》版本中也存在，《韩非子》可能没有意识到这一
点，也可能认识到了这一点，但限于其解说文的体例而无暇理会。只
有河上公觉察到了这一点并大胆加以改动。"

　　关于帛书《老子》的篇序，学者们曾有过种种猜测，但都不能使
人信服。因此，我们比较赞赏韩禄伯先生的谨慎态度，承认"我们至
今无法确知如此排序的原因"[1]。但高文所论却并不是无法证伪的。
由上引可知，高华平先生认为《老子》两篇名为"道经""德经"，
其命名方式乃是概括通篇文意，因此高文甚至改呼其篇名为"德论"
"道论"，然后括注"德经""道经"。事实上，也只有承认这一点，
讨论篇序的思想才有意义。但恰恰就是这一点，却是绝不能成立的。
当然，高说也非向壁虚造，宋董逌《广川藏书志》即曰："唐元
(玄)宗既注《老子》，始改定章句，言道者类之上卷，言德者类之
下卷。"[2]然检《唐玄宗御制道德真经疏》卷首《释题》曰："经分
上下者，先明道而德次之也。然体用之名可散也，体用之实不可散
也，故经曰，同出而异名，同谓之玄。语其出则分而为二，咨其同则
混二为一，故曰，可散而不可散也。则上经曰，是谓玄德，又曰孔德

---

　　① [美]韩禄伯：《简帛老子研究》，邢文改编，徐瑾译，学苑出版社2002年版，第
32页。
　　② (南宋)董逌：《广川藏书志》，转引自(宋)董思靖《道德真经集解》卷首
《序说》，载《道藏》，文物出版社、上海书店、天津古籍出版社1988年版，第12册，
第821页。

之容，又曰德者同于德，又曰常德不离；下经曰，失道而后德，又曰反者道之动，又曰道生一，又曰大道甚夷：是知体用互陈，递明精要，不必定名于上下也。"① 后世申明此意者多有之，如宋邵若愚《道德真经直解》卷首《叙事》："缘其史有上下篇目之文，后人因之，上卷说道，下卷说德——今以理考，此史辞之流言，今以除去。"② 宋司马光《道德真经论》卷一："太史公曰，老子著书上下篇，言道德之意，后人因其篇首之文，名上篇曰道，下篇曰德。夫道德连体，不可偏举，今从本名。"③ 元吴澄《道德真经注》卷一，篇题"道经上"下注曰："上篇之首句曰道可道，故以道字名篇；尊之，而曰经。"又于卷二篇题"德经上"下注曰："下篇之首句曰上德不德，故以德字名篇。篇名非有意义，释者乃谓上篇专言道，下篇专言德，其失甚矣。他本或作道德经下，今按，道德经云者，各以篇首一字名其篇，后人因合二篇之名而称为道德经，非以道德二字名其书也。"④ 今人尹振环先生也认为："《老子》一书，'道'字共出现在三十六个章里，出现七十二次。'德'篇、'道'篇各有十八个章谈到'道'。可见，'道'篇、'德'篇都是说的'道德'。为什么偏偏要定哪一篇为'道'或为'德'呢？"⑤ 尹先生还指出："《老子》初始并无'道德经'之名，亦无篇名。帛书老子甲本就没有篇名，乙本篇末有'道'的篇题，'德'系据'道'而补（见 1975 年《马王堆汉墓帛书［壹］》，12 页，252 行下）。1976 年文物出版社出版之简本帛书老子释文，于篇前冠以'德经''道经'之篇名，是帛书

---

① （唐）李隆基：《唐玄宗御制道德真经疏·释题》，载《道藏》，文物出版社、上海书店、天津古籍出版社 1988 年版，第 11 册，第 749 页。

② （北宋）邵若愚：《道德真经直解叙事》，载《道藏》，文物出版社、上海书店、天津古籍出版社 1988 年版，第 12 册，第 236 页。

③ （北宋）司马光：《道德真经论》，载《道藏》，文物出版社、上海书店、天津古籍出版社 1988 年版，第 12 册，第 262 页。

④ （元）吴澄：《道德真经注》，载《道藏》，文物出版社、上海书店、天津古籍出版社 1988 年版，第 12 册，第 780、799 页。

⑤ 尹振环：《帛书老子与老子术》，贵州人民出版社 2000 年版，第 10 页。

整理者所加，并不妥当。所以道经德经之篇名属后人所为，这再次证明《史记》所言'老子著书上下篇'是正确的。如果用'道德'二字来命名《老子》这部书，还不走调，但用'德经''道经'命名篇名，则名不符实。因为上篇下篇都通论道德，并非哪个篇专论道，或专论德。"① 可见，所谓"道篇""德篇"，只不过是传抄、整理者根据各篇首句命名而已，并不是用来概括各篇主旨的，以此为据讨论《老子》篇次的意义，也是毫无意义的。

至于《韩非子》所引《老子》的篇次问题，诚然有一些学者认为也是《德篇》居前，《道篇》在后，但实际却未必。金谷治先生指出，"德前道后说"，"最主要的理由，殆是《韩非子》的存在，以及可以说《解老》《喻老》中的顺序和甲、乙本一致吧！确实，《解老篇》中最初列举的是相当于今本开始的第三十八章，相当上篇最初部分的第一章在后半部才出现。但是，其从上编引用的只有两条或三条，多数是引用下编；此外，其顺序也还多有不可解之处。如以今本的章次来表示的话，《解老篇》的顺序是：38、58、59、60、46、14、25（有非引用之疑）、1、50、67、53、54。能否确实依照《老子》版本的顺序来解说，无疑尚有疑问。《喻老》的情况与此也完全相同，其顺序是：46、54、26、36、63、64、52、71、64、47、41、33、27，更加零乱，完全无法认为是按照版本顺序而来的。当然，因为有像甲、乙本那样把德编放在前面的版本存在，《解老》的作者曾加以参考的可能性是有的，其可能性甚至很大，然而把这种可能性作为绝对性的因素来认识的话，那么，《解老》也好，《喻老》也好，内容的顺序就太过于任性了吧！本来，被作为论据的，下编在前，上编在后那样的事实，无论在《解老》或《喻老》中都是不存在的，只要看一看上面所列的数字顺序便明白了。尽管如此，如果仍想把《解老》中的顺序作为表示

___
① 尹振环：《〈帛书老子校注〉考评》，《文献》1998 年第 2 期。

本来的《老子》顺序的根据的话，那也就成为必须设想有与今本，与甲、乙两本内容顺序都不相同的《老子》存在了吧！总之，认为《韩非子》中的引用和甲、乙本之间有某种程度的关系是可能的，而以此为据，认为甲、乙本的顺序便是《老子》的原型，那必须说，理由是很薄弱的"①。

综上所述，高文所提出的三点论证无一能够成立，因此该文对于郭店简本、马王堆帛书本、河上公注本三种《老子》性质的论断也是站不住脚的。我们认为，郭店竹书《老子》并不是一个反仁义或者调和儒道的本子，其与今本的差异更多是在文字而非思想。至于帛书本，则毫无疑问是一个与今本文字、思想基本相同的文本，也就是说，帛书本无论是在文字还是在思想方面，都不存在所谓"极为明显的矛盾"。如果说河上公注本在《老子》文本史上还有过什么"贡献"的话，那主要是把《老子》分为 81 章，并且给每章从思想内容上命了名。其实就整个河上公注本来说，其成就还是在于利用给《老子》作注的机会，发展和完善了道家学说。②

第二节 《神乌傅（赋）》与《离骚传》

《汉书》卷四四《淮南衡山济北王传》中，有汉武帝使淮南王为《离骚传》的记载，自清代学者王念孙怀疑其字应作"离骚赋"起，围绕《汉书》文字的校订，以及司马迁《屈原列传》的史源等问题，学界展开了长达百余年的激烈争论。尤其是从 20 世纪二三十年代起，许多学者以王念孙说为依据，认为今传《楚辞·离骚》的作者是淮南王刘安，所谓屈原纯属传说人物，历史上并无其人，形成所谓"屈

---

① ［日］金谷治：《关于帛书〈老子〉——其资料性的初步探讨》，载陈鼓应主编《道家文化研究》第 3 辑，上海古籍出版社 1993 年版，第 303 页。

② 关于这一点，可参见熊铁基、马良怀、刘韶军《中国老学史》，福建人民出版社 1995 年版。

原否定论"①。在汉简《神乌赋》出土后，裘锡圭先生又据其标题写作"神乌傅"，论证淮南王所作应题为"离骚傅"即"离骚赋"，再次引发争论。本书即尝试从汉代"传"的体式及其历史演变入手，讨论《离骚传》的名称及其涵义，并在此基础上，对一系列相关问题提出自己的看法。

《汉书》卷四四《淮南衡山济北王传》："初，（刘）安入朝，献所作《内篇》，新出，上爱秘之。使为《离骚传》，旦受诏，日食时上。"颜《注》："传谓解说之，若《毛诗传》。"②清儒王念孙则谓此文"传"字有误：

> "传"当为"傅"，"傅"与"赋"古字通。使为《离骚傅》者，使约其大旨而为之赋也。安辩博善为文辞，故使作《离骚傅》。下文云"安又献《颂德》及《长安都国颂》"，《艺文志》有《淮南王赋》八十二篇，事并与此相类也。若谓使解释《离骚》若《毛诗传》，则安才虽敏，岂能旦受诏而食时成书乎！《汉纪·孝武纪》云："上使安作《离骚赋》，旦受诏，食时毕。"高诱《淮南鸿烈解叙》云："诏使为《离骚赋》，自旦受诏，日早食已。"此皆本于《汉书》。《太平御览·皇亲部》十六引此作《离骚赋》，是所见本与师古不同。③

---

① 例如廖平、许笃仁、何天行、卫聚贤、朱东润等人。参见〔日〕稻畑耕一郎《屈原否定论系谱》，韩基国译，《重庆师范学院学报》（哲学社会科学版）1983 年第 4 期；黄中模《谁是"刘安作〈离骚〉"论的始作俑者？——评许笃仁的〈楚辞识疑〉》，《中州学刊》1984 年第 4 期；黄中模先生将此类论文汇编为《中日学者屈原问题论争集》，山东教育出版社 1990 年版。尤其是黄中模先生《现代楚辞批评史》一书作了全面系统的研究，湖北教育出版社 1990 年版。黄书之后的主要论文有赵逵夫：《日本新的"屈原否定论"产生的历史背景与思想根源初探》，《西北师范大学学报》（社会科学版）1995 年第 4 期；王辉斌：《中国究竟有没有屈原——近百年来"屈原否定论"与反"否定"研究综述》，《贵州大学学报》（社会科学版）1999 年第 3 期。附带说一句，稻畑先生并非屈原否定论者。
② （东汉）班固：《汉书》，中华书局 1962 年版，第 7 册，第 2145、2146 页。
③ （清）王念孙：《读书杂志》，江苏古籍出版社影印王氏家刻本 2000 年版，第 296 页；参见（清）孙诒让《札迻》，中华书局 1989 年版；黄侃《文心雕龙札记》，华东师范大学出版社 1996 年版。二氏之论据皆不出王氏范围。

　　东汉王逸《楚辞章句》卷一载其《叙》曰："至于孝武帝，恢廓道训，使淮南王安作《离骚经章句》，则大义粲然。"① 是则淮南文又有"章句"一称。这一问题聚讼纷纭，迄无定论。

　　有学者认为："这种普通文体的名称，班固为什么不用本字的赋字，忽然来一个同音假借字呢？《艺文志》中有《诗赋略》，用的赋字不知道若干，是不是也有一个作傅字呢？王氏这种说法，不是很离奇的吗？"② 但传世典籍中"诗赋"之"赋"不作"傅"，似乎并不成其为反证，因为古书在流传过程中被后人改易文字的情况是相当普遍的，王念孙《读书杂志》三《史记杂志》六"《索隐》本异文"条即曾指出：

　　《史记》《汉书》每多古字，《汉书》颜《注》，即附于本书之下，凡字之不同于今者，必注曰，古某字，是以后人难于改易，而古字至今尚存。《史记》则《索隐》《正义》本系单行，其附见于本书者，但有《集解》一书，注与音义皆未晐备，是以《史记》中古字，多为浅学人所改。后人以《集解》《索隐》《正义》合为一书，乃不肯各仍其旧，而必改从今本以归画一，殊失阙疑之义。今《正义》已无单行本，唯汲古阁所刻《索隐》本尚存。其今本中正文注文皆经改易者，已附辩于各篇之下，其余异文尚多，略记百余字以资考证：如"磐石"作"盤石"（《孝文纪》"此所谓磐石之宗也"，《索隐》本"磐"作"盤"，他皆仿此），"滞滞"作"苦滞"（《乐书》"则无滞滞之者矣"），"黄

　　① （东汉）王逸：《楚辞章句》，载（南宋）洪兴祖《楚辞补注》，中华书局 1983 年版，第 48 页。《隋书》卷三五《经籍志》四《集部》一《楚辞》类小序："汉武帝命淮南王为之章句，旦受诏，食时而奏之。其书今亡。"中华书局 1973 年版，第 4 册，第 1056 页。袭王逸称章句。
　　② 杨树达：《离骚传与离骚赋》，载杨树达《积微居小学述林》，中国科学院 1954 年版，第 259 页。参见陈直《汉书新证》，天津人民出版社 1959 年版。

钟"作"黄钟"(《律书》"黄钟长八寸七分")……亦可见古书多假借之字，故并记之。①

1993 年在江苏东海尹湾出土的《神乌傅》②，就正是汉代把"诗赋"之"赋"写作"傅"的例子。裘锡圭先生即据此断言："我认为由于《神乌傅（赋）》的出土，可以肯定王念孙的意见是正确的，《汉书》原文应作'傅'。"③

但问题似乎并未完满解决。本节即尝试对此问题略作分析，以就正于裘先生及诸大方之家。

西北师范大学伏俊琏先生认为："《神乌赋》的出土，证明'傅''赋'确实相通（《读书杂志》所举'傅''赋'通假皆先秦例证），但并不能直接证明刘安所作是《离骚傅》而不是《离骚传》。"④ 实际上以往学者在这里忽略了一个前提条件，就是淮南王的这篇作品是否与《神乌傅（赋）》的文体相一致。因此，全部问题的焦点即在于，淮南王所作究竟是"传"还是"赋"。要解决这一问题，首先应从"正名"开始。亦即，什么是"传"？什么是"赋"？

"传"是什么？近世论"传"者莫善于余杭章氏，其言曰：

先民言故，总举之矣。有故事者，有故训者。《毛诗》以外，

① （清）王念孙：《读书杂志》三《史记杂志》卷六，江苏古籍出版社影印王氏家刻本 2000 年版，第 171—173 页。参见李学勤《对古书的反思》，载《当代学者自选文库·李学勤卷》，安徽教育出版社 1999 年版；李零《银雀山简本〈孙子〉校读举例》，载李零《〈孙子〉古本研究》，北京大学出版社 1995 年版；黄德宽《〈隶定"古文"疏证〉序》，载徐在国《隶定"古文"疏证》，安徽大学出版社 2002 年版。

② 尹湾六号墓出土竹简，篇题"神乌傅"见第 132 简，载连云港市博物馆、东海县博物馆、中国社会科学院简帛研究中心、中国文物研究所编《尹湾汉墓简牍》，中华书局1997 年版，图版：第 73 页，释文：第 150 页。

③ 裘锡圭：《〈神乌傅（赋）〉初探》，载连云港市博物馆、中国文物研究所编《尹湾汉墓简牍综论》，科学出版社 1999 年版，第 7 页。"扬之水先生说同"，参见扬之水《〈神乌傅〉试论》，《中国文化》1996 年第 2 期。

④ 伏俊琏：《对汉简〈神乌赋〉的几点看法》，载西北师范大学文学院历史系、甘肃省文物考古研究所编《简牍学研究》第 3 辑，甘肃人民出版社 2002 年版，第 157 页。

三家有《鲁故》《韩故》《齐后氏故》《齐孙氏故》，斯故训之流也。《书》《春秋》者，记事之籍，是以有故事。《太誓》有故，犹《春秋》有传。马季长以《书传》引《太誓》者，今悉无有，诚知所引在故，则可与理惑也。诸故事亦通言传。太史公曰，孔子序《书传》，又曰，《书传》《礼记》自孔氏。（《孔子世家》）明孔子序《尚书》，兼录其传。……《易》之十翼，为传尚矣。《文言》《彖》《象》《系辞》《说卦》《序卦》《杂卦》之伦，体各有异。是故有通论，有驳经，有序录，有略例，《周易》则然。序录与列传又往往相出入。淮南为《离骚传》，其实序也。太史依之，以传屈原。① 刘向为《别录》，世或称以《别传》，其班次群籍，作者或见《太史公书》，则曰，有列传——明已不烦为录也。通论之书，《礼记》则备；略例之书，《左氏》则备；驳经之书，则当句为释者。②

太炎先生所言甚是。其《訄书》五七《征七略》又曰：

《御览》引刘氏书，或云刘向《别传》，或云《七略别传》。今观诸子叙录，皆撮举爵里事状，其体与《老韩》《孟荀》《儒

---

① 观汤炳正先生《〈史记·屈原列传〉用刘安语之又一解释》一文，《楚辞类稿》，巴蜀书社 1988 年版，第 41—42 页，汤氏此前力主《屈原列传》中刘安之语"是被后人羼入的"，参见汤炳正《〈屈原列传〉新探》，载《文史》第 1 辑，中华书局 1962 年版；汤炳正《〈屈原列传〉理惑》，《屈赋新探》，齐鲁书社 1984 年版。盖因尚未见太炎先生之说。熊任望先生、李人鉴先生已有驳议，可参。见熊任望《〈屈原列传〉析疑》，《楚辞探综》，河北大学出版社 2000 年版；李人鉴《太史公书校读记》，甘肃人民出版社 1998 年版，下册。又余嘉锡先生于此有说，其言曰："观《史记·屈原列传》多发明《离骚》之意，疑皆出自刘安叙中，不止班固所引数语。章氏谓此传非太史公自撰，诚然。然不得便指安所作之《离骚传》为列传也。"余嘉锡《目录学发微》卷二《目录书体制》二《叙录》，台北：艺文印书馆 1987 年版，第 38 页。笔者按：章氏说刘安叙之体例甚是，但不可便谓史公一篇列传全袭淮南，余说亦有是处。至若姜亮夫先生谓《史记·屈原列传》自"国风好色而不淫"至"推此志也，虽与日月争光可也"，"当是淮南王《离骚传》中语，史公录用之者也"。姜亮夫：《史记屈原传疏证》，《屈原赋校注》，人民文学出版社 1957 年版，第 14 页。朱季海先生曰："《史记》之叙《离骚》，实取诸淮南王《离骚传》。"参见朱季海《楚辞解故》，中华书局 1963 年版。聂石樵先生则详细推定了《屈原列传》中刘安文字的起迄，参见聂石樵《屈原论稿》，人民文学出版社 1982 年版。

② 章炳麟：《国故论衡》中《明解故》上，上海大共和日报馆 1912 年版，第 98—100 页。

林》诸传相类。盖淮南王安为《离骚传》，太史公尝直举其文以传屈原，在古有征。（班孟坚《离骚序》引淮南《离骚传》文，与《屈原列传》正同，知斯传非大史自籑也。）而晚近为学案者，往往效之，兼得传称，有以也。①

推而广之，司马迁作《太史公自序列传》②，班固作《叙传》，都是自叙生平及撰作之意。余嘉锡先生指出："汉、魏、六朝人所作书叙，多叙其人平生之事迹及其学问得力之所在。汉无名氏《徐干中论叙·文选》中《王文宪集序》即是此体。下至唐人，犹有效法之者。盖叙录之体，即是书叙，而作叙之法略如列传。故知目录即学术之史也。"③ 再如《史记》卷四七《孔子世家》："孔子之时，周室微，而礼乐废，《诗》《书》缺。追迹三代之礼，序《书》传，上纪唐虞之际，下至秦缪，编次其事。"④ 又卷一三《三代世表》："孔子因史文次《春秋》，纪元年，正时日月，盖其详哉。至于序《尚书》，则略无年月，或颇有，然多阙，不可录。故疑则传疑，盖其慎也。"⑤ "叙《书》传"即谓孔子作《尚书序》。⑥《孔子世家》又云："孔子晚而

---

① 章炳麟：《訄书》五七《征七略》，载徐复《訄书详注》，上海古籍出版社 2000 年版，第 818 页。参见章炳麟《七略别录佚文征序》，载上海人民出版社编《章太炎全集》第 1 卷，上海人民出版社 1982 年版；徐复《〈史记文献学丛稿〉序》，载赵生群《〈史记〉文献学丛稿》，江苏古籍出版社 2000 年版；徐复《訄书详注》，上海古籍出版社 2000 年版。

② （西汉）司马迁：《史记》卷一三〇《太史公自序》。梁玉绳曰："史公《自序》在七十列传中，《索隐》本作'太史公自序传'是也，各本篇题俱缺'传'字。"参见（清）梁玉绳《史记志疑》，中华书局 1981 年版，下册。

③ 余嘉锡：《目录学发微》卷二《目录书体制》二《叙录》，台北：艺文印书馆 1987 年版，第 39 页。

④ （西汉）司马迁：《史记》，中华书局 2013 年版，第 6 册，第 2332 页。

⑤ （西汉）司马迁：《史记》，中华书局 2013 年版，第 2 册，第 617 页。

⑥ 汉人以孔子作《尚书序》，如《汉书》卷三六《楚元王传》附《刘歆传》载其《移让太常博士书》曰："是故孔子忧道之不行，历国应聘。自卫反鲁，然后乐正，《雅》《颂》乃得其所；修《易》，序《书》，制作《春秋》，以纪帝王之道。"中华书局 1962 年版，第 7 册，第 1968 页。又卷三〇《艺文志》一《六艺略》二《书》类："故《书》之所起远矣，至孔子籑焉。上断于尧，下讫于秦，凡百篇，而为之序，言其作意。"第 6 册，第 1706 页。又卷八八《儒林传》：孔子"于是叙《书》则断《尧典》"。第 11 册，第 3589 页。《尚书·虞书·尧典》序孔《疏》："此序郑玄、马融、王肃并云孔子所作。"旧题（西汉）孔安国注、（唐）孔颖达疏：《尚书注疏》，载（清）阮元校刻《十三经注疏》，台北：艺文印书馆 2007 年版，第 1 册，第 18 页。

喜《易》，序《彖》《系》《象》《说卦》《文言》。"① 则是谓孔子作
《易传》。② 这几处"序"，无疑皆"序传"之意。③ 可见，班固《离
骚叙》言"淮南王安叙《离骚》传"，实即为《离骚》叙传之意。学
者或解为"安作《离骚传》，既定章句，又为之叙"④，未允。我们再
来看一个与淮南王《离骚传》相类似的例子，卫宏《毛诗序》。三国
吴陆玑《毛诗草木鸟兽虫鱼疏》："九江谢曼卿亦善《毛诗》，乃为其
训。东海卫宏从曼卿受学，因作《毛诗序》，得《风》《雅》之旨。
世祖以为议郎。"⑤ 《后汉书》卷七九《儒林列传》下卫宏传亦曰：
"宏从（谢）曼卿受学，因作《毛诗序》，善得《风》《雅》之旨，
于今传于世。"⑥ 是其说略本于陆《疏》。卫《序》今已不可复见，唯
陆德明《毛诗音义》曾引及卫氏《传》，其文则为解释字义。《诗·
周南·芣苢》陆氏《释文》："《山海经》及《周书·王会》皆云，
芣苢，木也，实似李，食之宜子，出于西戎。卫氏《传》及许慎并
同此，王肃亦同。王基已有驳难也。"⑦ 曾朴曰："诸书不言卫宏作

---

① （西汉）司马迁：《史记》，中华书局 2013 年版，第 6 册，第 2334 页。

② 《汉书·艺文志》—《六艺略》—《易》类："孔氏为之《彖》《象》《系辞》《文言》《序卦》之属十篇。"中华书局 1962 年版，第 6 册，第 1704 页。又卷八八《儒林传》：孔子"盖晚而好《易》，读之韦编三绝，而为之传"。师古曰："传谓彖、象、系辞、文言、说卦之属"。第 11 册，第 3589、3590 页。孔颖达《周易正义》卷首《论夫子十翼》："其《彖》《象》等十篇之辞，以为孔子所作，先儒更无异论。"（三国·魏）王弼注经、（东晋）韩康伯注传、（唐）孔颖达：《周易注疏》，载（清）阮元校刻《十三经注疏》，台北：艺文印书馆 2007 年版，第 1 册，第 7 页。

③ 泷川资言曰："序，次第也。如上文'序《书》传'之'序'。"［日］泷川资言考证、［日］水泽利忠校补：《史记会注考证》附《校补》，上海古籍出版社 1986 年版，下册，第 1161 页。非是。

④ 余嘉锡：《目录学发微》卷二《目录书体制》二《叙录》，台北：艺文印书馆 1987 年版，第 38 页。持类似见解者尚有：蒋天枢：《论〈楚辞章句〉》，《楚辞论文集》，陕西人民出版社 1982 年版，第 221 页；范文澜：《文心雕龙注》，人民文学出版社 1958 年版，上册，第 50 页；汤炳正：《〈屈原列传〉新探》，载《文史》第 1 辑，中华书局 1962 年版，第 36；汤炳正：《〈屈原列传〉理惑》，《屈赋新探》，齐鲁书社 1984 年版，第 8 页；汤炳正：《〈离骚〉决不是刘安的作品》，《楚辞类稿》，巴蜀书社 1988 年版，第 140 页；游国恩：《楚辞讲录》，《游国恩学术论文集》，中华书局 1989 年版，第 256 页；聂石樵：《屈原论稿》，人民文学出版社 1982 年版，第 28 页。

⑤ （三国·吴）陆玑：《毛诗草木鸟兽虫鱼疏》，中华书局 1985 年版，第 70—71 页。

⑥ （南朝·宋）范晔：《后汉书》，中华书局 1965 年版，第 9 册，第 2575 页。

⑦ （唐）陆德明：《经典释文》，上海古籍出版社 1985 年版，上册，第 210 页。

《毛诗传》，然遍检隋唐志及汉后诸史列传，无别有卫氏能治《毛诗》学者，且《释文》引于许慎前，次王肃，再次王基，时代朗然，非宏而何！"① 则此处之卫氏《传》，应即卫宏《毛诗序》，一言《序》，一称《传》，正是"序传"之义。而清儒严可均《铁桥漫稿》四《文类》二《对丁氏问》曰："以范书与《释文》合订之，盖《毛诗序》即在卫氏《传》中。卫氏《传》梁《七录》《隋志》及《释文叙录》无之，'茉苢'一条殆从他书采获。范在刘宋时，犹及见卫氏《传》与其叙，故云'善得《风》《雅》之旨，于今传于世'也。"② 曾朴从其说③。今人刘毓庆先生则谓"曾说有理，但此卫氏传与卫氏序是否一书，则不可辨知"④。是皆未达一间。而由卫宏《毛诗序》乃"序传"之体与通行之《毛诗序》体裁相违，可知二者绝非一书。⑤

———————————

① （清）曾朴：《补后汉书艺文志并考》，载二十五史刊行委员会编《二十五史补编》，中华书局 1955 年版，第 2 册，第 2470 页。

② （清）严可均：《铁桥漫稿》，载《续修四库全书》四《集部》第 1488 册，上海古籍出版社 1996 年版，第 662 页。夏传才先生征引严说，先误"对丁氏问"为"对丁氏部"，续则又谓严氏"以为《梁书》录有卫宏所作《卫氏传》"，不知何故。参见夏传才《诗经学四大公案的现代进展》，《思无邪斋诗经论稿》，学苑出版社 2000 年版。

③ （清）曾朴：《补后汉书艺文志并考》，载二十五史刊行委员会编《二十五史补编》，中华书局 1955 年版，第 2 册，第 2470 页。

④ 刘毓庆：《先秦两汉诗经著述考》，《历代诗经著述考（先秦—元代）》，中华书局 2002 年版，第 54 页。

⑤ 卫宏《毛诗序》与今本《毛诗序》判然二书，不容混淆。历代学者关于此问题的争论，可参见（清）朱彝尊《经义考》卷九九《诗》二，载《四部备要》，中华书局 1989 年版影印中华书局 1936 年排印本，第 12 册；张心澂《伪书通考》二《经部》二《诗类》，商务印书馆 1939 年版；郑良树《续伪书通考》一《经部》三《诗类》二《诗序》，台北：台湾学生书局 1984 年版，上册；洪湛侯《诗经学史》第三章第二节，中华书局 2002 年版。其述评，可参见陈允吉《〈诗序〉作者考辨》，载《中华文史论丛》1980 年第 1 辑，上海古籍出版社 1980 年版。近年论争之书目，可参见林庆彰主编《经学研究论著目录（1912—1987）》，台北：汉学研究中心 1993 年版；林庆彰主编《经学研究论著目录（1988—1992）》，台北：汉学研究中心 1995 年版；林庆彰、陈恒嵩主编《经学研究论著目录（1993—1997）》，台北：汉学研究中心 2002 年版；林庆彰主编《日本研究经学论著目录（1900—1992）》，台北："中央研究院中国文哲研究所筹备处"1993 年版；东北师范大学古籍整理研究所辞书编辑室《中国古籍整理研究论文索引》，江苏古籍出版社 1990 年版；寇淑慧《二十世纪诗经研究文献目录》，学苑出版社 2001 年版。

但颜说只是义有偏差，未为大谬。清儒马瑞辰曾区分《毛诗诂训传》之"诂""训""传"三者，其言曰：

> 盖诂训第就经文所言者而诠释之，传则并经文所未言者而引伸之，此诂训与传之别也。……而单词则为诂，重语则为训，诂第就其字之义旨而证明之，训则兼其言之比兴而训导之，此诂与训之辨也。毛公传《诗》多古文，其释《诗》实兼诂、训、传三体，故名其书为《诂训传》。尝即《关雎》一诗言之：如"窈窕，幽闲也"，"淑，善；逑，匹也"之类，诂之体也。"关关，和声也"之类，训之体也。若"夫妇有别则父子亲，父子亲则君臣敬，君臣敬则朝廷正，朝廷正则王化成"，则传之体也。而余可类推矣。训诂不可以该传，而传可以统训诂，故标其总目为《诂训传》，而分篇则但言《传》而已。①

古字"诂"又作"故"，杨树达先生也曾区分"故"与"传"：

> 且看《汉书·艺文志》罢！《六艺》诗家有《齐后氏故》二十卷，此外又有《齐后氏传》二十九卷。有《韩故》三十六卷，此外又有《韩内传》四卷，《韩外传》六卷。由此知今文三家《诗》中，齐韩两家有《故》，又有《传》。剩下一家的《鲁诗》怎样呢？《艺文志》只载《鲁故》二十五卷，并没有《鲁传》。因此《儒林传》说："申公独以《诗》为训故，以教，无《传》。"这话自然是对照齐韩二家说的。那么，《故》是什么？两者是如何分别的呢？《艺文志》只有《鲁故》，无《鲁传》，《儒林传》却说：申公独以《诗》为训故，无《传》，然则《故》便是训故了。《传》与《故》是对立的，《故》是训故，

---

① （清）马瑞辰：《毛诗传笺通释》卷一《杂考各说》三《毛诗诂训传名义考》，中华书局1989年版，上册，第3—5页。

《传》自然不是训故了。假若《传》也是训诂，那么齐韩二家为
什么会把《传》与《故》分成两书呢？《传》是什么？《艺文
志》也曾说了出来。他说："汉兴，鲁申公为《诗训故》，而齐
辕固燕韩生皆为之《传》，或取春秋，采杂说，咸非其本义。"
这几句话无意中便把《传》的体裁说明，知道《传》是取春秋，
采杂说，非《诗经》本义的东西了。现在《齐诗传》已亡佚不
存，《韩诗传》尚在。我们打开他一看，的的确确是取春秋，采
杂说，不是说《诗经》本义的。[1]

汉代王褒的《四子讲德》也是一个很好的证明：

> 《文选》卷五十一载王子渊《四子讲德论序》说："褒既为益
> 州刺史王襄作《中和乐职宣布之诗》，又作《传》，名曰《四子讲
> 德》以明其意焉。"《中和乐职宣布诗》现在看不见了，那却没关
> 系。好在王褒自称为传的《四子讲德》，《文选》叫他作《四子讲
> 德论》这篇文章完全存在。我们拿来一读，全是泛论作意，没有
> 一个字是涉及训诂的。王褒是西汉宣帝时人，由此知道这时候依然
> 保存着汉初《传》不讲训诂的作风，是很明显的了。[2]

杨先生又指出，《毛诗故训传》虽是"故训"与"传"统言，但
二者却并非不可分别。"我们细读其书，可以发现他的内容实在包含
着两种体裁。"例如《巷伯》说：

> 哆，大貌。南箕，箕星也。侈之言是必有因也。斯人自谓辟
> 嫌之不审也。昔者颜叔子独处于室，邻之厘妇又独处于室，夜暴

---

① 杨树达：《离骚传与离骚赋》，《积微居小学述林》，中国科学院 1954 年版，第
259—260 页。

② 杨树达：《离骚传与离骚赋》，《积微居小学述林》，中国科学院 1954 年版，第 261 页。

风雨至而室坏，妇人趋而至，颜叔子纳之而使执烛，放乎旦而蒸尽，缩屋而继之，自以为辟嫌之不审矣。若其审者，宜若鲁人然。鲁人有男子独处于室，邻之厘妇又独处于室，夜暴风雨至而室坏，妇人趋而托之，男子闭户而不纳。妇人自牖与之言曰：子何为而不纳我乎？男子曰：吾闻之曰：男子不六十，不间居。今子幼，吾亦幼，不可以纳子。妇人曰：子何不若柳下惠然，妪不逮门之女，国人不称其乱。男子曰：柳下惠固可，吾固不可，吾将以吾不可学柳下惠之可。孔子曰：欲学柳下惠者，未有似于是者也。①

杨先生认为："这一大段，也是先有故训，后有传。颜叔子、鲁男子两个人的故事，正是《艺文志》取春秋，采杂说的好证。此外像《小雅·小弁》、《毛传》引《孟子》文一大段，自然也是传。"② 可见颜师古说《离骚传》"解说之若《毛诗传》"，也并非全无根据。③至于汤炳正先生说"《离骚传》如毛诗传，训诂精炼简括，故旦受诏而食时成"④，则于"传"之古谊，尤有所隔⑤。

　　但淮南王《离骚传》也并非如杨树达先生所言，"只是泛论大意

---

　　① （西汉）毛公传、（东汉）郑玄笺、（唐）孔颖达疏：《毛诗注疏》，载（清）阮元《十三经注疏》，台北：艺文印书馆 2007 年版，第 2 册，第 428 页。

　　② 杨树达：《离骚传与离骚赋》，《积微居小学述林》，中国科学院 1954 年版，第259—261 页。参见杨树达《读汉书札记》，载《二十四史订补》，书目文献出版社 1996 年版，第 3 册；杨树达《汉书窥管》卷五，上海古籍出版社 1984 年版，上册。

　　③ 刘琨庸先生指出，《晋书》载阮籍著《大人先生传》，《世说新语·栖逸》刘注引《竹林七贤论》作《大人先生论》，则传论为一。其说是。但刘氏进而举《艺文类聚》卷七九引晋张敏有《神女赋》，《北堂书钞》卷一二九又录其《神女传》片断，则"赋"与传为一。按：《神女传》之文不见《神女赋》，且其文体亦非赋体，刘氏欲以传论赋为一，其说非。参见刘琨庸《传：赋之变体》，《福建论坛》1999 年第 6 期。

　　④ 汤炳正：《〈离骚〉决不是刘安的作品》，《楚辞类稿》，巴蜀书社 1988 年版，第140 页。

　　⑤ 伏俊琏先生也对"西汉以前'传'与'故（诂）'或'故训'两种著作体裁的不同"有所申说。参见伏俊琏《对汉简〈神乌赋〉的几点看法》，载西北师范大学文学院历史系、甘肃省文物考古研究所编《简牍学研究》第 3 辑，甘肃人民出版社 2002 年版。

的文字，其非训诂式的方式，甚是显明"①。检班固《离骚序》："（淮南王）又说五子以失家巷，谓五子胥也。及至羿、浇、少康、贰姚、有娀佚女，皆各以所识有所增损，然犹未得其正也。"② 不少学者都据此认为淮南王《离骚传》中有训释《离骚》原文的文字。③ 如何解释这一矛盾呢？

淮南王《离骚传》当然是单独成文，并非依傍《离骚》的注释。但我们看当日称"传"诸书，如《春秋》三传、《韩诗外传》、《尚书大传》等，哪一部书里面没有字词训诂？但又有哪一部书不是"取春秋，采杂说"，而专讲训诂？其实陆宗达先生曾经指出，"在古代文献正文中蕴藏着丰富的宝贵的训诂资料"④，淮南王《离骚传》中，就有这种情况。

我们来看一个先秦正文训诂的例子。《国语·周语》下载，周灵王二十二年（前550），晋大夫叔向朝聘于周，单靖公负责接待他。在送别宴会上，单靖公向叔向谈起他特别喜爱《昊天有成命》一诗。其后单靖公的家臣为叔向送行，叔向盛赞单靖公的为人，并向单公家臣讲解了这篇诗。原诗如下：

> 昊天有成命，二后受之。
> 成王不敢康，夙夜基命宥密。
> 于缉熙！亶厥心。肆其靖之。⑤

---

① 杨树达：《离骚传与离骚赋》，《积微居小学述林》，中国科学院1954年版，第262页。
② （东汉）班固：《离骚序》，载（南宋）洪兴祖《楚辞补注》，中华书局1983年版，第49页。
③ 参见汤炳正《〈屈原列传〉新探》，载《文史》第1辑，中华书局1962年版；汤炳正《〈屈原列传〉理惑》，《屈赋新探》，齐鲁书社1984年版；陈直《汉书新证》，天津人民出版社1979年版；汤炳正《〈离骚〉决不是刘安的作品》，《楚辞类稿》，巴蜀书社1988年版；游国恩《楚辞讲录》，《游国恩学术论文集》，中华书局1989年版。
④ 陆宗达：《训诂简论》，北京出版社1980年版，第83页。
⑤ 按：此诗见于《诗·周颂》，（西汉）毛公传、（东汉）郑玄笺、（唐）孔颖达疏：《毛诗注疏》，载（清）阮元校刻《十三经注疏》，台北：艺文印书馆2007年版，第2册，第716页。"亶"，《诗》作"单"，字通。参见（清）陈奂《诗毛氏传疏》，台北：台湾学生书局1967年版，下册，第827页。

叔向的解释是：

> 是道成王之德也。成王，能明文昭，能定武烈者也。夫道成
> 命者而称昊天，翼其上也。二后受之，让于德也。成王不敢康，
> 敬百姓也。夙夜，恭也。基，始也。命，信也。宥，宽也。密，
> 宁也。缉，明也。熙，广也。亶，厚也。肆，固也。靖，和也。
> 其始也，翼上德让，而敬百姓；其中也，恭俭信宽，帅归于宁。
> 其终也，广厚其心，以固龢之。始于德让，中于信宽，终于固
> 龢，故曰成。①

从内容上说，文献正文里的训诂可分为解释词语、串讲句意、说明章
旨。其中"是道成王之德也"为阐明章旨。"夫道成命"至"敬百姓
也"是依次解释诗的前三句，也就是所谓串讲句意。接下来是逐字解
释诗中字词，最后，"其始也"以下，又反复诠释，把全诗旨义贯通
起来。② 赵振铎先生也指出："'基'以下九个单词的解释，完全为
《诗经》的毛传所接受，现存我国最早的词典《尔雅》也大部分收录
了它。"③ 假使叔向将此意单独作文，简直就是一篇"昊天有成命
传"！淮南王《离骚传》，也应当是一篇与此相类似的文章，正如我
们在佚文中所看到的，该文讲述了屈原的生平，概括了《离骚》的
大意，对某些章节进行了串讲，就某些字词进行了解释。④ 因此，从
整体上说，这是一篇"取春秋，采杂说"的"传"，但其中也不乏文
字训诂。遇夫先生之论，可谓见于大而蔽于小。而淮南王将如许内容

---

① 《国语》，上海古籍出版社 1988 年版，上册，第 116 页。
② 参见周大璞主编《训诂学初稿》，武汉大学出版社 1987 年版。
③ 赵振铎：《中国语言学史》，河北教育出版社 2000 年版，第 26 页。
④ 汤炳正先生将淮南王《离骚传》分为"解释《离骚》篇名""阐述《离骚》的内
容""说明赋《骚》的意图及怀王不听忠谏的结果"，参见汤炳正《〈屈原列传〉新探》，载
《文史》第 1 辑，中华书局 1962 年版；汤炳正《〈屈原列传〉理惑》，《屈赋新探》，齐鲁书
社 1984 年版。

一挥而就，也的确难能可贵。①

　　那么，《汉书》的文字究竟是作"传"还是"傅"？从史料角度来看，班固作为一代良史，《汉书》作为一代正史，其称引应当有凭有据，加之班固《离骚叙》中还引用过淮南王的原文，因此我们有理由相信"班固是亲自读到刘安的《离骚传》的"②，《汉书》也应当是据刘安原文的实录。王念孙引《太平御览》作"赋"字为证，但古人引书多意引③，类书引书复多臆改④。更何况"景宋刊本《太平御览》卷六百、文部十六、引'汉书曰：使作离骚传，旦受诏，日食时上'。又，同书卷六百一、文部十七、引'汉书曰：初，安入

―――――――――――

　　① 汉代时制，陈梦家先生认为："西汉时至少有了十六时分，很可能是十八时分。关于后者，虽然证据还不够充足，似乎是没有很大问题的。"陈梦家《汉简年历表叙》，载陈梦家《汉简缀述》，中华书局 1980 年版，第 256 页。于豪亮先生则认为："秦汉民间普遍使用的是十六时制，十二时制只为历法家等少数人所使用。十二时制在民间的普遍通行，大约是在西汉末年或新莽之时。"于豪亮《秦简〈日书〉记时记月诸问题》，《于豪亮学术文存》，中华书局 1985 年版，第 160 页。近年李均明先生据汉简邮递记录考定西汉一日为十八时，一时为十分，"平均每时合今一小时二十分"。据李先生排定十八时称，平旦即《汉书》之"旦"相当于今 5：20—6：40，食时即《汉书》之"日食时"相当于今 9：20—10：40。李均明《汉简所见一日十八时、一时十分记时制》，载《文史》第 22 辑，中华书局 1984 年版，第 21—27 页。这样，可以推测淮南王写作的时间大致为 4 小时。但据《史记》卷二七《天官书》，"汉魏鲜集腊明正月旦决八风"，其中有以起风时间决五谷收成者："旦至食，为麦；食至昳，为稷；昳至铺，为黍；铺至下铺，为菽；下铺至日人，为麻。"中华书局 2013 年修订版，第 4 册，1591 页。这是将元旦白昼的时间五等分，大致相当于今所谓早晨、上午、中午、下午、黄昏，这应当是日常生活中对于时间的模糊划分，《汉书》此处也应当是在这个一般意义上，而不是基于法令科条的精确记录，因为汉武帝命刘安作文，非如魏文命陈思七步赋诗那样有意刁难，并未给刘安限定时间。据李均明先生上引文，平旦为 5：20—6：40，日人为 17：20—18：40，从 5：20—18：40 为 13 小时 20 分，五等分则每份为 2 小时 40 分，亦即淮南王在大约 3 个小时内写完《离骚传》，确属难能可贵。

　　② 汤炳正：《〈离骚〉决不是刘安的作品》，《楚辞类稿》，巴蜀书社 1988 年版，第 140 页。

　　③ （清）顾炎武：《原抄日知录》，台北：明伦书局 1979 年版，第 590 页。

　　④ 参见裴学海《类书引古书多以意改说》，《古书虚字集释》，中华书局 1954 年版。此据目录，当为裴氏本意。书中则将此文排于第二，而以目录中第二之《本书说解述要》为第三，当出误排。

朝。献所作内篇，新出，上爱秘之。使为离骚传，且受诏，日食时上'。此条中并引师古释'传'字注文，可见所据本《汉书》确作'传'字，与今所见宋景佑本同"①。此外，《册府元龟》卷二七〇、《海录碎事》卷一八引《汉书》亦作"离骚传"②。又梁武帝《金楼子·说蕃》："初，安入朝，献所作《内篇》，新出，上爱秘之。使为《离骚传》，且受诏，日食时上。"③ 一字不差，显然抄自《汉书》，而字亦作"传"。至此，我们可以断言，《汉书》原文只能作"传"，不论是如王念孙那样说字当作"傅"，还是依违其间，说"东京以来，《汉书》传本有作传者，有作傅者"④，都是不正确的。《太平御览》的"赋"字，当为传抄之误。

杨遇夫先生又指出，西汉"取春秋，采杂说"的"传"，在东汉变成了训诂体式：

> 马融《自序》说："吾六十，为武郡守，郡小，少事，乃述平生之志，著《易尚书诗礼传》，皆讫。"融著的《诸经传》今已无存，只看到前人引他的《书传》，训"曰若稽古"为"顺考古道"，"黎明阻饥"阻字作祖，他训为始。"上宗奉同瑁"，训同为大同。知道他的《书传》全是训诂方式，绝不是毛齐韩三家说《诗》取春秋采杂说的体裁。若在西汉，他这种《书传》，一定要叫作《书故》或《书故训》，决不能称名作《书传》的了。……又如荀爽著《易传》《礼传》；书已不存，前人引他的《易传》，训萁为亥，训子为滋，知道他的《易传》也是训诂体

---

① 蒋天枢：《论〈楚辞章句〉》，《楚辞论文集》，陕西人民出版社 1982 年版，第219页。

② （北宋）王钦若等编：《册府元龟》，中华书局 1960 年版，第 4 册，第3196页；（南宋）叶廷珪：《海录碎事》，上海辞书出版社 1989 年版，第 510 页。

③ （南朝·梁）萧绎：《金楼子》，载《龙溪精舍丛书》，中国书店 1991 年版，第 3 册，第 998 页。

④ 范文澜：《文心雕龙注》卷一，人民文学出版社 1958 年版，第 50 页；参见蒋天枢《论〈楚辞章句〉》，《楚辞论文集》，陕西人民出版社 1982 年版。

裁，不是西汉通论杂说式的传。①

　　在"传"趋于简洁之时，章句却日趋烦琐。《汉书》卷八八《儒林传》张山拊传，"（秦）恭增师法至百万言"，师古曰："言小夏侯本所说之文不多，而秦恭又更增益，故至百万言也。"②《后汉书》卷三七《桓荣列传》附子郁传："初，荣受朱普学章句四十万言，浮辞繁长，多过其实。"③《晋书》卷三〇《刑法志》："后人生意，各为章句。叔孙宣、郭令卿、马融、郑玄诸儒章句十有余家，家数十万言。凡断罪所当用者，合二万六千二百七十二条，七百七十三万二千二百余言，言数益繁，览者益难。"④ 另一方面，章句的释章旨与贯辞气也越来越有似于西汉"取春秋，采杂说"之"传"。今存两汉章句，其全帙者有王逸《楚辞章句》与赵岐《孟子章句》等⑤，其中例

---

　　① 杨树达：《离骚传与离骚赋》，《积微居小学述林》，中国科学院 1954 年版，第 261 页。周东辉先生征引杨说时，在其他方面均予标明，唯于此点避而不提，甚至说"除了游国恩和杨树达的分析之外，还有一个原因，原来，西汉人和东汉人对'传'的理解是不同的"。有似此说为己所独创，则殊为不妥。参见周东辉《屈原辞赋悬日月——屈原作〈离骚〉的否定之否定》，《四川师院学报》（社会科学版）1984 年第 3 期；此文又载人大复印报刊资料《中国古代、近代文学研究》1984 年第 23 期，第 38 页。后该文在收入黄中模先生所编《中日学者屈原问题论争集》时，此语改为"正如杨树达的分析：原来，西汉人和东汉人对'传'的理解是不同的"，但未做任何说明。山东教育出版社 1990 年版，第 140 页。

　　② （东汉）班固：《汉书》，中华书局 1962 年版，第 11 册，第 3605、3606 页。

　　③ （南朝·宋）范晔：《后汉书》，中华书局 1965 年版，第 5 册，第 1256 页。

　　④ （唐）房玄龄：《晋书》，中华书局 1974 年版，第 3 册，923 页。

　　⑤ 另有托名河上公《老子道德经章句》，但该书具体成书年代不详，此处暂不讨论。参见（北宋）王溥《唐会要》卷三六《修撰》载刘知几议，中华书局 1955 年版；（南宋）黄震《黄氏日钞》卷五五《读诸子》一《老子》，载影印文渊阁《四库全书》，台北：台湾商务印书馆 1986 年版，第 708 册；（清）钱曾《读书敏求记》卷三，载《四库全书存目丛书·史部》，影印清雍正四年赵孟升雪松斋刻本，齐鲁书社 1996 年版；《四库全书总目》卷一四六《子部·道家类》，旧本题河上公《老子注》提要，中华书局影印清乾隆六十年浙江杭州官刻本，下册，1965 年；（清）姚鼐《〈老子章义〉序》，载汪福润点校辑译《老子注三种》，黄山书社 1994 年版；章太炎《菿汉微言·老子注说源流》，载傅杰编校《章太炎学术史论集》，中国社会科学出版社 1997 年版；张心澄《伪书通考》四《子部》二《道家》，上海书店 1998 年版；马叙伦《〈老子校诂〉序》，《老子校诂》，中华书局 1974 年版，上册；邓瑞全、王冠英《中国伪书综考》，黄山书社 1998 年版；王书红《中国伪书简明题识》，载俞兆鹏主编《中国伪书大观》，江西教育出版社 1998 年版。另可参见王明《老子河上公章句考》，《道家和道教思想研究》，中国社会科学出版社 1984 年版；饶宗颐《老子想尔注校证》，上海古籍出版社 1991 年版；王卡《老子道德经河上公章句》，中华书局 1993 年版；熊铁基、马良怀、刘韶军《中国老学史》第三章第四节，福建人民出版社 1995 年版；胡兴荣《老子四家注研究》第 1 章，广西教育出版社 2000 年版。

如《楚辞·离骚》"说操筑于傅岩兮，武丁用而不疑"下王逸《章句》言武丁梦得圣人故事①，《楚辞·天问》"会鼂争盟，何践吾期"下王逸《章句》说胶鬲故事②，《孟子·离娄》"有不虞之誉，有求全之毁"下赵岐《章句》述尾生及陈不瞻故事③，《孟子·梁惠王》"万乘之国，杀其君者，必千乘之家"下赵岐《章句》引夷羿杀夏后故事④，可以说就是"取春秋，采杂说"了⑤。因此，极有可能是由于在王逸看来，淮南王的《离骚传》更像东汉的章句而不是"传"，因此才将其改称为《离骚经章句》。再举一个类似的例子。《后汉书》卷七九《儒林列传》上："陈元、郑众皆传《费氏易》，其后马融亦为其《传》。"⑥《经典释文》卷首《序录》言《费氏易》传授有"扶风马融（为《易传》）"。又于《易》类著录马融《传》十卷。⑦《旧唐书》卷四六《经籍志》上、《新唐书》卷五七《艺文志》一皆作《章句》十卷。⑧ 两唐《志》之作，皆本于唐毋煚《古今书录》⑨，而毋《录》则系据原书著录⑩，故其说当渊源有自。

那么，荀悦和高诱为什么称淮南王《离骚传》为"赋"，淮南王

---

① （东汉）王逸：《楚辞章句》，载（南宋）洪兴祖《楚辞补注》，中华书局1983年版，第38页。

② （东汉）王逸：《楚辞章句》，载（南宋）洪兴祖《楚辞补注》，中华书局1983年版，第109页。

③ （东汉）赵岐：《孟子章句》，载（清）焦循《孟子正义》，中华书局1987年版，上册，第526—527页。

④ （东汉）赵岐：《孟子章句》，载（清）焦循《孟子正义》，中华书局1987年版，上册，第37—38页。

⑤ 参见刘仁江《〈楚辞章句〉与〈孟子章句〉体式研究》，硕士学位论文，武汉大学，2001年。承刘先生惠允引用，特此致谢。

⑥ （南朝·宋）范晔：《后汉书》，中华书局1965年版，第9册，第3554页。原标点于"传"字不施书名号，盖以为泛称而非专名，非也。

⑦ 参见（唐）陆德明《经典释文》，上海古籍出版社1985年版，上册。

⑧ 参见（后晋）刘昫等《旧唐书》，中华书局1975年版，第6册，第1967页；（北宋）欧阳修、宋祁：《新唐书》，中华书局1975年版，第5册。

⑨ 参见张固也《唐代目录考》，《古籍整理与研究学刊》2001年第4期；武秀成《〈旧唐书·经籍志〉考校举隅》，载《中国典籍与文化论丛》第7辑，北京大学出版社2002年版。

⑩ 参见汪辟疆《论唐宋元明四朝之目录》，《目录学研究》，华东师范大学出版社2000年版。

《离骚传》又与《神乌傅（赋）》有什么关系呢？

许多学者与王念孙的指向相反，认为荀悦与高诱的《离骚赋》是由《汉书》的"传"误为"傅"而来。[①] 但这一解释遮掩了一个重要问题：荀悦与高诱是否有意改换篇名。不然，为什么独独淮南王的《离骚传》误成了"赋"，而毛《传》《左传》等"传"却无此厄运？

如果说淮南王的篇名误为"傅"是出于传抄的无意之误尚属可信的话，以同样的理由解释荀、高二氏为什么写作"赋"却是无法令人信服的——以他二人的学识恐怕不会被一个错字如此轻易地误导。杨树达先生对此的解释是：

> 荀悦是荀爽的侄儿，他生在东汉末，只知道有训诂式的传，不知道有西汉通论式的传，心想：《离骚》那么长的一篇文章，怎么能够在半天中就做好他的训诂解释呢？他不全面地看传字的变迁历史，只孤立地片面地看问题，他哪里知道出题目的汉武帝，做文章的淮南王安，都是西汉时代的人，他们那时的传，只是通论式，不是训诂式，与他看见的传是训诂式者完全两样呢！……乃荀悦略不稽考，便奋其私臆，毫不游移地大改特改起来，于是比他稍后的高诱马上响应他，连百多年前我们的一代大师王念孙也附和他。[②]

但杨先生的解释总让人觉得荀、高二氏也该同王逸一样称淮南王"传"为"章句"才是。而以此类推，荀、高二氏既称之为"赋"，是否淮南王之"传"也与"赋"有几分相似呢？诚然，许多学者对

---

① 参见郭沫若《评"离骚底作者"》，《光明日报》1951 年 5 月 26 日第 6 版；黄中模：《谁是"刘安作〈离骚〉"论的始作俑者？——评许笃仁的〈楚辞识疑〉》，《中州学刊》1984 年第 4 期；汤炳正《〈离骚〉决不是刘安的作品》，《楚辞类稿》，巴蜀书社 1988 年版；游国恩《楚辞讲录》，《游国恩学术论文集》，中华书局 1989 年版。

② 杨树达：《离骚传与离骚赋》，《积微居小学述林》，中国科学院 1954 年版，第 261—262 页。

此予以断然否认①，但那也只是就赋的一般情形而言。实则在东汉时期，赋也发生了微妙的变化。最为重要的变化，就是传统的汉大赋已逐渐走向末路，小赋正在悄然兴起。其中，述志赋的成熟，使文士们得以用赋来宣泄自己的心声，展露自己的心志。而张衡的《归田赋》又打破了此前骚体小赋的格局，采用了散体：这便难免与淮南王的《离骚传》有几分相似了。加之淮南王"传"与当时"传"体凿枘不合，而其时赋也正在发生着旁衍与渗透，并与多种文体发生混同。② 于是荀悦等人便就着"傅"的误字，将淮南王的"传"说成了赋③——甚至很有可能无论是章句还是赋，都不是仅仅出于少数学者的个人行为，而是当时的一种普遍现象——不依原题，而依通行理解随意称呼，这种现象曾在各个时期发生在各类作品上，淮南王的《离骚传》不是第一个，也不是最后一个。

《神乌傅》的出土，确凿地证明了"辞赋"的"赋"在汉代可以写作"傅"，但它是否可以证明淮南王所作应当是"赋"呢？下面，我们就来探讨淮南王《离骚传》的内容和体裁。

---

① 参见杨树达《离骚传与离骚赋》，《积微居小学述林》，中国科学院1954年版；汤炳正《〈屈原列传〉新探》，载《文史》第1辑，中华书局1962年版；汤炳正《〈屈原列传〉理惑》，《屈赋新探》，齐鲁书社1984年版；屈守元《不有屈原 岂见〈离骚〉》，《四川师院学报》（社会科学版）1984年第3期；汤炳正《〈离骚〉决不是刘安的作品》，《楚辞类稿》，巴蜀书社1988年版；游国恩《楚辞讲录》，《游国恩学术论文集》，中华书局1989年版；曲德来《由〈神乌傅（赋）〉论及有关文学史的几个问题》，载姚小鸥主编《出土文献与中国文学研究》，北京广播学院出版社2000年版。唯郭沫若先生在其论文初次发表时曾说："至于荀悦、高诱之以'传'为'赋'者，如不是因字误而传讹，大约刘安的《离骚传》所采取的是赋体吧。为'离骚'作赋，犹司马相如为上林作赋，班固为两都作赋而已。"参见郭沫若《评"离骚底作者"》，《光明日报》1951年5月26日第6版。但在收入文集时，已将此语改为"至于荀悦、高诱之以'传'为'赋'者，那是因字误而传讹。'传'误为'傅'，荀悦傅会为'赋'，高诱又因袭荀悦之误，以讹传讹而已"。郭沫若《评"离骚底作者"》，《奴隶制时代》，新文艺出版社1952年版，第148—152页。
② 参见马积高《赋史》，上海古籍出版社1987年版，第6—7页。
③ 孙诒让谓高诱《淮南鸿烈解叙》"自作赋，与本传不同。"（清）孙诒让：《札迻》，中华书局1989年版，第222页。可谓有识。伏俊琏先生也说："《汉纪》作'离骚赋'是不明了西汉时期'传'和'赋'的不同所致。事实上，与荀悦差不多同时的马融、郑玄、荀爽等经学大师，也不甚明了这两种文体的区别；或者说，当时的人已没有了这种区别。"伏俊琏《对汉简〈神乌赋〉的几点看法》，载西北师范大学文学院历史系、甘肃省文物考古研究所编《简牍学研究》第3辑，甘肃人民出版社2002年版，第158页。

蒋天枢先生曾对王逸《楚辞章句》的文字进行过分析，认为：

王逸依据《楚辞》原书而为《章句》，其十六卷中各篇，大都遵照汉人释经旧法，先训解文字，次诠发大义、证以实事，并列举众说。惟《九辩》《抽思》《思美人》《惜往日》《远游》《卜居》《渔父》《招隐士》《九怀》各篇中，全篇或大部分，先后以错落之韵语为文，韵语间时又杂以较详之解释，此则汉人传注中所罕见。凡用此形式以诠说者，或不能严格遵照原文词义而为之说，所用非经注正体，其中所失尤多。此种别出心裁之注文，倘非依傍全部正文，直不知所为。其第十七卷《章句》中文体尤不纯，词意间与前十六卷不类，或附入《九思》后其他人为之注邪？①

近年，日本学者小南一郎先生就此问题进行了深入研究，在裘先生的上揭论文中，花费大量篇幅征引了小南先生的论文。② 为了便于探讨，兹据小南先生原文引述其观点如下：

《四库全书总目》卷一四八集部一楚辞类《楚辞章句》提要云："《抽思》以下诸篇注中，往往隔句用韵，如'哀愤结缙、虑烦冤也''哀悲太息、损肺肝也''心中结屈、如连环也'之类，不一而足，盖仿《周易·象传》之体，亦足以考证汉人之韵。"③ 小南先生指出，这一类注文，广泛见于王氏《章句》之中，他将其称为"I 式"注文。其中如《四库全书总目》所举那样原文一句附四言二句注文，且其注第二句第三字押韵者为"Ia 式"。他如《渔父》起始部分，在四字句原文下施以四字句的注释，其注之第三字押韵，第四字为"也"字，小南

① 蒋天枢：《论〈楚辞章句〉》，《楚辞论文集》，陕西人民出版社 1982 年版，第216—217 页。

② 裘锡圭：《〈神乌傅（赋）〉初探》，载连云港市博物馆、中国文物研究所编《尹湾汉墓简牍综论》，科学出版社 1999 年版，第 7 页。

③ （清）永瑢等：《四库全书总目》，中华书局 1965 年版，下册，第 1267 页。

先生称其为"Ib式"，此式如将正文与注释连读，则同于"Ia式"。至于不押韵的一般性注释，小南先生则称之为"Ⅱ式"。接下来，小南先生推测"Ⅱ式"注文为王逸自作，"Ⅰ式"注文则前有所承。而《离骚》篇则主要为"Ⅱ式"注文，但在其中遗存着已成为断片的"Ⅰ式"注文。淮南王刘安所作《离骚》之传（傅）或章句，就是保留在王逸《楚辞章句》中的与"Ⅰ式"注文相类似形态的文字。它一方面确切地解释《离骚》；另一方面其注释文体又是韵文，它以《离骚》为素材，充盈着注释者自由的文学想象。①

小南先生还指出，早在汉代，就同时存在着淮南王所作为《离骚传》《离骚赋》，乃至《离骚经章句》的说法。小南先生认为这些说法可以并存，说某一方正确，并不意味着另一方错误。

小南先生的分析的确很给人带来了启发，但他所揭示的却和他所遮蔽的一样多。如果说王逸《离骚章句》中的少量"Ⅰ式"注文出自淮南王《离骚传》，那么，《九辩》等篇中的大量"Ⅰ式"注文又出自哪里？诚然，小南先生还指出，以"Ⅰ式"作为解说形式也见于《尔雅·释训篇》与《太平经》卷一〇三，说明这是汉代流行的说解形式。但这恰恰不足以证明其出自刘安，因为刘安是单独作文，其文字绝不至于"倘非依傍全部正文，直不知所谓"。至于以此来证明这篇《离骚传》为有韵之文，因而是赋体，于是《汉书》之字当作"傅"，就更是自相矛盾了。另一方面，虽然保存至今的淮南王《离骚传》佚文中也不乏训释之语，而这些却正属于小南先生的"Ⅱ式"！② 因

---

① ［日］小南一郎：《王逸"楚辞章句"をめぐって——汉代章句の学の一侧面》，《东方学报》，京都：京都大学人文科学研究所1991年第63期。中文译文见张超然译：《王逸〈楚辞章句〉研究：汉代章句学的一个面向》，《中国文哲研究通讯》2001年第4期。参见小南先生的另一论文《王逸〈楚辞章句〉在汉代〈楚辞〉注释史上的地位》，《古籍整理与研究》第6期，中华书局1991年版。此文为小南先生于1987年6月应北京大学古文献研究所邀请在北京大学勺园所作的学术报告，刘萍译，其基本观点与上引文大致相同，则上引文当是在此报告基础上加工而成的。

② 伏俊琏先生也认为，今存刘安《离骚传》佚文，"显然不是赋体，与小南所谓《楚辞》旧注的形式截然不同"。伏俊琏《对汉简〈神乌赋〉的几点看法》，载西北师范大学文学院历史系、甘肃省文物考古研究所编《简牍学研究》第3辑，甘肃人民出版社2002年版，第157页。

此，说王逸《离骚章句》保存了淮南王《离骚传》的佚文是可信的，但小南先生的寻找，却南辕北辙。①

关于"赋"之涵义，自西晋皇甫谧序左思《三都赋》以来，许多学者都认为"赋"取义于铺陈，裘先生的上揭论文即持此说。② 曲德来先生对此有不同意见，他认为此"赋"本为取、用义，古之"赋诗"，"就是取诗、用诗"。"在长期的'赋诗'实践中，'赋'字便由'取、用'的意义引申出'诵'的意义，班固在《汉书·艺文志》中引《传》曰'不歌而诵谓之赋'，说的就是这种情况。到战国时，'赋'就由诵读的意义逐渐演化为文体之名，人们把那些类似于诗但又不入乐的文学作品称之为赋。"③ 按：此说盖略本于范文澜先生。《文心雕龙》八《诠赋》："诗序则同义，传说则异体，总其归途，实相枝干。"范《注》："窃疑赋自有一种声调，细别之与歌不同，与诵亦不同，荀屈所创之赋，系取瞍赋之声调而作，故虽杂出比兴，无害其为赋也。"④ 实则"赋"兼有二义。《诗·大雅·烝民》："天子是若，明命使赋。"毛《传》："赋，布也。"郑《笺》："是顺从行其所为也，显明王之政教，使群臣施布之。"《烝民》又曰："出纳王命，王之喉舌。赋政于外，四方爰发。"郑《笺》："出王命者，王口所自言，承而施之也；纳王命者，时之所宜，复于王也。其行之

---

① 曲德来先生认为："'赋'虽可与'傅'字相通，却不能与'传'字、'章句'相通，刘安所作的东西，即使就是那些注文，也只能说是对《离骚》的解释，属于章句之学，不能说是文学作品。"曲德来《由〈神乌傅（赋）〉论及有关文学史的几个问题》，载姚小鸥主编《出土文献与中国文学研究》，北京广播学院出版社 2000 年版，第 219 页，按：此文为曲先生与姚小鸥先生合撰。对于淮南王《离骚传》的性质，似无清晰认识。至于曲先生又说："汉人章句之学中虽有大量的隔句用韵的注文，但只能说明汉人深受赋体文学的影响，连作传这种章句之学也要学习赋的写法，而不能说这种注文、这种章句之学就是赋，否则，王逸为什么还把对《离骚》的解释称为《离骚章句》而不称为赋呢？"（同上）则更可看出受小南先生的误导所致。

② 参见裘锡圭《〈神乌傅（赋）〉初探》，载连云港市博物馆、中国文物研究所编《尹湾汉墓简牍综论》，科学出版社 1999 年版，第 7 页。

③ 曲德来：《由〈神乌傅（赋）〉论及有关文学史的几个问题》，载姚小鸥主编《出土文献与中国文学研究》，北京广播学院出版社 2000 年版，第 219—220 页。

④ （南朝·梁）刘勰：《文心雕龙》，载范文澜《文心雕龙注》，人民文学出版社 1958 年版，上册，第 137 页。

也，皆奉顺其意，如王口舌亲所言也。以布政于畿外，天下诸侯于是莫不发应。"① 曹明纲先生据此指出："赋之兼有铺陈与口诵两义，实出'赋政'的需要；而这一点恰恰成了后来作为文体名称的赋的典型特点。"其后，这种"赋政"的遗风，在早期赋作中亦留有痕迹。如屈原曾"出号令""应对诸侯"（《史记》卷八四《屈原贾生列传》），司马相如也曾奉使巴蜀，武帝对淮南王"每为报书及赐，常召司马相如等视草乃遣"（《汉书》卷四四《淮南衡山济北王传》)②。

因此，处于社会上层大传统中的汉武帝与淮南王心目中的"赋"，大概就是这种"赋政"之作。检《汉书·艺文志》分赋为四类，淮南王赋 82 篇在第一类"屈原赋"中③，虽然由于今本《诗赋略》无叙论，并且所收辞赋也已大部亡佚，致使历代学者对其分类标准有各种推测④，但仔细推敲，仍可见此类赋与其他三类有着明显区别，即多为宫廷御用之作，如屈原《九歌》、唐勒赋、宋玉赋、司马相如赋等，甚至还有"上所自造赋二篇"，师古曰："武帝也。"⑤ 这也正合"赋"为"赋政"的初谊。《七略》以此类冠诸赋之首，是否内蕴深意呢？

正如朱晓海先生所指出的，《神乌傅（赋）》所引及的经书，例如《论语》《孝经》《诗经》等，"特当时士子的启蒙教材耳"⑥。王志平先生也证明，《神乌傅（赋）》大量借鉴和引用了《诗经》，全篇除明引外，暗用《诗》语的也不在少数。⑦ 这与其说是由于该赋作者

---

① （西汉）毛公传、（东汉）郑玄笺、（唐）孔颖达疏：《毛诗注疏》，载（清）阮元《十三经注疏》，台北：艺文印书馆 2007 年版，第 2 册，第 675 页。

② 参见曹明纲《赋学概论》第一章第二节，上海古籍出版社 1998 年版。

③ （东汉）班固：《汉书》，中华书局 1962 年版，第 6 册，第 1747 页。

④ 参见曹明纲《赋学概论》第三章第一节，上海古籍出版社 1998 年版。

⑤ （东汉）班固：《汉书》，中华书局 1962 年版，第 6 册，第 1748 页。

⑥ 朱晓海：《论〈神乌傅〉及其相关问题》，载李学勤、谢桂华主编《简帛研究二〇〇一》，广西师范大学出版社 2001 年版，下册，第 470 页注 [18]。

⑦ 王志平：《〈神乌傅（赋）〉与汉代诗经学》，载连云港市博物馆、中国文物研究所编《尹湾汉墓简牍综论》，科学出版社 1999 年版，第 8—11 页；王志平：《〈神乌赋〉零笺》，载饶宗颐主编《华学》第 4 辑，紫禁城出版社 2000 年版，第 118—126 页。

的教养——如果说有一位作者的话——不如说是沿用了当时尚活跃的《诗经》创作套语。① 因此,《神乌傅（赋）》产生的社会背景是民间小传统。但其"明德宣化"的主旨,与四言俗赋的文体,使之仍然可以称其为"赋",从而区别于汉武帝使淮南王所作的《离骚传》。由上可见,《神乌傅（赋）》与《离骚传》毫不相干,"《神乌傅》的出土,虽然再一次证明了傅、赋二字相通,但却并不能证明《汉书》'传'字一定错误"②。

综上所述,《汉书》卷四四《淮南王传》所言淮南王《离骚传》,字仍当作"传"。颜师古以之为解说《离骚》若《毛诗传》,义有偏差,然未为大误;而王念孙复又据此以为"安才虽敏,岂能旦受诏而食时成书乎",从而否定淮南王所作者为"传",就更失之千里了。反之,王逸、荀悦、高诱等人则很有可能并不按照刘安的原题,而是沿用当时人们通行的叫法,人们很可能对于刘安原题究竟是什么并不关心。在刘勰《文心雕龙》中,《辨骚》篇称之为"传",而《神思》篇却称之为"赋",可为旁证。③

20 世纪初,随着地下文物的大量发现与研究,中国现代史学与考古学得以奠定基础。时至今日,但凡研究中国上古文化者,都不可能忽视考古材料。然而,我们所面临的文献,却并非唯一:传世文献和出土文献形成了双峰并峙的局面。结合二者的方法,无疑当推王静安先生的"二重证据法"。但在运用这一方法时,"要注意对象的适用范围,不能指望出土文献解决所有相关的问题,这正像不能用纸上

---

① 关于《诗经》的套语及其创作方式,参见王靖献《钟与鼓——〈诗经〉的套语及其创作方式》,谢谦译,四川人民出版社 1990 年版;朝戈金《口传史诗诗学——冉皮勒〈江格尔〉程序句法研究》第六章,广西人民出版社 2000 年版。

② 曲德来:《由〈神乌傅（赋）〉论及有关文学史的几个问题》,载姚小鸥主编《出土文献与中国文学研究》,北京广播学院出版社 2000 年版,第 219 页。

③ （南朝·梁）刘勰:《文心雕龙》,载范文澜《文心雕龙注》,人民文学出版社 1958 年版,上册,第 45 页;下册,第 494 页。吴林伯先生曰:"曰'赋',曰'传',曰'章句',名异而实同。"吴林伯《〈文心雕龙〉义疏》,武汉大学出版社 2002 年版,第 306 页,参见该书第 62 页。

的材料就解决所有相关问题一样"①。我们尤其应当注意辨析二者之间细微的差异，而不是将相似者直接等同。清代学者王引之曾在其所著《经义述闻》中，特立"经义不同不可强为之说"一条，兹抄录其主旨于下，以为斯节之结：

> 讲论六艺，稽合同异，名儒之盛事也；述先圣之元意，整百家之不齐，经师之隆轨也。然不齐之说，亦有终不可齐者——作者既所闻异辞，学者亦弟两存其说——必欲迁就而泯其参差，反致溷殽而失其本指：所谓离之则两美，合之则两伤也。②

第三节　略谈《书于竹帛》一书中的几个问题

美国芝加哥大学钱存训先生倾其毕生精力研究中国古代书籍、印刷史，取得了卓越的成就，《书于竹帛》第四次增订本（以下简称"钱书"）则是其具有总结性的代表作。③ 该书为研究中国古代典籍制度及铭刻起源与发展的综合之作，新增订本又收入了截至2001年年底所见之考古及其他新资料，深得国际学术界的重视与推崇。

后学不敏，在认真研读钱先生大著后，发现尚有几处值得商榷，特不揣浅陋，向钱先生及诸大方之家请教。

钱书第一章《绪论》说："刘歆是一位著名的经学大师，他将当时所有藏书分为7类，编成第一部分类书目，称为《七略》。计分辑略、六艺、诸子、诗赋、兵书、术数、方技7大类，其下又分38小

---

① 曲德来：《重视利用出土文献推进古代文学研究》，载姚小鸥主编《出土文献与中国文学研究》，北京广播学院出版社2000年版，第31页。

② （清）王引之：《经义述闻》卷三二《通说》下，江苏古籍出版社2000年版，第770页。

③ 钱存训：《书于竹帛》（第四次增订本），上海书店出版社2002年版。下引此书均随文括注该版本页码，不再出注。

类。"（第4页）检《汉书·艺文志》曰："（刘）歆于是总群书而奏
其《七略》。故有《辑略》，有《六艺略》，有《诸子略》，有《诗赋
略》，有《兵书略》，有《术数略》，有《方技略》，今删其要，以备
篇籍。"师古曰："辑，与集同，谓诸书之总要。"① 又南朝阮孝绪
《七录序》曰："子歆撮其旨要，著为《七略》，其一篇即六篇之总
最，故以《辑略》为名。"② 余嘉锡先生据章宗源《隋书经籍志考证》
卷八、姚振宗《〈七略别录佚文〉序》、吴承志《横阳札记》卷九，
认为："阮孝绪谓'《辑略》即六篇之总最'，六篇即六略也。所谓总
最者，谓每略每类编次既竟，又最而序之，及奏上《七略》之时，
因总诸类之序，集为一篇，故谓之《辑略》。取阮氏之语，详审文
义，细心参悟，自可了然明白也。班固取其文分散各类之后者，犹之
《诗》序本自为一篇，'毛公为故训，乃分众篇之义各置于篇端'，
（《诗·小雅·南陔》序郑笺语。）凡以便于读者而已。自《隋志》叙
采《七录》为文，独删去其论《辑略》之语。颜师古注《汉志》，改
六篇之总最为群书之总要，语意不甚明了。《七录》既亡，其叙录在
释藏，学者忽而不观，于是从来无知班志每类小序之即《辑略》
者。"③ 是《辑略》实为诸类总论，并非与《六艺》《诸子》同类之
图书分类。陈国庆先生《汉书艺文志注释汇编》云："说者谓，班
《志》每略的序文，即取刘歆的《辑略》，故虽六略，而实七略具足。
似颇近理。"④ 其说是。考《汉志》篇末结语也说："大凡书，六略三
十八种，五百九十六家，万三千二百六十九卷。"⑤《论衡·案书》：
"六略之录，万三千篇。"⑥ 因此，我们只能说："刘歆将当时所有藏

---

① （东汉）班固：《汉书》，中华书局1962年版，第6册，第1701、1702页。
② （南朝·梁）阮孝绪：《七录序目》，载任莉莉《七录辑证》，上海古籍出版社2011年版，第3页。
③ 余嘉锡：《目录学发微》，台北：艺文印书馆1987年版，第60页。
④ 陈国庆：《汉书艺文志注释汇编》，中华书局1983年版，第7页。
⑤ （东汉）班固：《汉书》，中华书局1962年版，第6册，第1781页。
⑥ （东汉）王充：《论衡》，载黄晖《论衡校释》，中华书局1990年版，第4册，第1175页。

书分为 6 类，计分六艺、诸子、诗赋、兵书、术数、方技 6 大类，其下又分 38 小类。"

在第五章《竹简和木牍》中，钱先生这样介绍郭店简："1993 年湖北荆门郭店出土的战国中期竹简 800 余件，其中有《老子》及《论语》等古籍的最早版本。《老子》较马王堆帛书本约早 100 年，《论语》也有许多字句与今本不同。"（第 76 页）不知为什么，在此段的注释［10］中，钱先生给出了上下文提及的放马滩、包山、龙岗、上海博物馆藏简等的数据源，却唯独漏掉了郭店简。翻检荆门市博物馆所编《郭店楚墓竹简》，其中并无《论语》一书。① 当然，这并不是说整个郭店简中就没有一星半点《论语》的字句。李学勤先生就指出，郭店简《语丛三》第 50、51 简共 12 个字，相当于《论语·述而》的子曰："志于道，据于德，依于仁，游于艺。"② 但就这 12 个字能不能说明郭店简中有《论语》？并且还"有许多字句与今本不同"？

第五章第五节为《简牍的形式》，钱先生认为："武威发现的《仪礼》，简长 54 厘米，约合汉制二尺四寸。是多年来简策出土之最长者，确实证明汉代推行用长简书写儒家经典的尊孔制度。"（第 83 页）但从钱书所引用到的资料来看，这一论断可否修订为"武威发现的《仪礼》十多年来汉代简策出土之最长者"。因为现在上海博物馆藏楚简中有长达 57.2 厘米的③，在已发表的上博藏简中，也有长 55.5 厘米的④，超过了武威简。而在钱书中，曾于第 76、84、88 等

---

① 荆门市博物馆编：《郭店楚墓竹简》，文物出版社 1998 年版，尤其可参看其前言第 1—2 页，目录第 1—2 页。

② 李学勤：《〈语丛〉与〈论语〉》，载廖名春主编《清华大学思想文化研究所集刊》，清华大学出版社 2002 年版，第 4—6 页。为了避免古文字排印的麻烦，这里就不引述郭店简原文了。

③ 朱渊清整理：《马承源先生谈上博简》，载朱渊清、廖名春主编《上博馆藏战国楚竹书研究》，上海书店出版社 2002 年版，第 5 页。

④ 马承源主编：《上海博物馆藏战国楚竹书》（一），上海古籍出版社 2001 年版，第 121 页，"《孔子诗论》说明"。

页提到过上博藏简，且在第五章注释［10］中出现了"马承源主编《上海博物馆藏战国楚竹书》（一）（上海古籍，2001）"。

同节又说："至于汉代，武帝封其三子以采邑，策命书于长短不一的简牍上。"（第86页）在注［24］中，钱先生说："汉武帝策封见《史记·三王世家》，褚少孙注。"（第92页）按：《史记》卷六〇《三王世家》："褚先生曰：臣幸得以文学为侍郎，好览观太史公之列传。传中称《三王世家》文辞可观，求其世家终不能得。窃从长老好故事者取其封策书，编列其事而传之，令后世得观贤主之指意。……至其次序分绝，文字之上下，简之参差长短，皆有意，人莫之能知。谨论次其真草诏书，编于左方，令览者自通其意而解说之。"① 这应当就是钱先生的依据。但这明明是褚少孙补《史记》，而不是注《史记》。司马迁所作的《三王世家》已经亡佚，褚少孙用当年的封策书补上，这在上引"褚先生曰"中已经说得很明白了。又检《汉书》卷六二《司马迁传》，说《太史公书》"而十篇缺，有录无书"。师古引张晏曰："迁没之后，亡《景纪》《武纪》《礼书》《乐书》《兵书》《汉兴以来将相年表》《日者列传》《三王世家》《龟策列传》《傅靳列传》。元成之间，褚先生补缺，作《武帝纪》《三王世家》《龟策》《日者传》，言辞鄙陋，非迁本意也。"② 因此，钱书之注应改为："见《史记·三王世家》，褚少孙补。"

第五章注释［12］引用了郑有国《中国简牍学综论》，括注其出版地与出版时间为"北京，1989"（第92页）。按郑氏此书的确出版于1989年，但出版者为华东师范大学出版社，因此其出版地应为上海。

第八章第三节"黑墨和丹书"："《后汉书·邓皇后传》曾载和帝

---

① （西汉）司马迁：《史记》，中华书局2013年修订版，第6册，第2557页。
② （东汉）班固：《汉书》，中华书局1962年版，第9册，第2724—2725页。可参见余嘉锡《太史公书亡篇考》，《余嘉锡论学杂著》，中华书局2007年版，上册；赵生群《〈史记〉亡缺与续补考》，《〈史记〉文献学丛稿》，江苏古籍出版社2000年版。

时各国皆以纸墨为贡品。"（第 139 页）按：范晔《后汉书》皇后不
入列传，而是特为立"皇后纪"，见其书卷十。① 后世还有人认为这
是类例不伦，《郡斋读书志》卷五"世多讥晔创为《皇后纪》"②，
即是。

李约瑟（Joseph Needham）先生在英文本《书于竹帛》的书评
中，即曾指出："在铸铜程序中的单字字范，可能启示了后来 11 世纪
活字版的发明。这是容庚在 1941 年的作品中所说的，但钱氏未曾提
到。"③ 类似的情况在现在的第四次增订本中仍然存在。第五章第五
节《简牍的形式》："可见汉代木牍的尺寸，皆为五寸的倍数，而战
国竹简则为二尺四寸的分数。其不同的原因，大约是'六'及其倍
数为晚周及秦代的标准单位，而'五'则为汉制。"（第 83 页）按：
检王静安先生所著《简牍检署考》云："由是观之，则秦汉简牍之长
短，皆有比例存乎其间：简自二尺四寸而再分之、三分之、四分之，
牍则自三尺（檠），而二尺（檄），而尺五寸（传信），而一尺
（牍），而五寸（门关之传）——均为二十四之分数，一均为五之倍
数，此皆信而可征者也。简之长短皆二十四之分数，牍皆五之倍数。
意简者秦制，牍者汉制与？"④ 钱氏此说实出于观堂，但未注明出处。
又在同节，当论及某种特殊档中的简策长度不一的情况时，钱书写
道："在《战国策》刘向序中述及中书有'短长'。虽然叶德辉和王
国维都认为这是古代简牍长短不一的证明，但此处所称的短长，是系
游侠辩士所采用辩论的正反、好恶或短长的两面策谋，而非指简牍的
短长。"（第 83—84 页）其实张心澂先生早在 20 世纪 30 年代就曾指

---

① （南朝·宋）范晔：《后汉书》，中华书局 1965 年版，第 2 册，第 397—462 页。
② （南宋）晁公武：《郡斋读书志》，载孙猛《郡斋读书志校证》，上海古籍出版社
1990 年版，上册，第 179 页。
③ ［英］李约瑟：《英文本〈书于竹帛〉评介》，载［美］钱存训《书于竹帛》第四
次增订本，上海书店出版社 2002 年版，第 179 页。
④ 王国维：《简牍检署考》，载赵万里编《王国维遗书》，上海书店出版社 1983 年版，
第 6 册，第 97—98 页。

出："谓之长短者，或誉其长而数人之短以媚之，或暴人之长而言其短以恐之，或言彼此之短长，以施离间，或事联络，要在随事而施之，皆游说士之术也。"① 钱先生也是沿用其说而未注明出处。

附带说一下，在此书中还有个别地方有排印错误。例如第 30 页，引田猎获虎卜辞，但"隻"字被印成"只"。按：甲骨文"获"字作"隻"，裘锡圭先生认为，其字形"表示抓获一只鸟。在商周时代文字里，'隻'所表示的词是'獲'。后来又用'隻'来表示与'雙'（双）相对的'隻'（只），另造从'犬''蒦'声的'獲'字（简化字作'获'），来表示'獲'。'隻'既是'獲'的初文，又是当单个讲的'隻'的本字。这跟早期表意字一形多用的现象是很相似的。但是以'隻'表'隻'是'隻'（獲）字已经使用了很久之后才发生的事，所以可以把这一现象解释为对已有的文字的一种比较特殊的借用。假借一般只取被借字原来的音，这种借用则只取被借字的形而不管它原来的音、义。我们可以称之为'形借'"②。因此，"隻"这一形体在甲骨文中是表示猎获的"獲"，简化汉字应写作"获"。此外，同页还引用了另一条甲骨刻辞："五月，佳王六祀。"按："佳"当是语气词"隹"的误排，简化汉字应写作"唯"。

---

① 张心澄：《伪书通考》，商务印书馆 1939 年版，上册，第 539 页。
② 裘锡圭：《文字学概要》，商务印书馆 1988 年版，第 124—125 页。关于"隻"这一字形在使用过程中"隻"对于"獲"的替换，可参见李天虹《"隻"字小考》，载《追寻中华古代文明的踪迹》，复旦大学出版社 2002 年版。

参考文献

一 古籍

（西汉）刘向编纂：《战国策》，上海古籍出版社 1985 年版。

（西汉）司马迁：《史记》，中华书局 2013 年版。

（西汉）杨雄：《方言》，载周祖谟《方言校笺》，中华书局 1993 年版。

（东汉）班固：《汉书》，中华书局 1962 年版。

（东汉）刘熙：《释名》，载（清）毕沅疏证、王先谦补《释名疏证补》，祝敏彻、孙玉文点校，中华书局 2008 年版。

（东汉）王充：《论衡》，载黄晖《论衡校释》，中华书局 1990 年版。

（东汉）王逸：《楚辞章句》，载（南宋）洪兴祖《楚辞补注》，中华书局 1983 年版。

（东汉）许慎：《说文解字》，中华书局 1963 年版。

（东汉）荀悦：《汉纪》、（东晋）袁宏《后汉纪》，载《两汉纪》，张烈点校，中华书局 2002 年版。

（三国·魏）王弼：《老子道德经注》，载楼宇烈《老子道德经注校释》，中华书局 2008 年版。

（三国·吴）陆玑：《毛诗草木鸟兽虫鱼疏》，中华书局 1985 年版。

（西晋）陈寿：《三国志》，中华书局 1959 年版。

（东晋）僧肇：《肇论》，载张春波《肇论校释》，中华书局 2010 年版。

（东晋）袁宏：《后汉纪》，载周天游《后汉纪校注》，天津古籍出版社 1987 年版。

（南朝·梁）范晔：《后汉书》，中华书局 1965 年版。

（南朝·梁）刘勰：《文心雕龙》，载范文澜《文心雕龙注》，人民文
　学出版社 1958 年版。

（南朝·梁）阮孝绪：《七录序目》，载任莉莉《七录辑证》，上海古
　籍出版社 2011 年版。

（隋）刘进喜著、李仲卿续：《太玄真一本际经》，载叶贵良《敦煌本
　〈太玄真一本际经〉辑校》，巴蜀书社 2010 年版。

（唐）房玄龄：《晋书》，中华书局 1974 年版。

（唐）李鼎祚：《周易集解》，载（清）李道平《周易集解纂疏》，中
　华书局 1994 年版。

（唐）陆德明：《经典释文》，上海古籍出版社 1985 年版。

（唐）魏征：《隋书》，中华书局 1973 年版。

（唐）徐坚编：《初学记》，中华书局 1962 年版。

（后晋）刘昫等：《旧唐书》，中华书局 1975 年版。

（北宋）郭忠恕：《汗简》、（北宋）夏竦：《古文四声韵》，李零、刘
　新光整理本，中华书局 1983 年版。

（北宋）李昉等：《太平御览》，中华书局 1960 年版。

（北宋）欧阳修、宋祁：《新唐书》，中华书局 1975 年版。

（北宋）司马光：《资治通鉴》，中华书局 1956 年版。

（北宋）苏轼：《仇池笔记》，华东师范大学出版社 1983 年版。

（北宋）王溥：《唐会要》，中华书局 1955 年版。

（北宋）王钦若等编：《册府元龟》，中华书局 1960 年版。

（南宋）晁公武：《郡斋读书志》，载孙猛《郡斋读书志校证》，上海
　古籍出版社 1990 年版。

（南宋）洪适：《隶释》，中华书局影印洪氏晦木斋刻本，1985 年。

（南宋）王应麟：《困学纪闻》，商务印书馆 1935 年版。

（南宋）王应麟：《玉海》，京都：株式会社中文出版社 1977 年版。

（南宋）薛尚功：《历代钟鼎彝器款识法帖》，中华书局 1986 年版。

（南宋）叶廷珪：《海录碎事》，上海辞书出版社 1989 年版。

（南宋）赵彦卫：《云麓漫钞》，中华书局 1996 年版。

（南宋）郑樵：《通志二十略》，王树民点校，中华书局 1995 年版。

（南宋）朱熹：《楚辞集注》，上海古籍出版社 1979 年版。

（南宋）朱熹：《四书章句集注》，中华书局 1983 年版。

（元）马端临：《文献通考》，中华书局 2011 年版。

（清）陈奂：《诗毛氏传疏》，台北：台湾学生书局 1967 年版。

（清）段玉裁：《说文解字注》，上海古籍出版社 1981 年版。

（清）顾炎武：《日知录》，上海古籍出版社影印道光十四年（1834）
  嘉定黄氏西溪草庐重刊黄汝成《集释》本，1985 年。

（清）郭庆藩：《庄子集释》，中华书局 1961 年版。

（清）杭世骏：《订讹类编》，中华书局 1997 年版。

（清）黄以周：《礼书通故》，中华书局 2007 年版。

（清）惠栋：《周易述》，中华书局 2007 年版。

（清）焦循：《孟子正义》，中华书局 1987 年版。

（清）梁玉绳：《史记志疑》，中华书局 1981 年版。

（清）刘宝楠：《论语正义》，中华书局 1990 年版。

（清）马瑞辰：《毛诗传笺通释》，中华书局 1989 年版。

（清）皮锡瑞：《经学通论》，中华书局 1954 年版。

（清）钱熙祚辑：《守山阁丛书》，金山钱氏道光二十四年（1844）重
  编增刊本。

（清）阮元编：《清经解》、（清）王先谦编：《清经解续编》，上海书
  店 1988 年版。

（清）阮元校刻：《十三经注疏》，台北：艺文印书馆 2007 年版。

（清）孙星衍：《问字堂集》，中华书局 1996 年版。

（清）孙诒让：《墨子间诂》，中华书局 2001 年版。

（清）孙诒让：《札迻》，中华书局 1989 年版。

（清）孙诒让：《周礼正义》，中华书局 1987 年版。

（清）孙诒让：《籀庼遗文》，中华书局 2013 年版。

（清）王昶：　《金石萃编》，中国书店影印 1921 年扫叶山房本，1985 年。

（清）王鸣盛：《尚书后案》，北京大学出版社 2012 年版。

（清）王念孙：《读书杂志》，江苏古籍出版社影印王氏家刻本 2000 年版。

（清）王先谦：《荀子集解》，中华书局 1988 年版。

（清）王先慎：《韩非子集解》，中华书局 1998 年版。

（清）王引之：《经传释词》，中华书局 1956 年版。

（清）王引之：《经义述闻》，江苏古籍出版社 2000 年版。

（清）严可均辑：《全上古三代秦汉三国六朝文》，中华书局 1958 年版。

（清）姚际恒：《仪礼通论》，中国社会科学出版社 1998 年版。

（清）永瑢等：《四库全书总目》，中华书局 1965 年版。

（清）余潇客：《古经解钩沉》，山东友谊书社 1993 年版。

（清）俞樾：《诸子平议》，中华书局 1954 年版。

（清）袁钧：《郑氏佚书》，浙江书局，光绪十四年（1888）。

（清）张文虎：《舒艺室杂著》，台北：文海出版社 1973 年版。

（清）章学诚：《文史通义》，载叶瑛《文史通义校注》，中华书局 1994 年版。

（清）章学诚：《校雠通义》，载王重民《校雠通义通解》，上海古籍出版社 1987 年版。

（清）郑珍：《郑珍集·小学》，贵州人民出版社 2002 年版。

（清）周广业：《经史避名汇考》，上海古籍出版社 2015 年版。

《道藏》，文物出版社、上海书店、天津古籍出版社 1988 年版。

《国语》，上海古籍出版社 1988 年版。

《老子道德经河上公章句》，中华书局 1993 年版。

《龙溪精舍丛书》，中国书店 1991 年版。

《四部备要》，中华书局 1989 年版影印中华书局 1936 年排印本。

《四库全书存目丛书》，齐鲁书社 1996 年版。

《影印文渊阁四库全书》，台北：台湾商务印书馆 1986 年版。

河上公：《老子注》，台北：三民书局 2008 年版。

二　现代著作

《古书疑义举例五种》，中华书局 1956 年版。

《景刊唐开成石经》，中华书局 1997 年版。

《居延汉简考释·考证之部》，台北："中央研究院历史语言研究所"
　　1944 年版。

《续修四库全书》，上海古籍出版社 1996 年版。

《中国大百科全书·语言文字卷》，中国大百科全书出版社 1988
　　年版。

安作璋主编：《郝懿行集》，齐鲁书社 2010 年版。

白奚：《稷下学研究》，生活·读书·新知三联书店 1998 年版。

北京大学出土文献研究所：《北京大学藏西汉竹书［贰］》，上海古籍
　　出版社 2012 年版。

北京图书馆编：《墨子大全》，北京图书馆出版社 2002 年版。

曹明纲：《赋学概论》，上海古籍出版社 1998 年版。

常森：《先秦诸子研究》，人民教育出版社 2008 年版。

朝戈金：《口传史诗诗学——冉皮勒〈江格尔〉程序句法研究》，广
　　西人民出版社 2000 年版。

陈东辉主编：《卢文弨全集》，浙江大学出版社 2017 年版。

陈鼓应：《黄帝四经今注今译——马王堆汉墓出土帛书》，商务印书馆
　　2007 年版。

陈鼓应：《老子注译及评介》，中华书局 1984 年版。

陈国庆：《汉书艺文志注释汇编》，中华书局 1983 年版。

陈金木：《唐写本论语郑氏注研究——以考据、复原、诠释为中心的考察》，台北：文津出版社 1996 年版。

陈来：《竹帛〈五行〉与简帛研究》，生活·读书·新知三联书店 2009 年版。

陈梦家：《汉简缀述》，中华书局 1980 年版。

陈梦家：《尚书通论》，河北教育出版社 2000 年版。

陈梦家：《殷虚卜辞综述》，中华书局 1988 年版。

陈品卿：《尚书郑氏学》，台北：嘉新水泥公司文化基金会 1977 年版。

陈伟：《包山楚简初探》，武汉大学出版社 1996 年版。

陈伟等：《楚地出土战国简册［十四种]》，经济科学出版社 2009 年版。

陈文合主编：《嘉定钱大昕全集》，江苏古籍出版社 1997 年版。

陈寅恪：《金明馆丛稿二编》，生活·读书·新知三联书店 2001 年版。

陈垣：《励耘书屋丛刻》，北京师范大学出版社 1982 年版。

陈直：《汉书新证》，天津人民出版社 1979 年第 2 版。

程湘清主编：《先秦汉语研究》，山东教育出版社 1992 年版。

迟铎、白玉林主编：《古代汉语词典》，陕西人民出版社 1999 年版。

褚斌杰：《中国古代文体概论》，北京大学出版社 1990 年增订本。

戴蕃豫：《稿本后汉书疏记》，书目文献出版社 1995 年版。

戴维：《帛书老子校释》，岳麓书社 1998 年版。

邓瑞全、王冠英：《中国伪书综考》，黄山书社 1998 年版。

丁福保编：《古钱大辞典》，中华书局 1982 年版。

丁四新：《郭店楚墓竹简思想研究》，东方出版社 2000 年版。

丁四新：《玄圃畜艾》，中华书局 2009 年版。

丁原植：《郭店竹简老子释析与研究》增修版，台北：万卷楼图书有限公司 1999 年版。

东北师范大学古籍整理研究所辞书编辑室：《中国古籍整理研究论文索引》，江苏古籍出版社 1990 年版。

董恩林：《唐代〈老子〉诠释文献研究》，齐鲁书社 2003 年版。

董恩林：《唐代老学：重玄思辨中的理身理国之道》，中国社会科学出版社 2002 年版。

杜国庠：《杜国庠文集》，人民出版社 1962 年版。

杜正胜：《编户齐民：传统政治社会结构之形成》，台北：联经出版事业股份有限公司 2014 年第 2 版。

二十五史刊行委员会编：《二十五史补编》，中华书局 1955 年版。

樊波成：《老子指归校笺》，上海古籍出版社 2013 年版。

封思毅：《老子述义》，台北：台湾商务印书馆 1980 年第 3 版。

冯友兰：《三松堂全集》，河南人民出版社 2001 年第 2 版。

冯友兰：《中国哲学史》，商务印书馆 1935 年版第 3 版。

傅杰编校：《章太炎学术史论集》，中国社会科学出版社 1997 年版。

傅斯年：《傅斯年全集》，台北：联经出版事业股份有限公司 1980 年版。

傅亚庶：《刘子校释》，中华书局 1998 年版。

甘肃省博物馆、中国科学院考古研究所：《武威汉简》，文物出版社 1964 年版。

高定彝：《老子道德经研究》，北京广播学院出版社 1999 年版。

高汉铭编著：《简明古钱辞典》，中州古籍出版社 2007 年增订版。

高亨：《古字通假会典》，齐鲁书社 1989 年版。

高亨：《老子正诂》，中国书店 1988 年版。

高明：《帛书老子校注》，中华书局 1996 年版。

高明：《高明小学论丛》，台北：黎明文化事业出版股份有限公司 1980 年第 2 版。

高明：《古文字类编》，中华书局 1980 年版。

高明编：《四部要籍注疏丛刊·老子》，中华书局 1998 年版。

高明编著：《古陶文汇编》，中华书局 1990 年版。

高树藩：《文言文虚词大词典》，湖北教育出版社 1991 年版。

葛刚岩：《〈文子〉成书及其思想》，巴蜀书社 2005 年版。

葛剑雄主编：《中国移民史》第 2 卷，福建人民出版社 1997 年版。

葛信益、启功整理：《沈兼士学术论文集》，中华书局 1986 年版。

古棣、周英：《老子通》，吉林人民出版社 1991 年版。

顾颉刚：《顾颉刚古史论文集》，中华书局 2011 年版。

顾实：《汉书艺文志讲疏》，上海古籍出版社 1987 年版。

郭克煜等：《鲁国史》，人民出版社 1994 年版。

郭沫若：《郭沫若全集·考古编》，科学出版社 1982 年版。

郭沫若：《奴隶制时代》，新文艺出版社 1952 年版。

郭沫若主编：《甲骨文合集》，中华书局 1978—1985 年版。

郭锡良：《汉语史论集》，商务印书馆 1997 年版。

郭沂：《郭店竹简与先秦学术思想》，上海教育出版社 2001 年版。

韩峥嵘：《古汉语虚词手册》，吉林人民出版社 1983 年版。

何丙郁、何冠彪：《敦煌残卷占云气书研究》，台北：艺文印书馆
　　1985 年版。

何金松：《虚词历时词典》，湖北人民出版社 1994 年版。

何乐士：《古汉语语法研究论文集》，商务印书馆 2000 年版。

何乐士、敖镜浩、王克仲、麦梅翘：《文言虚词浅释》，北京出版社
　　1979 年版。

何乐士、敖镜浩、王克仲、麦梅翘、王海棻：《古代汉语虚词通释》，
　　北京出版社 1985 年版。

何琳仪：《战国文字通论》（订补），江苏教育出版社 2003 年版。

何琳仪：《战国文字通论》，中华书局 1989 年版。

何新：《古本老子"道德经"新解》，时事出版社 2002 年版。

何泽恒：《先秦儒道旧义新知录》，台北：大安出版社 2004 年版。

何志华：《〈文子〉著作年代新证》，香港：汉达古文献研究计划 2004

年版。

河北省文物研究所定州汉墓竹简整理小组：《定州汉墓竹简论语》，
　　文物出版社 1997 年版。

河南省文物研究所、河南省丹江库区考发掘队、淅川县博物馆：《淅
　　川下寺春秋楚墓》，文物出版社 1991 年版。

洪业：《洪业论学集》，中华书局 1981 年版。

洪湛侯：《诗经学史》，中华书局 2002 年版。

洪湛侯：《中国文献学新编》，杭州大学出版社 1994 年版。

侯才：《郭店楚墓竹简老子校读》，大连出版社 1999 年版。

侯外庐：《中国古代思想学说史》，国际文化服务社 1950 年修正版。

胡平生、韩自强：《阜阳汉简诗经研究》，上海古籍出版社 1988
　　年版。

胡平生、马月华：《简牍检署考校注》，上海古籍出版社 2004 年版。

胡文辉：《中国早期方术与文献丛考》，中山大学出版社 2000 年版。

胡小石：《胡小石论文集三编》，上海古籍出版社 1995 年版。

胡兴荣：《老子四家注研究》，广西教育出版社 2000 年版。

胡玉缙：《续四库提要三种》，上海书店出版社 2002 年版。

湖北省荆沙铁路考古队：《包山楚简》，文物出版社 1991 年版。

华学诚：《扬雄方言校释汇证》，中华书局 2006 年版。

黄焯：《黄焯文集》，湖北教育出版社 1989 年版。

黄焯：《经典释文汇校》，中华书局 1980 年版。

黄焯编次：《量守庐群书笺识》，武汉大学出版社 1985 年版。

黄侃：《文心雕龙札记》，华东师范大学出版社 1996 年版。

黄侃：《文心雕龙札记》，中华书局上海编辑所 1962 年版。

黄侃：《文字声韵训诂笔记》，上海古籍出版社 1983 年版。

黄侃述、黄焯编：《文字声韵训诂笔记》，上海古籍出版社 1983
　　年版。

黄人二：《上海博物馆藏战国楚竹书（一）研究》，台中：高文出版

社 2002 年版。

黄曙辉编校:《刘咸炘学术论集·子学编》,广西师范大学出版社
　　2007 年版。

黄锡全:《汗简注释》,武汉大学出版社 1990 年版。

黄钊主编:《道家思想史纲》,湖南师范大学出版社 1991 年版。

黄中模:《现代楚辞批评史》,湖北教育出版社 1990 年版。

江瑔:《读子卮言》,台北:广文书局有限公司 1982 年版。

姜广辉:《中国经学思想史》,中国社会科学出版社 2003 年版。

姜亮夫:《屈原赋校注》,人民文学出版社 1957 年版。

蒋礼鸿:《蒋礼鸿集》,浙江教育出版社 2001 年版。

蒋礼鸿:《商君书锥指》,中华书局 1986 年版。

蒋善国:《尚书综述》,上海古籍出版社 1988 年版。

蒋天枢:《楚辞论文集》,陕西人民出版社 1982 年版。

蒋锡昌:《老子校诂》,商务印书馆 1937 年版。

金景芳:《〈尚书·虞夏书〉新解》,辽宁古籍出版社 1996 年版。

荆门市博物馆编:《郭店楚墓竹简》,文物出版社 1998 年版。

康有为:《新学伪经考》,古籍出版社 1956 年版。

寇淑慧:《二十世纪诗经研究文献目录》,学苑出版社 2001 年版。

劳榦:《居延汉简考释·考证之部》,台北:"中央研究院历史语言研
　　究所" 1944 年版。

黎翔凤:《管子校注》,梁运华整理,中华书局 2004 年版。

李尔重:《〈老子〉研究新编》,华中科技大学出版社 2003 年版。

李刚:《重玄之道开启众妙之门——道教哲学论稿》,巴蜀书社 2005
　　年版。

李国瑛、章琼:《〈说文〉学名词简释》,河南人民出版社 1994 年版。

李家浩:《著名中年语言学家字选集·李家浩卷》,安徽教育出版社
　　2002 年版。

李缙云编:《李学勤学术文化随笔》,中国青年出版社 1999 年版。

李零：《〈孙子〉古本研究》，北京大学出版社 1995 年版。

李零：《郭店楚简校读记》，中国人民大学出版社 2002 年增订版。

李零：《兰台万卷：读〈汉书·艺文志〉》，生活·读书·新知三联书店 2011 年版。

李人鉴：《太史公书校读记》，甘肃人民出版社 1998 年版。

李铁华：《石鼓新响》，三秦出版社 1994 年版。

李先耕：《老子今析》，中国社会科学出版社 2002 年版。

李孝定：《甲骨文字集释》，台北："中央研究院历史语言研究所" 1970 年版。

李学勤：《当代学者自选文库·李学勤卷》，安徽教育出版社 1999 年版。

李学勤：《东周与秦代文明》，文物出版社 1991 年版增订版。

李学勤：《古文献丛论》，上海远东出版社 1996 年版。

李学勤：《古文字学初阶》，中华书局 1985 年版。

李学勤：《简帛佚籍与学术史》，江西教育出版社 2001 年版。

李学勤：《拥篲集》，三秦出版社 2000 年版。

李学勤：《周易溯源》，巴蜀书社 2006 年版。

李幼蒸：《理论符号学导论》，中国社会科学出版社 1993 年版。

李运富：《楚国简帛文字构形系统研究》，岳麓书社 1997 年版。

李泽厚：《新版中国古代思想史论》，天津社会科学出版社 2008 年版。

李振兴：《王肃之经学》，台北：嘉新水泥公司文化基金会 1980 年版。

李致忠：《古书版本学概论》，北京图书馆出版社 1990 年版。

李致忠、周少川、张木早：《中国典籍史》，上海人民出版社 2004 年版。

连云港市博物馆、东海县博物馆、中国社会科学院简帛研究中心、中国文物研究所编：《尹湾汉墓简牍》，中华书局 1997 年版。

连云港市博物馆、中国文物研究所编：《尹湾汉墓简牍综论》，科学出版社 1999 年版。

廖名春：《帛书〈周易〉初探》，台北：文史哲出版社 1998 年版。

林庆彰、陈恒嵩主编：《经学研究论著目录（1993—1997）》，台北：汉学研究中心 2002 年版。

林庆彰主编：《经学研究论著目录（1912—1987）》，台北：汉学研究中心 1993 年版。

林庆彰主编：《经学研究论著目录（1988—1992）》，台北：汉学研究中心 1995 年版。

林庆彰主编：《日本研究经学论著目录（1900—1992）》，台北："中央研究院中国文哲研究所筹备处" 1993 年版。

林惟仁：《两汉学术今、古问题之研究》，博士学位论文，"台湾政治大学"，2012 年。

刘固盛：《道教老学史》，华中师范大学出版社 2008 年版。

刘固盛：《宋元时期的老学与理学》，陕西人民出版社 2002 年版。

刘国进：《中国上古图书源流》，新华出版社 2003 年版。

刘起釪：《顾颉刚先生学述》，中华书局 1986 年版。

刘仁江：《〈楚辞章句〉与〈孟子章句〉体式研究》，硕士学位论文，武汉大学，2001 年。

刘笑敢：《老子古今》，中国社会科学出版社 2009 年修订版。

刘信芳：《荆门郭店竹简老子解诂》，艺文印书馆 1999 年版。

刘屹：《敬天与崇道——中古经教道教形成的思想史背景》，中华书局 2005 年版。

刘毓庆：《历代诗经著述考（先秦—元代）》，中华书局 2002 年版。

柳曾符、柳定生选编：《柳诒徵史学论文续集》，上海古籍出版社 1991 年版。

卢国龙：《中国重玄学》，人民中国出版社 1993 年版。

卢育三：《老子释义》，天津古籍出版社 1987 年版。

陆玉林：《中华经典精粹解读　老子》，中华书局 2011 年版。

陆宗达：《说文解字通论》，北京出版社 1981 年版。

陆宗达：《训诂简论》，北京出版社 1980 年版。

吕绍纲：《庚辰存稿》，上海古籍出版社 2000 年版。

吕叔湘：《语文常谈》，生活·读书·新知三联书店 1999 年版。

吕思勉：《秦汉史》，上海古籍出版社 2005 年版。

吕思勉：《先秦学术概论》，中国大百科全书出版社 1985 年版。

罗邦柱主编：《古汉语知识辞典》，武汉大学出版社 1988 年版。

罗福颐：《三代吉金文存释文》，香港：问学社 1983 年版。

罗福颐主编：《古玺汇编》，文物出版社 1981 年版。

罗君惕：《秦刻十碣考释》，齐鲁书社 1983 年版。

罗焌：《诸子学述》，华东师范大学出版社 2008 年版。

罗振玉：《罗雪堂先生全集》三编，台北：文华出版公司 1970 年版。

罗振玉编：《三代吉金文存》，中华书局 1983 年版。

罗竹风主编：《汉语大词典》，汉语大词典出版社 1988 年版。

罗竹风主编：《汉语大词典》缩印本，汉语大词典出版社 1997 年版。

骆瑞鹤：《荀子补正》，武汉大学出版社 1997 年版。

马承源主编：《上海博物馆藏战国楚简》（一），上海古籍出版社 2001
　　年版。

马衡：《凡将斋金石丛稿》，中华书局 1977 年版。

马积高：《赋史》，上海古籍出版社 1987 年版。

马王堆汉墓帛书整理小组：《马王堆汉墓帛书［壹]》，文物出版社
　　1980 年版。

马叙伦：《老子校诂》，中华书局 1974 年版。

马宗霍：《说文解字引经考》，台北：台湾学生书局 1975 年版。

蒙文通：《道书辑校十种》，巴蜀书社 2001 年版。

莫砺锋编：《程千帆全集》，河北教育出版社 2000 年版。

牟宗三：《牟宗三先生全集》，台北：联经出版事业股份有限公司

2003 年版。

裴学海:《古书虚字集释》,中华书局 1954 年版。

彭浩:《郭店楚简〈老子〉校读》,湖北人民出版社 2000 年版。

钱存训:《中国古代书籍纸墨及印刷术》,北京图书馆出版社 2002
年版。

钱基博:《版本通义》,上海古籍出版社 2007 年版。

钱穆:《史记地名考》,商务印书馆 2001 年版。

钱穆:《先秦诸子系年》,商务印书馆 2001 年版。

钱玄同:《钱玄同文集》,中国人民大学出版社 1999 年版。

钱玄同编:《刘申叔遗书》,江苏古籍出版社 1997 年版。

卿希泰主编:《中国道教思想史》第 2 卷,人民出版社 2009 年版。

裘锡圭:《古文字论集》,中华书局 1992 年版。

裘锡圭:《文史丛稿——上古思想、民俗与古文字学史》,上海远东出
版社 1996 年版。

裘锡圭:《文字学概要》,商务印书馆 1988 年版。

裘锡圭主编:《长沙马王堆汉墓简帛集成》,中华书局 2014 年版。

屈万里、昌彼得:《图书板本学要略》,台北:中国文化大学出版部
1986 年增订版。

饶宗颐:《老子想尔注校证》,上海古籍出版社 1991 年版。

任继愈:《老子全译》,巴蜀书社 1992 年版。

任铭善:《无受室文存》,浙江大学出版社 2005 年版。

上海人民出版社编:《章太炎全集》第 1 卷,上海人民出版社 1982
年版。

沈镕纂集:《国语文选》第 1 集,大东书局 1931 年第 7 版。

沈文倬:《菿闇文存》,商务印书馆 2006 年版。

孙福喜:《〈鹖冠子〉研究》,陕西人民出版社 2002 年版。

孙钦善编:《四部要籍注疏丛刊·论语》,中华书局 1998 年版。

孙以楷:《〈老子〉注释三种》,安徽人民出版社 2003 年版。

孙玉文：《汉语变调构词研究》，北京大学出版社 2000 年版。

汤炳正：《楚辞类稿》，巴蜀书社 1988 年版。

汤炳正：《屈赋新探》，齐鲁书社 1984 年版。

汤余惠：《战国铭文选》，吉林大学出版社 1993 年版。

汤志钧编：《章太炎政论选集》，中华书局 1977 年版。

唐兰：《中国文字学》，上海古籍出版社 2001 年版。

唐子恒：《文言语法结构通论》，山东大学出版社 2000 年版。

涂又光：《楚国哲学史》，湖北教育出版社 1995 年版。

汪辟疆：《目录学研究》，华东师范大学出版社 2000 年版。

汪福润点校辑译：《老子注三种》，黄山书社 1994 年版。

王葆玹：《今古文经学新论》，中国社会科学出版社 1997 年版。

王承文：《敦煌古灵宝经与晋唐道教》，中华书局 2002 年版。

王德毅主编：《丛书集成续编》，台北：新文丰出版公司 1989 年版。

王国维：《古史新证》，清华大学出版社 1994 年版。

王海棻、赵常才、黄珊、吴可颖：《古汉语虚词词典》，北京大学出
  版社 1996 年版。

王锦民：《古学经子——十一朝学术史述林》，华夏出版社 2008 年版。

王利器：《风俗通义校注》，中华书局 2010 年版。

王利器：《文子疏义》，中华书局 2000 年版。

王利器：《晓传书斋集》，华东师范大学出版社 1997 年版。

王明：《道家和道教思想研究》，中国社会科学出版社 1984 年版。

王宁：《训诂学原理》，中国国际广播出版社 1997 年版。

王蘧常：《诸子学派要诠》，中华书局 1936 年版。

王世伟：《图书馆学文献学论丛》，上海书店出版社 2000 年版。

王天海：《荀子校释》，上海古籍出版社 2005 年版。

王文才、万光治主编：《杨升庵丛书》，天地出版社 2002 年版。

王襄：《簠室殷契类纂》，河北第一博物院 1929 年增订版。

王欣夫：《文献学讲义》，上海古籍出版社 1986 年版。

王云五编：《丛书集成》初编，中华书局 1985 年版。

吴承仕：《经籍旧音辨证》，中华书局 1986 年版。

吴承仕：《论衡校释》，北京师范大学出版社 1986 年版。

吴福熙：《敦煌残卷古文尚书校注》，甘肃人民出版社 1992 年版。

吴九龙：《银雀山汉简释文》，文物出版社 1985 年版。

吴林伯：《〈文心雕龙〉义疏》，武汉大学出版社 2002 年版。

吴树平：《风俗通义校释》，天津人民出版社 1980 年版。

吴怡：《新译老子解义》，台北：三民书局 2008 年版。

吴则虞：《晏子春秋集释》，中华书局 1962 年版。

伍至学：《老子反名言论》，台北：唐山出版社 2002 年版。

武汉大学简帛研究中心、荆门市博物馆编著：《楚地出土战国简册合
　　集》（一）《郭店楚墓竹书》，文物出版社 2011 年版。

武汉大学中国文化研究院编：《郭店楚简国际学术研讨会论文集》，
　　湖北人民出版社 2000 年版。

奚椿年：《中国书源流》，江苏古籍出版社 2002 年版。

夏传才：《思无邪斋诗经论稿》，学苑出版社 2000 年版。

向宗鲁：《说苑校证》，中华书局 1987 年版。

谢谦译：《钟与鼓——〈诗经〉的套语及其创作方式》，四川人民出
　　版社 1990 年版。

谢维扬、房鑫亮主编：《王国维全集》，浙江教育出版社 2009 年版。

熊任望：《楚辞探综》，河北大学出版社 2000 年版。

熊铁基、马良怀、刘韶军：《中国老学史》，福建人民出版社 1995
　　年版。

徐德明、吴平主编：《清代学术笔记丛刊》，学苑出版社 2005 年版。

徐复：《訄书详注》，上海古籍出版社 2000 年版。

徐复观：《徐复观论经学史二种》，上海书店出版社 2002 年版。

徐复观：《中国人性论史·先秦篇》，上海三联书店 2001 年版。

徐芹庭：《汉易阐微》，中国书店 2010 年版。

徐蜀选编：《二十四史订补》，书目文献出版社 1996 年版。

徐在国：《隶定"古文"疏证》，安徽大学出版社 2002 年版。

徐召勋：《学点目录学》，安徽教育出版社 1983 年版。

徐志钧：《老子帛书校注》，学林出版社 2002 年版。

徐中舒主编：《汉语大字典》缩印本，四川辞书出版社、湖北辞书出版社 1993 年版。

徐自汗：《内经灵素考》，中国中医药出版社 1992 年版。

许抗生：《帛书老子注译与研究》，浙江人民出版社 1982 年版。

严灵峰辑校：《老子崇宁五注》，台北：成文出版社有限公司 1979 年版。

杨宝忠：《论衡校笺》，河北教育出版社 1999 年版。

杨伯峻：《春秋左传注》，中华书局 1990 年修订版。

杨伯峻：《古今汉语词类通解》，北京出版社 1998 年版。

杨伯峻：《列子集释》，中华书局 1979 年版。

杨伯峻：《列子集释》，中华书局 1979 年版。

杨朝明：《鲁文化史》，齐鲁书社 2001 年版。

杨朝明：《周公事迹研究》，中州古籍出版社 2002 年版。

杨宽：《战国史料编年辑证》，上海人民出版社 2001 年版。

杨润根：《发现老子》，华夏出版社 2003 年版。

杨树达：《词诠》，上海古籍出版社 1986 年版。

杨树达：《汉书窥管》，上海古籍出版社 1984 年版。

杨树达：《积微居小学述林》，中国科学院 1954 年版。

杨树达：《积微翁回忆录》，北京大学出版社 2007 年版。

姚小鸥主编：《出土文献与中国文学研究》，北京广播学院出版社 2000 年版。

叶德辉：《书林清话》，中华书局 1957 年版。

尹海江：《〈汉书·艺文志〉辑论》，西南交通大学出版社 2013 年版。

尹君：《文言虚词通释》，广西人民出版社 1984 年版。

尹振环：《帛书老子释析》，贵州人民出版社 1998 年版。

尹振环：《帛书老子与老子术》，贵州人民出版社 2000 年版。

尹志华：《北宋〈老子〉注研究》，巴蜀书社 2004 年版。

游国恩：《游国恩学术论文集》，中华书局 1989 年版。

于大成：《文子集证》，硕士学位论文，台湾大学中文研究所，
　1962 年。

于豪亮：《于豪亮学术文存》，中华书局 1985 年版。

余德泉：《古汉语同义虚词类释》，湖南教育出版社 1993 年版。

余嘉锡：《目录学发微》，台北：艺文印书馆 1987 年版。

余嘉锡：《余嘉锡论学杂著》，中华书局 2007 年版。

余心乐、宋易麟主编：《古汉语虚词词典》，江西教育出版社 1996
　年版。

俞兆鹏主编：《中国伪书大观》，江西教育出版社 1998 年版。

曾枣庄、刘琳主编：《全宋文》，上海辞书出版社、安徽教育出版社
　2006 年版。

詹剑峰：《老子其人其书及其道论》，华中师范大学出版社 2006
　年版。

张采田：《史微》，载《民国丛书》第 5 辑，上海书店 1996 年版。

张岱年：《中国古典哲学概念范畴要论》，中国社会科学出版社 1987
　年版。

张岱年主编：《戴震全书》，黄山书社 1994 年版。

张丰乾：《出土文献与文子公案》，社会科学文献出版社 2007 年版。

张丰乾：《竹简〈文子〉探微》，博士学位论文，中国社会科学院研
　究生院，2002 年。

张光裕：《郭店楚简研究》第 1 卷《文字编》，台北：艺文印书馆
　1999 年版。

张吉良：《老聃〈老子〉太史儋〈道德经〉》，齐鲁书社 2001 年版。

张金光：《秦制研究》，上海古籍出版社 2004 年版。

张立文主编：《道》，中国人民大学出版社 1989 年版。

张联荣：《汉语词汇的流变》，大象出版社 1997 年版。

张守中、张小沧、郝建文：《郭店楚简文字编》，文物出版社 2000 年版。

张双棣：《淮南子校释》，北京大学出版社 2013 年增订版。

张舜徽：《爱晚庐随笔》，华中师范大学出版社 2005 年版。

张舜徽：《广校雠略》，华中师范大学出版社 2004 年版。

张舜徽：《汉书艺文志通释》，华中师范大学出版社 2004 年版。

张松辉：《庄子考辨》，岳麓书社 1997 年版。

张松如：《老子说解》，齐鲁书社 1998 年版。

张心澂：《伪书通考》，上海书店 1998 年版。

张勋燎：《古文献论丛》，巴蜀书社 1990 年版。

张涌泉：《旧学新知》，浙江大学出版社 1999 年版。

章炳麟：《国故论衡》，上海大共和日报馆 1912 年第 3 版。

章炳麟：《訄书》，载徐复《訄书详注》，上海古籍出版社 2000 年版。

章太炎：《国故论衡》，上海古籍出版社 2003 年版。

赵建伟：《出土简帛〈周易〉疏证》，台北：万卷楼图书有限公司 2000 年版。

赵生群：《〈史记〉文献学丛稿》，江苏古籍出版社 2000 年版。

赵铁寒主编：《清人考订笔记九种》第 1 辑，台北：文海出版社 1983 年版。

赵铁寒主编：《宋史资料萃编》第 1 辑，台北：文海出版社 1979 年版。

赵万里编：《王国维遗书》，上海书店出版社 1983 年版。

赵振铎：《中国语言学史》，河北教育出版社 2000 年版。

浙江书局校刊：《二十二子》，上海古籍出版社 1986 年版。

郑成海：《增订老子河上公注疏证》，台北：华正书局 2008 年版。

郑良树：《续伪书通考》，台北：台湾学生书局 1984 年版。

郑廷植：《汉字学通论》，福建人民出版社 1997 年版。

郑文：《论衡析诂》，巴蜀书社 1999 年版。

中国科学院心理研究所、中国心理学会编：《潘菽全集》，人民教育出版社 2007 年版。

中国社会科学院考古研究所编：《殷周金文集成》，中华书局 2008 年版修订增补版。

中国社会科学院语言研究所古汉语研究室：《古代汉语虚词词典》，商务印书馆 1999 年版。

中华书局古籍编辑部编：《清人考订笔记》，中华书局 2004 年版。

钟兆鹏：《求是斋丛稿》，巴蜀书社 2001 年版。

衷尔巨辑注：《陈元赟集》，辽宁人民出版社 1994 年版。

周次吉：《老子考述》，台北：文津出版社 1986 年版。

周大璞主编：《训诂学初稿》，武汉大学出版社 1987 年版。

周启成：《庄子鬳斋口义校注》，中华书局 1997 年版。

周天游点校：《汉官六种》，中华书局 1990 年版。

朱伯崑主编：《易学基础教程》，九州出版社 2002 年修订版。

朱大星：《敦煌本〈老子〉研究》，中华书局 2007 年版。

朱季海：《楚辞解故》，中华书局 1963 年版。

朱杰人、严佐之、刘永翔主编：《朱子全书》，上海古籍出版社、安徽教育出版社 2002 年版。

朱维铮编：《周予同经学史论著选集》，上海人民出版社 1983 年版。

邹安华：《楚简与帛书老子》，民族出版社 2000 年版。

三 现代论文

暴希明：《篇、卷、册和中国古代书籍制度的变迁》，《安阳师范学院学报》2006 年第 1 期。

蔡靖泉：《文学史上的〈文子〉》，《江汉论坛》1995 年第 5 期。

陈陈东：《关于定州汉墓竹简〈论语〉的几个问题》，《孔子研究》

2003 年第 2 期。

陈鼓应：《初读简本老子》，《文物》1998 年第 10 期。

陈鼓应：《从郭店简本看老子尚仁及守中思想》，载陈鼓应主编《道
  家文化研究》第 17 辑郭店简专号，生活·读书·新知三联书店
  1999 年版。

陈开：《孔壁古文与中秘古文》，《中山大学学报》（社会科学版）
  1997 年第 5 期。

陈伟：《〈太一生水〉考释》，载《古文字与古文献》试刊号，"台湾
  楚文化研究会" 1999 年版。

陈伟：《〈太一生水〉校读并论与〈老子〉的关系》，载安徽大学古文
  字研究室编《古文字研究》第 22 辑，中华书局 2000 年版。

丁四新：《略论郭店简本〈老子〉甲乙丙三组的历时性差异》，《湖北
  大学学报》（哲学社会科学版）1999 年第 2 期。

董珺：《郭店楚简〈老子〉的语言学札记》，《古文字研究》第 24 辑，
  中华书局 2002 年版。

傅斯年：《历史语言研究所工作之旨趣》，载《历史语言研究所集刊》
  第 1 本第 1 分，1928 年 10 月。

高华平：《楚简本、帛书本、河上公注本三种〈老子〉仁义观念之比
  较》，《中国历史文物》2003 年第 1 期。

葛刚岩：《韩非子读过〈文子〉吗？——兼谈〈文子〉的成书与流
  传》，《图书与情报》2004 年第 6 期。

郭沂：《帛书〈要〉篇考释》，《周易研究》2004 年第 4 期。

国家文物局古文献研究室等定县汉墓竹简整理组：《定县 40 号汉墓出
  土竹简简介》，《文物》1981 年第 8 期。

何立民：《也论"孔壁古文"》，《山东行政学院山东省经济管理干部
  学院学报》2004 年第 1 期。

河北省文物研究所定州汉简整理小组：《定州西汉中山怀王墓竹简
  〈文子〉释文》，《文物》1995 年第 12 期。

湖北省荆门市博物馆:《荆门郭店一号楚墓》,《文物》1997 年第
　　1 期。

黄中模:《谁是"刘安作〈离骚〉"论的始作俑者?——评许笃仁的
　　〈楚辞识疑〉》,《中州学刊》1984 年第 4 期。

李存山:《从郭店楚简看早期儒道关系》,载姜广辉主编《郭店楚简
　　研究》,《中国哲学》第 20 辑,辽宁教育出版社 1999 年版。

李定生:《韩非读过〈文子〉——谈〈文子〉的年代与原始道家的关
　　系》,《哲学与文化》1996 年第 9 期。

李零:《郭店楚简校读记》,载陈鼓应主编《道家文化研究》第 17 辑
　　郭店简专号,生活·读书·新知三联书店 1999 年版。

李零:《再论下寺楚墓》,《文物》1996 年第 1 期。

李荣:《汉字演变的几个趋势》,《中国语文》1980 年第 1 期。

李荣:《语音演变规律的例外》,《中国语文》1965 年第 2 期。

李若晖:《〈老子〉异文例释——以郭店简本为中心》,载饶宗颐主编
　　《华学》第 5 辑,中山大学出版社 2001 年版。

李天虹:《说文古文新证》,《江汉考古》1995 年第 2 期。

李学勤:《郭店楚简与儒家经籍》,《人民政协报》1998 年 8 月 3 日第
　　3 版。

李学勤:《试论八角廊简〈文子〉》,《文物》1996 年第 1 期。

李学勤:《先秦儒家著作的重大发现》,载姜广辉主编《郭店楚简研
　　究》,《中国哲学》第 20 辑,辽宁教育出版社 1999 年版。

廖名春:《梁启超古书辨伪方法的再认识》,《汉学研究》1998 年第
　　16 卷第 1 期。

林素清:《论先秦文字中的"＝"符》,载《"中央研究院历史语言研
　　究所"集刊》第 56 本第 4 分册,台北:"中央研究院历史语言研
　　究所"1985 年版。

刘超:《蒋廷黻与杨树达的"过节"——兼及陈寅恪》,《书屋》2014
　　年第 8 期。

刘军社：《秦人吸收周文化问题探讨》，《文博》1999 年第 1 期。

刘琨庸：《传：赋之变体》，《福建论坛》1999 年第 6 期。

刘钊：《释"𤰜""𤲀"诸字兼谈甲骨文"降永"一辞》，载殷墟博
　　物院、中国殷商文化学会编《殷墟博物苑苑刊》创刊号，中国社会
　　科学出版社 1989 年版。

马王堆汉墓帛书整理小组：《马王堆帛书〈式法〉释文摘要》，《文
　　物》2000 年第 7 期。

马先醒：《简牍之编写次第与编卷典藏》，载《简牍学报》第 7 期，
　　台北：简牍学会 1980 年版。

马先醒：《篇卷与竹帛》，《简牍学报》第 7 期，台北：简牍学会 1980
　　年版。

宁镇疆：《老子"同文复出"现象的初步研究》，《齐鲁学刊》2001
　　年第 4 期。

裘锡圭：《郭店〈老子〉简初探》，载陈鼓应主编《道家文化研究》
　　第 17 辑郭店简专号，生活·读书·新知三联书店 1999 年版。

屈守元：《不有屈原　岂见〈离骚〉》，《四川师院学报》（社会科学
　　版）1984 年第 3 期。

邵蓓：《关于慎到"先申、韩，申、韩称之"》，《中国史研究》2001
　　年第 3 期。

孙世扬：《论语考》，《华国》1926 年第 2 期第 11 册。

唐兰：《马王堆出土〈老子〉乙本卷前古佚书的研究》，《考古学报》
　　1975 年第 1 期。

王博：《关于〈文子〉的几个问题》，《哲学与文化》1996 年第 8 期。

王辉斌：《中国究竟有没有屈原——近百年来"屈原否定论"与反
　　"否定"研究综述》，《贵州大学学报》（社会科学版）1999 年第
　　3 期。

王素：《河北定州出土西汉简本〈论语〉性质新探》，载李学勤、谢
　　桂华主编《简帛研究》第 3 辑，广西师范大学出版社 1998 年版。

王文清：《〈左传〉中"王孙满"的身世考辨》，《历史教学》1999 年第 2 期。

王献唐：《说榽线》，载《中国文字》第 8 卷第 34 期，台湾大学文学院中国文学系编印，1969 年版。

王中江：《郭店竹简老子略说》，载姜广辉主编《郭店楚简研究》，《中国哲学》第 20 辑，辽宁教育出版社 1999 年版。

魏启鹏：《楚简〈老子〉柬释》，载陈鼓应主编《道家文化研究》第 17 辑郭店简专号，生活·读书·新知三联书店 1999 年版。

邢文、李缙云：《郭店老子国际研讨会综述》，《文物》1998 年第 9 期。

许抗生：《初读郭店竹简〈老子〉》，载姜广辉主编《中国哲学》第 20 辑，辽宁教育出版社 1999 年版。

许抗生：《再读郭店楚简〈老子〉》，《中州学刊》2000 年第 5 期。

扬之水：《〈神乌傅〉试论》，《中国文化》1996 年第 2 期。

杨泽生：《孔壁竹书的文字国别》，《中国典籍与文化》2004 年第 1 期。

尹振环：《〈帛书老子校注〉考评》，《文献》1998 年第 2 期。

于省吾：《重文例》，《燕京学报》1949 年 12 月第 37 期。

张丰乾：《关于"韩非读过〈文子〉"及其他》，《管子学刊》1999 年第 4 期。

张固也：《唐代目录考》，《古籍整理与研究学刊》2001 年第 4 期。

张家山汉墓竹简整理小组：《江陵张家山汉简概述》，《文物》1985 年第 1 期。

张学城：《〈说文〉古文研究》，《安徽大学学报》2010 年第 5 期。

赵逵夫：《日本新的"屈原否定论"产生的历史背景与思想根源初探》，《西北师范大学学报》1995 年第 4 期。

郑慧生：《上读法——中国典籍读法之谜》，《历史研究》1997 年第 3 期。

周东辉：《屈原辞赋悬日月——屈原作〈离骚〉的否定之否定》，《四
　　川师院学报》（社会科学版）1984 年第 3 期。

周生春：《帛书老子道论试探》，《哲学研究》1992 年第 6 期。

　　四　海外论著

〔德〕海德格尔：《林中路》，孙周兴译，上海译文出版社 1997 年版。

〔德〕瓦格纳：《王弼〈老子注〉研究》，杨立华译，江苏人民出版社
　　2008 年版。

〔法〕福柯：《规训与惩罚》，刘北成、杨远婴译，生活·读书·新知
　　三联书店 2003 年版。

〔美〕艾兰：《太一·水·郭店老子》，载武汉大学中国文化研究院编
　　《郭店楚简国际学术研讨会论文集》，湖北人民出版社 2000 年版。

〔美〕韩禄伯：《简帛老子研究》，余瑾译，学苑出版社 2002 年版。

〔美〕韩禄伯：《治国大纲——试读郭店〈老子〉甲组的第一部分》，
　　余瑾译，载陈鼓应主编《道家文化研究》第 17 辑郭店简专号，生
　　活·读书·新知三联书店 1999 年版。

〔美〕倪德卫：《儒家之道：中国哲学之探讨》，周炽成译，江苏人民
　　出版社 2006 年版。

〔美〕雅柯布森：《雅柯布森文集》，钱军、王力译，湖南教育出版社
　　2001 年版。

〔日〕池田知久：《池田知久简帛研究论集》，曹峰译，中华书局 2006
　　年版。

〔日〕池田知久：《道家思想的新研究——以〈庄子〉为中心》，王启
　　发、曹峰译，中州古籍出版社 2009 年版。

〔日〕池田知久：《马王堆汉墓帛书〈周易·要篇〉的成书年代》，陈
　　建初译，载中国社会科学院简帛研究中心编《简帛研究译丛》第 1
　　辑，湖南出版社 1996 年版。

〔日〕池田知久：《马王堆汉墓帛书〈周易〉之〈要〉篇释文》

（下），牛建科译，《周易研究》1997 年第 3 期。

［日］岛田翰：《古文旧书考》，出版者改名《汉籍善本考》，北京图书馆出版社 2003 年版。

［日］稻畑耕一郎：《屈原否定论系谱》，韩基国译，《重庆师范学院学报》（哲学社会科学版）1983 年第 4 期。

［日］高楠顺次郎等主编：《大正新修大藏经》，东京：《大正新修大藏经》刊行会 1960 年版。

［日］金谷治：《关于帛书〈老子〉——其资料性的初步探讨》，李庆译，载陈鼓应主编《道家文化研究》第 3 辑，上海古籍出版社 1993 年版。

［日］泷川资言考证、［日］水泽利忠校补：《史记会注考证》附《校补》，上海古籍出版社 1986 年版。

［日］武内义雄：《武内义雄全集》第 5 卷《老子篇》，东京：角川书店 1978 年版。

［日］小南一郎：《王逸“楚辞章句”をめぐって——汉代章句の学の一侧面》，《东方学报》1991 年 3 月第 63 期。

［日］小南一郎：《王逸〈楚辞章句〉在汉代〈楚辞〉注释史上的地位》，刘萍译，载《古籍整理与研究》第 6 期，中华书局 1991 年版。

［日］兴膳宏、川合康三：《隋书经籍志详考》，东京：汲古书院 1995 年版。

［瑞士］索绪尔：《普通语言学教程》，高名凯译，商务印书馆 1980 年版。

［苏］杨兴顺：《中国古代哲学家老子及其学说》，杨超译，科学出版社 1957 年版。

［英］吉罗：《符号学概论》，怀宇译，四川人民出版社 1988 年版。

后　记

　　也许有读者对本书的标题感到困惑，因此有必要做出说明。《荀子·儒效》有言："通则一天下，穷则独立贵名，天不能死，地不能埋，桀、跖之世不能污，非大儒莫之能立，仲尼、子弓是也。"[①] 本书讨论的出土简帛思想文献，曾经长埋地下两千余年。然而，这些文献承载了极其重要的思想意义，为天所不能泯灭，地所不能掩埋，最终重见天日。本书即以《荀子》中"地不能埋"这一典故来形容先秦简帛由淹埋而复现之盛况。

　　本书写作前后历时十余年，深感为学不易。所幸先后得到学界师友无私赐助，最终得以完成小书。其中各章节已先后发表。

　　第一章第一节内容，原名"郭店楚简'衍'字略考"，发表于《中国哲学史》2000 年第 1 期；第二节内容，原名"由上海博物馆藏楚简重论'衍'字"，载《上博馆藏战国楚竹书研究》，上海书店出版社 2002 年版，第 460—464 页；第三节内容，原名"马王堆帛书《老子》'道可道也非恒道也'琐议"，载陈鼓应主编《老子的学说与精神：历史与当代》，中国社会科学出版社 2016 年版，第 272—284 页。

　　第二章第一节内容，由李若晖、庄景晴合著，原名"《老子》'功遂身退'辨正"，发表于《中原文化研究》2015 年第 4 期；第二

---

① （清）王先谦：《荀子集解》，中华书局 2013 年版，上册，第 164 页。

节内容，原名"幽赞而达乎数 明数而达乎德——由《要》与《诸子略》对读论儒之超越巫史"，发表于《文史哲》2013 年第 5 期。

第三章第一节内容，原名分别为"《说文》古文论略"，发表于《红河学院学报》2006 年第 1 期，"孔壁古文《论语》探论"，发表于《红河学院学报》2006 年第 3 期；第二节内容，原名"定州《论语》分章考"，发表于《齐鲁学刊》2006 年第 2 期。

第四章第一节内容，原名"论《太一生水》与《老子》当为二书"，载《清华哲学年鉴》2007 年卷，当代中国出版社 2009 年版，第 69—74 页；第二节内容，原名"由《汉书·艺文志》推测古本《文子》之面貌"，载《新出土文献与古代文明研究》，上海大学出版社 2004 年版，第 397—400 页；第三节内容，原名"马王堆帛书黄帝书的性质"，发表于《齐鲁学刊》2009 年第 2 期；第四节内容，原名"马王堆帛书《式法·刑日》式图初探"，载《新出简帛研究》，文物出版社 2004 年版，第 195—196 页。

第五章第一节内容，原名"先秦文字中'＝'符作用浅析"，载《北京大学中国古文献研究中心集刊》第 4 辑，北京大学出版社 2004 年版，第 321—336 页；第二节内容，原名"释篇卷"，载《简帛语言文字研究》第 5 辑，巴蜀书社 2010 年版，第 423—440 页。

第六章第一节内容，原名"评高华平先生论《老子》三本之性质"，载《古墓新知——纪念郭店楚简出土十周年论文专辑》，香港：国际炎黄文化出版社 2003 年版，第 203—221 页；第二节内容，原名"《神乌傅》与《离骚传》"，载《国学研究》第 17 卷，北京大学出版社 2006 年版，第 167—189 页；第三节内容，原名"略谈《书于竹帛》一书中的几个问题"，载《国际汉学》第 11 辑，大象出版社 2004 年版，第 302—305 页。所有文章收入本书时又进行了一定的修改。

中国社会科学出版社郝玉明老师为本书倾注了大量心血，令人感佩。厦门大学人文学院博士研究生贾尊文，硕士研究生王小平、王炜、石靖文、张月、施超、姚一依、蔡彦玲等同学协助校阅了全书清样，尤其是仔细核对了所有引文，一并致谢。

我在武汉大学文学院攻读硕士学位时，适值《郭店楚墓竹简》一书由文物出版社出版，我即选修了历史学院罗运环老师有关郭店楚墓竹简的课程，并尝试整理了古文字中"＝"符的用法，作为课程作业呈交。同时我也有幸从陈伟老师学习简帛，陈老师对此文颇为赞赏，推荐给《江汉考古》。同窗万平兄还为我誊抄了全文，以备影印发表。但是《江汉考古》最终未能接受小文。当时台湾大学中文系周凤五先生正筹备"台湾楚文化研究会"，还计划编印会刊《古文字与古文献》。陈老师将小文《郭店老子零笺》推荐给周先生，承蒙周先生不弃，刊于《古文字与古文献》试刊号中。① 1999 年，郭店楚简国际学术研讨会在武汉大学召开，我得以面见周凤五、林素清两位老师。因林老师曾写过古文字中"＝"符研究的文章，所以对小文颇感兴趣，表示可以将小文刊于《古文字与古文献》正式出版的第 1 辑中。不料因种种原因，《古文字与古文献》最终未能出版，小文的发表又一次不了了之。直到在北京大学攻读博士学位时，听裘锡圭先生有关古文字学的课程，才对小文进行了大幅度修改，作为课程作业呈交，获得先生首肯，终于得以在《北京大学中国古文献研究中心集刊》刊出。周先生为人风趣豪爽，2003 年还申请"台湾国科会"项目，希望邀请我去台湾大学访学，可惜碰上"非典"，未能成行。先生后罹患癌症，不幸于 2015 年 11 月 19 日辞世，一代优雅，就此长逝，思之泫然。

本书是以下项目的阶段性研究成果：

国家社会科学基金重大项目"出土简帛四古本老子综合研究"（15ZDB006）；国家社会科学基金重大项目"黄老道家思想史"（16ZDA106）；中国社会科学院重大项目"中华思想通史·春秋战国

---

① 参见李若晖《郭店老子零笺》，《古文字与古文献》试刊号，台北："楚文化研究会"1999 年版。

卷";国家社会科学基金一般项目"北京大学藏汉简老子研究"
（14BZX039）。

　　感谢丁四新老师、曹峰老师、王震中老师、梁涛老师慷慨赐助。

　　本书的出版，获得"厦门大学哲学社会科学繁荣计划特别资助项目"资助，特致谢忱。

李若晖

2019 年 11 月 26 日